U0116604

# 兒童及青少年精神健康

## 輔導工作和社區服務

楊劍雲　吳日嵐　主編

商務印書館

責任編輯　楊賀其
裝幀設計　麥梓淇
責任校對　趙會明
排　　版　高向明　肖　霞
印　　務　龍寶祺

**兒童及青少年精神健康 —— 輔導工作和社區服務**

主　　編　楊劍雲　吳日嵐

出　　版　商務印書館（香港）有限公司
　　　　　香港筲箕灣耀興道 3 號東滙廣場 8 樓
　　　　　http://www.commercialpress.com.hk

發　　行　香港聯合書刊物流有限公司
　　　　　香港新界荃灣德士古道 220-248 號荃灣工業中心 16 樓

印　　刷　寶華數碼印刷有限公司
　　　　　香港柴灣吉勝街勝景工業大廈 4 樓 A 室

版　　次　2022 年 12 月第 1 版第 1 次印刷
　　　　　© 2022 商務印書館（香港）有限公司
　　　　　ISBN 978 962 07 3463 2
　　　　　Printed in Hong Kong

版權所有，不得翻印。

# 序

　　資料顯示，香港有十多萬名兒童及青少年患上不同精神疾病，包括：抑鬱症、焦慮症、自閉症、專注力不足／過度活躍症、讀寫障礙和品行障礙等。治療兒童及青少年的精神疾病，藥物治療只是其中一種方法。實證研究顯示，個案心理輔導和社區支援服務亦有助他們的治療和復元。

　　從預防精神病的策略看，「及早識別，及早介入」，的確能有效減少精神病的發生。然而，現今香港社會對精神病的誤解仍然嚴重，社會大眾對精神病普遍持有負面態度和偏見。在這種社會文化下，當兒童及青少年出現精神病及或情緒病的症狀時，因擔心被別人取笑、欺凌或歧視，往往隱瞞其精神病或情緒病病況，不願向其他人透露。這樣，只會令他們延誤接受診斷和治療，令其病情進一步惡化。因此，我們應對患上精神病及或情緒病的兒童及青少年作出適切的關懷、接納和幫助。在這種關懷和接納的社會文化下，當兒童及青少年出現精神病或情緒病的症狀後，便會主動尋求幫助，包括診斷和治療。這樣就能預防和減少精神病的出現。

　　社會工作系自香港浸會大學創校以來，一直重視教研與社區服務相結合，實踐「關心弱勢社群」、「服務社區」的基本理念。本書由香港浸會大學社會工作系的吳日嵐教授和楊劍雲博士編著，同時結集了多名香港浸會大學社會工作系的老師和專業人士的文章，介紹有關香港兒童及青少年精神疾病的一些常見的問題及相關的政策、社區支援服務和心理輔導個案等。本書深入淺出，附以個案研習實例說明，讓讀者更容易明白、掌握和運用所介紹的理論及介入手法。

　　作為校長，我非常樂意推薦此書。我相信此書的出版，不但

能彌補現時有關兒童及青少年精神健康輔導工作的中文參考書籍的不足,同時亦希望透過此書介紹的個案心理輔導和社區支援服務協助前線社工、社工系學生和輔導學生掌握相關的工作經驗、實踐智慧和研究心得,幫助他們提升對精神健康輔導工作的信心和能力。對很多社工學生、輔導學生和從事精神健康輔導工作的專業人士來說,這是一本值得參考的好書。

**衞炳江教授**
香港浸會大學校長

# 編者序一

　　這是商務印書館出版有關精神健康系列的第四部書，本書結集了不同學者、社會工作者和輔導員的大作，對不同的兒童及青少年精神問題提出不少精闢見解。他們根據對兒童及青少年精神健康的長期研究和實踐案例經驗，向讀者詳細闡釋不同理論的介入手法，如優勢模式、尋解導向、整合式認知治療、眼動減敏重整治療（EMDR）、博域理論（Bowen Theory）等，深入淺出地分析兒童及青少年精神健康的癥結，並整合了一些令個案轉變的介入重點及具體流程，是一本高水準的專業用書。

　　時移世易，持續的社會發展和改變，為個人及家庭帶來不少衝擊。兒童和青少年活在不一樣的年代，所承受的壓力也日趨複雜。無論在學習、交友或家庭關係和日常生活上都面對不少的挑戰，產生不同程度的精神健康問題，例如學童學習障礙、青少年焦慮或創傷後壓力（PTSD）等。作為未來的社會棟樑，促進兒童和青少年的精神健康是非常重要的一環，令他們在人生漫漫的高低起跌中，有力量及盼望去堅持這段生命的長跑。

　　此書的付梓，實有賴楊劍雲博士的努力統籌，和各位作者的參與。同時感謝香港浸會大學的支持。謹此致謝。

**吳日嵐教授**
香港浸會大學社工系副系主任及教授

# 編者序二

本人現於香港浸會大學社會工作系任職副教授，講授社工碩士、社工學士和輔導碩士課程之輔導科目，包括精神復康工作、兒童及青少年精神健康及輔導、長者精神健康及輔導和認知行為障礙治療等。此外，本人亦督導博士學生之研究工作。本人近年的研究興趣包括：復元導向服務（Recovery-oriented services）、改善精神病的污名化（de-stigmatization）、促進精神健康的靜觀為本介入法（mindfulness-based intervention）和網上認知行為治療（Internet-delivered Cognitive Behavioral Therapy）等。

本人為資深社工，曾於本港精神復康服務工作十多年，並在不同的精神復康服務單位如中途宿舍、長期護理院等擔任督導工作，又曾從事輔助就業工作，如「陽光路上」培訓計劃，及參與社區精神照顧服務等。在上述工作期間，本人除了直接為一些患上嚴重精神病的個案提供輔導工作外，亦須督導前線社工有關個案工作和輔導手法。本人所負責的個案，大都患上嚴重精神疾病，包括：精神分裂症、狂躁抑鬱症、抑鬱症和焦慮症等，當中部分個案更有自殺傾向和暴力傾向等症狀，使本人有豐富經驗應對及處理嚴重精神病患者的輔導個案。

在本人所接觸的前線社工和輔導員中，他們大都表示對兒童及青少年精神健康的個案輔導工作缺乏信心。因此，本書致力為前線社工和輔導員，以深入淺出的手法，清晰解說一些適切本地兒童及青少年精神健康的輔導理論和社會政策，並配以個案研習和相關資料，促進讀者掌握和應用。本人深信此書能有助提升讀者對兒童及青少年精神健康工作的了解。

本書得以成功著成，首先要感謝妻子對本人的支持和鼓勵，

以及她對兩名年幼兒子悉心的照顧，本人才能在工餘時間專心寫作此書。亦要感謝浸會大學校長衞炳江教授在百忙中抽空為此書寫上寶貴的序言。更感謝本書多位作者，包括：浸會大學社會工作系系主任洪雪蓮教授、副系主任吳日嵐教授、浸會大學社會工作系多位師生學者、資深社工及輔導員等。他們為本書提供了寶貴和精彩的內容，在此深表謝意！

**楊劍雲博士**

香港浸會大學副教授

註冊社工

香港專業輔導協會副院士、督導員及輔導員

# 目錄

## 第一部分　個案工作

### 第一章　青少年抑鬱
### ——應用優勢模式　　　　　　　　　　楊劍雲

### 第二章　讀寫障礙與尋解導向治療　　　　李婉芬

**第九章　六歲前黃金介入期所需要的「黃金」**
　　　　　**──貧窮如何影響有特殊教育需要的兒童**

**劉肇薇 / 馮炬熊**

**第十章　特殊學習需要的學童及其家長的社區支援**
　　　　　**──社會政策與服務的啟示**

**洪雪蓮 / 馮國堅 / 賀卓軒 / 郭凱盈**

# 本書簡介

香港一項大型調查發現，本地青少年的精神病患病率為 16.4%，與世界其他地方大致相若。根據香港 2021 年中期人口普查的資料推算，患精神病的青少年約為 10 萬人，兒童約 6.7 萬人。治療精神病，藥物治療只是其中一種方法，實證研究顯示，個案心理輔導和社區支援服務亦有助病患者的治療和復元。

本書由香港浸會大學社會工作學系的老師和從事精神健康服務的專業人士合著，希望藉此新書介紹香港兒童及青少年精神疾病中一些常見的精神疾病，及相關的個案工作理論、支援服務和政策。本書深入淺出，附以個案研習、服務模式實例和政策說明，讓讀者更容易明白、掌握和運用本書介紹的理論、服務模式及介入手法。

全書分為兩部分：個案工作及服務發展和政策。第一部分，會介紹香港兒童及青少年常見的精神疾病成因、病徵、診斷方法、患病率和影響等。這些常見的精神疾病包括：抑鬱症、讀寫障礙、專注力不足 / 過度活躍症和品行障礙等。此外，亦會介紹相關具成效的個案工作和輔導理論，包括：優勢模式、尋解導向治療、整合式認知行為治療、眼動減敏重整治療和博域家庭系統理論。第二部分，則會介紹香港兒童及青少年精神疾病的支援服務和政策，包括：從「預防精神病」的角度評介本港為兒童和青少年提供的服務、為患有精神疾病的青少年提供的升學及就業支援服務、貧窮如何影響有特殊教育需要的兒童和有特殊學習需要的學童及其家長的社區支援情況。以下簡述各文內容大要。

第一章〈青少年抑鬱 —— 應用優勢模式〉先介紹抑鬱症的症狀和診斷準則，並說明如何運用優勢觀點模式（Strengths Perspective）協助患上抑鬱症的青少年。調查顯示，本港青少年

經常面對很大壓力，壓力主要源於學業和家庭關係欠佳，因而有機會引發抑鬱症。優勢模式指出，助人專業在過往多年一直視受助者為：病態、有問題、無能力應付困難等，他們因而常受到社會標籤及邊緣化。優勢模式從人的能耐和優勢出發，評估復元人士的潛能、目標、希望、轉變的可能，及發掘家庭、學校和社區所提供的資源和機會，協助受助者活出有尊嚴、有意義及豐盛的人生。此文會附以個案工作實例，介紹如何在個案工作中運用優勢模式。

　　第二章〈讀寫障礙與尋解導向治療〉介紹讀寫障礙的成因、症狀和診斷準則，同時會介紹尋解導向治療（Solution Focused Therapy, SFT）的理論和特點。讀寫障礙是跟神經系統有關的一種學習障礙。患者雖然具常規的學習經驗及正常的智力，可是在辨識文字方面卻有很大的困難，因而出現理解和寫作上的問題。尋解導向模式強調，以系統觀點去了解案主面對的問題、聚焦於解難方法上、與案主建立良好的合作關係、發掘案主的能力和潛能、着重短期成效及細小轉變。文章會附以個案工作實例，介紹如何運用尋解導向治療幫助讀寫障礙的兒童。根據本港的調查發現，專注力不足／過度活躍症的患病率為 6.1%，青少年期佔3.9%。換言之，在學校 30 至 40 人的班房中，便約有一至兩名學生患有專注力不足／過度活躍症。

　　第三章〈非一般腦袋──專注力不足／過度活躍症的診斷與治療〉介紹專注力不足／過度活躍症的成因、類型、症狀和診斷準則等，還會介紹此病症的新近研究，述說此病症會對患者造成的影響，包括：缺乏動力、晝夜節律失調、睡眠障礙、出現對抗性反抗行為、不適當冒險行為和較早的性行為等。此文亦會介紹藥物治療的效用、心理和社交支援的方法。

　　第四章〈品學兼「憂」──品行障礙與整合式認知行為治療〉介紹具成效的多層次的心理和社交治療方法。很多家長都希望

兒女能品學兼優。然而，儘管很多孩子年幼時精靈聰慧，逗人喜歡，長大上學後便漸漸改變。本地研究數字顯示，香港約有10%的青少年出現品行障礙問題，包括對立反抗問題。當中，會重點介紹如何運用整合式認知行為治療於品行障礙的青少年身上，並附以個案工作實例。

第五章〈眼動減敏重整治療——處理青少年焦慮的應用〉介紹此療法的發展歷史、治療理論、八個治療階段和成效等，並附以個案工作實例。眼動減敏重整治療（Eye Movement Desensitization and Reprocessing, EMDR）早已被實證研究證實，是有效治療創傷壓力症候羣的心理治療法之一，並能有效幫助個人面對困擾的情緒和想法。此文亦會介紹如何將眼動脫敏資訊再處理治療應用在青少年的焦慮情緒上。

原生家庭對兒童的成長有着深遠的影響。從系統角度，家庭是一個情緒系統，家庭成員間的情緒聯繫對兒童的精神健康是息息相關。第六章〈以家為本——從「博域理論」看兒童的情緒健康〉便以博域家庭系統理論（Bowen Theory）的觀點，透過不同個案來闡釋親子間的情緒互動模式及不同生命事件所引發的焦慮，從而協助父母更能客觀地回應子女的成長需要，並尊重子女在不同成長階段的自主性，培養情緒成熟的下一代。

有研究顯示，50%的精神病患者會在14歲或以下病發，75%的患者在24歲或以下病發。因此，預防精神病的服務和計劃大多是向兒童及青少年羣體提供的。第七章〈及早預防和介入——預防青少年和兒童精神病的服務評介〉就本港預防精神病的支援服務分為三個類別和對象作介紹，分別是：嬰兒及幼兒期、兒童期和青少年期，並簡述一些特色的服務計劃。第八章會介紹本港為預防精神病，向兒童和青少年所提供的支援服務。

第八章〈輔助教育——為患有精神疾病的青少年提供升學及就業的支援服務〉介紹本港為預防及治療精神疾病，向兒童和青

少年所提供升學及就業等支援服務。患有精神疾病後，青少年的學習會面臨多方面挑戰，包括：入學率低、畢業成績低、課程失敗率高、停學率高和輟學率高等。患者除了要應付自身的功能障礙和精神病症狀外，還要應對各種社會因素帶來的負面影響，如社會污名、歧視、高度競爭的教育制度等，如果他們沒有得到適當的幫助，很多患者可能因而無法升讀高等教育院校。因此，此文介紹一個全新的輔助教育（supported education）服務模式，並闡述該模式如何促進青少年精神病患者的能力，幫助他們升讀高等教育院校和就業。輔助教育服務內容包括：學業技巧訓練、生涯規劃及輔導和課程後的支援服務。此外，亦會介紹職業輔導的理論和個案實例。

第九章〈六歲前黃金介入期所需要的「黃金」——貧窮如何影響有特殊教育需要的兒童〉分析貧窮對有特殊教育需要兒童的影響。若兒童在早期發育階段經歷貧窮的生活狀況，對其身心整體發展都有龐大的影響，如再加上貧窮的生活環境，無疑是雪上加霜。因此，文章會集中分析香港特殊教育需要的服務和政策，並訪問六歲或以下有特殊教育需要兒童的家長，從而反思貧窮對特殊教育需要兒童以及家庭的影響，進而反映貧窮與有特殊教育需要兒童的關係。最後，結合外國的相關經驗，向香港有關機構提出建議。

為了解有特殊學習需要的兒童及家長的社區支援情況，第十章〈特殊學習需要的學童及其家長的社區支援——社會政策與服務的啟示〉介紹在 2015 及 2017 年分別進行的「有特殊學習需要兒童社區服務需要調查」及「提供予特殊學習需要學童家長的社區支援服務成效研究」，總結這兩項調查的研究結果，探討香港社會服務及社會政策可如何有效回應他們的需要。

現時，在香港論述兒童及青少年精神疾病的輔導工作和服務的中文著作寥寥可數。編者希望本書能產生漣漪效應，引發更

多關於兒童及青少年精神疾病的討論，衍生更多優質的著作及文章，推動本港兒童及青少年精神健康服務的發展，最終惠及更多精神病患者，改善他們的生活質素。

# 主編及作者簡介

## 楊劍雲　香港浸會大學社會工作系副教授

英國布里斯托大學（Bristol University）社會工作學博士。香港註冊社工，香港專業輔導協會副院士、督導員及認證輔導員。現於香港浸會大學講授社工碩士、社工學士和和輔導碩士課程之輔導科目，當中包括：精神復康工作、兒童及青少年精神健康及輔導、長者精神健康及輔導和認知行為治療等。早年為資深社工及輔導員，曾於本港精神復康服務領域工作十多年，亦曾擔任督導工作，指導前線社工有關個案工作和輔導手法。

楊博士與吳日嵐教授近年得到由香港創新科技署舉辦的「大學科技初創企業資助計劃」，以及由香港科技園舉辦的「網動科技創業培育計劃」的資助和支持，成立國際網絡輔導中心有限公司，提供網上輔導服務予有需要人士。

個人著作有《精神復康輔導工作——理論與個案》（2013 年），合編有《精神復康與輔導工作——認知行為治療的理論與個案》（2016 年）及《社區精神復康服務與輔導工作》（2019 年）。

## 吳日嵐　香港浸會大學社會工作系副系主任及教授

香港浸會大學社會工作榮譽文憑及文學士，英國埃塞克斯大學（University of Essex）社會服務策劃碩士及哲學博士，及美國加州專業心理學學院（香港課程）臨床心理學碩士及博士。

吳教授主修社會工作及精神康復，曾任職精神康復社會工作者，有豐富的心理輔導及精神康復社會工作經驗。2006 年獲美國認知治療學院認知治療資格，2014 年獲 EMDR 培訓資格。現為香

港專業輔導協會會長和院士。

吳教授的輔導專業包括：精神康復社會工作、個人及家庭輔導、危機及創傷後壓力症候處理、焦慮及抑鬱治療等。學術研究及論文發表在多份國際學術期刊。

## 洪雪蓮　香港浸會大學社會工作系系主任及教授

香港大學社會工作系博士，同時亦是社會工作實踐與精神健康中心主任，香港專業輔導協會督導員及認證輔導員。洪教授是資深社會工作者，從事婦女與家庭、性別暴力、敍事治療／實踐、小組及社區工作、性別與社會工作的教學和研究，包括「女性主義實踐」、「充權實踐」、「社羣敍事實踐」等。

洪教授自 2002 年起接觸敍事實踐手法，於 2010 年取得澳洲德維治中心（Dulwich Centre）開設的「敍事治療研究生國際文憑」，2015 年完成墨爾本大學及澳洲德維治中心合辦的首屆「敍事治療和社區工作碩士課程」。洪教授一直從事敍事治療及敍事社羣實踐的實務、培訓、督導及研究工作超過十年，並穿梭於中國內地、香港、台灣及新加坡等地，具豐富經驗及知名度。

## 馮國堅　香港浸會大學社會工作系副教授

現為香港浸會大學社會工作碩士課程主任，一直從事社會工作及社會政策研究及教育。馮博士的教學和研究興趣包括：社會福利及房屋政策、社區發展、性別及貧窮，並一直參與民間團體、社區組織、立法會議員辦事處等事務。現為「國際社區發展組織」董事，致力推動本地及國際社區發展的交流和互動。

馮博士對房屋政策的研究範圍，涵蓋私人樓宇市場與經濟體系、發展商策略、社會房屋、房屋論述等，更經常與社福機構合作，研究社區及社會政策。

## 蘇細清　香港浸會大學社會工作系講師

現為香港浸會大學社會工作實踐及精神健康中心副主任，香港註冊社工，香港心理輔導協會認證輔導員，中國心理學會註冊臨床心理督導。

蘇博士具有中國內地和香港兩地的教育經驗，在內地有超過十年的大學生心理輔導工作經驗，現於香港浸會大學主要講授社會工作碩士課程之科目，包括：心理學、人類發展與多元文化，以及社會科學研究方法等。研究範疇包括：學生全人發展、心理健康及復康、感恩教育、積極心理干預、社會研究的設計、新移民適應，以及中國內地農民工相關課題等。


## 趙芊嵐　香港浸會大學社會工作系講師

香港浸會大學社會工作一級榮譽學士及哲學博士，及香港中文大學家庭輔導及家庭教育碩士。趙博士現任職香港浸會大學社會工作系講師，講授並督導社會工作與輔導課程、講授個人及家庭輔導學科。

趙博士為資深香港註冊社工，香港專業輔導協會副院士、輔導員及認證督導，並從事個人與家庭輔導及專業培訓超過 15 年，亦為國際社家庭學院（香港）的教學成員之一，致力在教學中，應用博域家庭系統理論。研究範疇包括：婚姻及家庭輔導、博域理論、依附關係及親職、愛情與親密關係及生涯發展等。


## 劉肇薇　香港浸會大學社會工作系講師

香港城市大學政策與行政榮譽社會科學學士，英國伯明翰大學（University of Birmingham）社會政策碩士，及香港浸會大學哲學博士。劉博士致力研究東亞社會福利政策，除本地研究外，劉博士曾參與內地、澳門及台灣多個研究項目。研究範疇包括：兒

童及青少年發展、社區工作、性別研究、房屋政策及論述分析等。學術研究及論文發表在多份國際學術期刊。

## 蕭柱石　香港浸會大學社會工作系兼職講師

聖三一大學（Trinity College Dublin）心理學學士，加拿大麥基爾大學（McGill University）及英屬哥倫比亞大學維真學院（Regent College, University of British Columbia）碩士，及美國阿萊恩大學（Alliant International University）加州心理學專業學院臨床心理學博士。

蕭博士是英國醫療專業委員會（HCPC）、香港臨床心理學博士學會（HKADCP）、澳洲衛生執業者管理局（AHPRA）註冊臨床心理學家，並獲相關臨床心理學家督導資格，及香港專業輔導協會（HKPCA）輔導員。除擁有豐富臨床治療經驗外，蕭博士亦熱衷於精神健康教育工作，先後任教於大專院校及各非牟利機構兼任心理學家、臨床輔導督導員，提供諮詢服務。

## 黃慧蘭　香港社會工作專科院榮譽院士、香港專業輔導協會院士

社會工作者及臨床心理學博士，認可性治療師、表達藝術治療師及家庭治療師，專門研究沙維雅治療模式的「家庭重塑」。

黃博士專門治療有特殊需要的兒童及青少年及其家庭已有二十年經驗，其工作熱誠及成就非常顯著，於 2014 年榮獲優秀社工獎。她同時為香港社會工作專科院榮譽院士、香港專業輔導協會院士、香港大學「創意藝術與社會工作」及「兒童青少年精神健康」課程榮譽講師，致力培訓業界同工，發展青少年輔導及臨床社會工作。

黃博士主講課題包括：「應用藝術及遊戲於治療」、「抑鬱與自

殺」、「兒童哀傷」、「性教育與青少年心理病」、「SEN 及發展障礙」、「醫療輔導」及「沙維雅治療」等。

## 李婉芬　香港社會工作人員協會行政總監

李婉芬女士致力拓展香港社會工作人員協會（社協）轄下的「香港社會工作專科院」，以提升本地社工專業工作能力及推動本地社工持續進修專業認證。李女士曾任香港基督教女青年會學校社工、督導主任及執行幹事。李女士不單在青少年服務、輔導服務及婦女服務等社會工作前線服務有豐富經驗，亦擅長機構行政工作。李女士於社會工作實務亦富有經驗，曾教導香港中文大學、香港理工大學、香港浸會大學的社會工作系學生，以及英、美、澳大學的社工實習學生。

## 馮炬熊　香港浸會大學社會工作系候選博士生

北京師範大學—香港浸會大學聯合國際學院（UIC）社會工作與社會行政學士，香港浸會大學社會工作碩士，現為香港浸會大學社會工作系在讀博士生。馮先生的研究範疇與方向是：社會資本、社會發展、社區精神康復等。

## 梁振康　資深註冊社工

香港大學社會工作學士及社會科學（家庭）碩士，後於職業復康服務及青少年就業服務領域工作超過 20 年。近年於與香港浸會大學社會工作學系教授楊劍雲博士合作多項研究，範圍包括：運用運動介入提升精神復元人士的自我效能感、運用復元理論於精神復元青少年就業培訓成效等。

梁先生亦積極推動由多個機構共同為殘疾人士就業工作平台——eConnect 而設的就業聯網。另外亦為不同青少年群組，例

如：多元文化族裔、長期病患、年輕母親提供職業輔導，以及精神健康推廣工作，亦為面對家庭暴力的少數族裔少女和單親婦女開展社會房屋項目。

## 甘曉琳　輔導員

香港浸會大學青年輔導學碩士畢業生，後進修並獲得心理學碩士學位。先後在多間本地學校、國際學校及大專院校任職輔導員，專注幫助各類有特殊教育需要（包括精神病患）的學生處理不同的問題，如：情緒、學業、家庭、交友等。現為香港專業輔導協會認證輔導員，擅長運用認知行為治療以及敘事治療。除了前線工作外，亦曾參與協助有關生涯規劃及特殊教育需要的研究項目。

## 郭凱盈　註冊社工

香港大學社會科學學士（主修社會學、社會工作及社會行政），及香港中文大學社會工作碩士，曾擔任特殊學習需要權益聯會服務幹事及政策研究員，現職駐校社工。

## 賀卓軒　註冊社工

香港城市大學專上學院社會科學副學士（社會工作），及香港理工大學社會政策及行政學士。賀先生曾任關注綜援低收入聯盟，和特殊學習需要權益聯會組織幹事及政策研究員。

第一部分

# 個案工作

第一章

# 青少年抑鬱

## ——應用優勢模式

楊劍雲

受助者「阿森」(Sam，男，14歲)，在香港出生，一直和父母及哥哥同住。阿森的小學成績和品行良好，升中順利考入名校。在中一及中二時，他的成績不錯，亦積極參與課外活動，更為中學乒乓球校隊成員，和同班同學關係很好。

可是，在中三時，阿森的學習表現和成績明顯退步，他十分擔心無法升讀中四精英班，選修心儀科目，甚至不能升讀大學。因而常常懷疑自己的能力，並否定自己的努力。阿森的抑鬱情況日益嚴重，進一步影響他的精神狀況和在校表現。例如，上課時會顯得無精打采、神態疲倦和情緒低落；在學校表現退縮、不合羣、不主動與同學談話、不參與羣體活動，亦拒絕參與過去一直喜愛的乒乓球活動，並退出乒乓球校隊。後來，阿森更開始抗拒上學，有時向學校請病假，窩在家中玩電腦遊戲。父母因而十分擔心阿森的情況⋯⋯

## 一、本港青少年患抑鬱病的現象

香港遊樂場協會於 2018 年 5 月進行的「香港青少年生活狀況調查」發現，本港青少年面對很大的心理壓力。調查共訪問 3,279 名香港青少年，其中 31.6% 的受訪者認為自己正承受不同程度的壓力困擾；38.7% 的受訪者的焦慮指數為中等至極端嚴重；30.2% 的受訪者抑鬱指數為中等至極端嚴重。[1] 事實上，中學生面對的沉重壓力，很可能會引發不同程度的情緒問題。

同年，浸信會愛羣社會服務處進行「中學生抑鬱焦慮狀況調查 2018」，調查反映香港逾半中學生出現抑鬱症狀 (51.5%)，即每兩名學生，就有一名受抑鬱困擾，而他們首三項壓力來源，依次為「文憑試」(21.5%)、「學業」(18.5%) 及「前途問題」

---

[1] 《東方日報》，2018 年 6 月 5 日。

（13.4%），當中逾七成對學業感厭煩。[2] 可見，由於中學生在學習上承受着不少壓力，使他們容易產生抑鬱情緒，而且這現象日益普遍及惡化。

香港青年協會在 2019 年 9 月至 10 月期間，訪問了 14 間中學，共 2,685 名中一至中六學生。調查顯示，逾四成（41.7%）受訪學生的壓力指數屬偏高水平，超過一半（51.4%）更出現抑鬱情緒表徵。面對校園生活，受訪學生最擔憂的首三項事情為「要應付測驗 / 考試」（53.6%）、「成績未如理想」（51.9%）及「休息時間減少」（49.9%）。此外，近四分一（24%）的受訪者表示因「社會氣氛緊張」而感到擔憂。[3]

從以上數據可見，本港青少年面對的學習壓力非常沉重，因而容易出現抑鬱情緒。而且，我們更需要關心基層學生，他們面對的問題更多，倘若欠缺足夠支援，又無法自行處理的話，後果堪憂。從宏觀角度看，不及早應對有關情況，更會引發嚴重的社會問題及危機，因此本文盼望社會各界人士施予援手，幫助有需要而缺乏資源的孩子。

- 抑鬱症症狀

根據美國精神病學會《精神障礙診斷與統計手冊》第五版（*The Diagnostic and Statistical Manual of Mental Disorders, DSM-V*）的診斷準則，抑鬱症（Major Depressive Disorder）的症狀有以下幾方面：

（一）在兩週內出現下列五項或以上的症狀，並影響身心功能；症狀中至少包含以下其中一種症狀：憂鬱情緒 / 失去興趣或愉悅感。

1. 幾乎每天整天心情憂鬱，由主觀報告（如感到悲傷、空虛或

---

[2] 《成報》，2018 年 9 月 3 日。
[3] 香港青年協會，2019 年 11 月 7 日。

無助）或由其他人觀察（如看起來在哭）得知。

2.　幾乎每天整天明顯對所有活動的興趣或愉悅感都減低（主觀說明或他人觀察）。

3.　體重明顯減輕或增加（一個月內體重變化超過 5%），或幾乎每天食慾降低或增加。

4.　幾乎每天都失眠或嗜睡。

5.　幾乎每天都亢奮或遲緩（別人觀察到，不只是主觀感受不安或緩慢）。

6.　幾乎每天都感到疲倦或無精打采。

7.　幾乎每天自我感到無價值，或者有過度或不恰當的罪惡感（可能達妄想的程度；不僅是對生病自責或內責）。

8.　幾乎每天思考能力和專注力降低，或是猶豫不決（主觀說明或他人觀察）。

9.　反覆有死亡（不只是害怕死亡）、自殺的意頭而無具體計劃，或有自殺舉動，或是有具體的自殺計劃。

（二）這些症狀引起臨床上顯著的苦惱、社交、職業或其他重要領域功能減損。

（三）這些症狀無法歸因於某一物質或另一身體病況的生理效應。

　　簡單來說，抑鬱症患者以上的症狀大致可分為四類：思想、行為、情緒和生理方面，如見下表：

## 表一　抑鬱症的症狀

| | 症狀（幾乎每天顯著出現） |
|---|---|
| 思想方面 | 1. 自我感到無價值<br>2. 有過度或不恰當的罪惡感，達妄想程度<br>3. 思考能力和專注力降低，猶豫不決<br>4. 持續有死亡、自殺意頭或具體的自殺計劃 |
| 行為方面 | 1. 對所有活動的興趣或愉悅感都減低<br>2. 亢奮或遲緩<br>3. 社交、職業或其他重要領域功能減損<br>4. 有自毀的傾向或行為 |
| 情緒方面 | 1. 憂鬱<br>2. 悲傷<br>3. 空虛<br>4. 無助<br>5. 苦惱 |
| 生理方面 | 1. 體重明顯減輕或增加<br>2. 食慾大幅減少或增加<br>3. 失眠或嗜睡<br>4. 感到疲倦或無精打采 |

　　當然，不同年齡組別的患者表現會有輕微不同。成年患者可能會出現持續原因不明的身體不適或疼痛，如經常感到疲倦及渾身乏力，或痠痛、頭痛、胃痛、肩頸痛、長期痛症等。青少年患者會把抑鬱症狀「行為化」，變得叛逆，如：逃學、酗酒、濫藥、飲食失調、自殘，甚或做出其他破壞性行為，如打架和店舖盜竊等。故此，如果患上抑鬱症，輕則損害患者的日常生活功能，例如：理解及記憶力下降、專注力降低因而影響工作效率、對社交活動失去興趣等；重則或會引致自殺危機明顯增加，可惜此病症很容易被大眾忽視。

　　事實上，抑鬱症是可治之症，如患者能及早接受妥當的治療，絕大部分的病人便都可以痊癒，回復正常生活。

# 二、優勢模式的概念與實踐

## ● 優勢觀點模式

1980 年代初期，優勢觀點模式（Strengths Perspective）發展自美國（Rapp et al., 2014），此工作模式指出，助人專業過往多年一直視受助者為有問題、病態、錯誤、弱勢和無能力應付困難，這種評估受助者的角度稱為疾病／弱點／問題模式（Disease/Deficit/Problem-based）（Blundo, 2001; Saleebey, 2009）。優勢觀點提倡以正向的思維改變疾病／弱點／問題模式的評估和介入手法，縱使受助者處於受壓迫和創傷的境況中，也可採用新角度評估受助者的能力、潛能、目標、價值、希望和轉變的可能，這並非忽略受助者所遭受的傷害，如被虐、患有精神病等帶來的心理陰影，而是相信受助者在面對創傷和痛苦時，他們有能力和資源去積極面對（Saleebey, 2009）。

## ● 糾正負面假設

社會工作過往曾以疾病／弱點／問題模式作為評估和介入模式，這模式對受助者存有一些負面假設，而這些負面假設對工作員的介入亦會造成負面影響，須加以糾正（Saleebey, 2009）。

### （一）不負面假設受助者是問題本身

不少受助者被認為是問題所在，並且被標籤為有問題或病態。在醫療模式下，受助者往往被標籤為精神病病人，是長期病患者，容易出現情緒及行為問題。然而，受助者不應被過度標籤為病人，他們如同其他人一樣，有人的尊嚴、思想和情感等。除病患者角色外，受助者擁有如常人一樣，有家庭成員、公司同事、朋友、社會公民等社會角色。

## （二）不負面假設受助者欠缺能力和資源

如果以悲觀、懷疑和譏諷的語言形容受助者的狀況，不但無助對方解困，反而容易令情況惡化。根據醫療模式評估，受助者在患上精神分裂症後，往往出現能力倒退、缺乏獨立生活及工作能力、缺乏改變動機、復康進展反覆等。然而，從優勢觀點看，受助者能訂定個人目標，亦擁有能力和資源。在工作員協助下，受助者能運用這些被忽略的能力和資源以改善自身困難。

## （三）不負面假設受助者不能主導復元過程

以往助人專業與受助者的關係有距離感、權力不平衡和操控等特徵。工作員往往自覺為專業人士，比受助者更能掌握其病情，多主導介入過程，對受助者持客觀和距離感，並運用權威，要求受助者順從其訂定的介入目標和方法。不過，優勢觀點強調受助者有能力主導自己的復元（recovery）過程，有其個人願望，能自行訂定目標和付諸行動。在介入過程中，工作人員須與受助者建立合作關係。

## （四）不忽視受助者之處境

現行社會工作的評估和介入均忽視受助者的處境。在醫療模式下，往往聚焦於受助者所呈現的行為問題，並標籤為病態行為，認為主要由其所患的精神病引致。這評估角度常將問題歸咎於受助者個人問題。優勢觀點卻提出對受助者的評估，不可忽視其整體處境，包括：家庭、朋輩、工作、文化、社會排斥、房屋及經濟問題等因素，以及這些因素如何引發和維持受助者的精神病症狀和其他困難。

## （五）不單靠藥物治療受助者

醫療模式縱使能了解受助者的病因，但未必能解決受助者面對的問題。此模式強調受助者呈現的問題，主要因為精神病所

致，並通過分析其精神病症狀，配合適合的藥物治療，控制和消除精神病症狀及衍生的問題，協助受助者康復。從優勢觀點來看，受助者的治療和復元過程，除藥物治療外，還須提供家庭治療、社交支援、職業復康、技能訓練等。

優勢觀點倡議工作員採用新角度作評估和介入，此為思維模式的轉變（paradigm shift）（Saleebey, 2009）。

## 三、優勢模式的目標、理念

優勢觀點現已被廣泛應用於不同的服務對象，包括：長者、青少年、藥物濫用者和精神病康復者等（Saleebey, 2009; Song & Shih, 2010; Yip, 2003; Yip, 2008）。在 1990 年代，Charles Rapp 等學者將優勢觀點應用於精神病康復者服務，並成功發展出優勢模式（Strengths Model）。以下主要簡介優勢模式的理論和工作手法（Rapp et al., 2006；楊劍雲，2013）。

- **優勢模式目標**

優勢模式的工作目標是協助復元人士完成所追求的個人目標，如：改善生活質素、提升生活滿足感、建立成就和培養能力感等。具體目標是協助他們改善居住生活、工作、交友、收入、閒暇娛樂和學習等狀況。事實上，他們所追求的這些目標與一般人無異。

因此，優勢模式的重點並非減少精神病症狀，而是協助復元人士建立充實和美滿生活，藉此減少精神病症狀所來的負面影響。Rapp 等學者認為：

* 完全消滅精神病症狀的機會很微；

* 在痊癒過程中，復元人士仍會受精神病症狀困擾，症狀會反覆出現，時多時少，但總體來說，症狀出現的頻率、

持續時間和嚴重程度，均會逐漸改善；

* 縱使患有精神病，復元人士仍能學習、工作、娛樂和生活。

### ● 優勢模式理念

復元人士能否達成個人追求的目標，取決於他們身處的環境狀況，包括：家庭及朋輩關係、學校學習、課外活動和娛樂等。事實上，很多復元人士處於不利環境，令他們難以達成目標。例如有復元人士希望尋找工作，但社會對精神病患者仍存在歧視、排斥和忽視，加上自身的低技術、低教育水平等不利條件，往往較難得到合適的工作機會，甚至因而長期失業。因此，要達成目標，復元人士需要有利的環境配合。

根據優勢模式的觀點，復元人士的環境狀況分別受個人和環境因素影響。

個人因素指復元人士的個人期望（aspiration）、能力（competency）和自信（confidence）。優勢模式相信每一名復元人士都有所渴求和期望，可為此而設立個人目標。可惜，他們追求的目標往往被親友視為不切實際而被忽略，令復元人士缺乏足夠的支持和鼓勵。此外，優勢模式強調每一名復元人士都有一些個人的特長和能力，應以他們的優勢為本，制訂康復計劃。每個人的優勢和能力不盡相同，但這些優勢都常被他們自己忽略，例如擅長歌唱、玩乒乓球、下棋、種植小盆栽、閱讀等。如能協助他們發掘這些優勢和特長，相信可有助他們達致個人成長，實踐個人目標。而要有效運用個人優勢，復元人士首先要對其優勢和能力建立自信。

要協助復元人士發展優勢，必先讓他們對身邊的環境及機會有所認知。環境因素指復元人士身處環境所能提供的資源（resources）、機會（opportunities）和社交關係（social relations）。社會資源可分成實物資源和服務資源，前者包括食物、衣服、家具、電腦等；後者包括幼兒照顧、交通安排、家居清潔等。此外，社會上充滿各種機會，如：兼職工作、義工服務、技能學習課程等。復元人士要獲取一些合適的資源和機會，往往需與不同的社會人士建立關係。他們較容易從親友、熱心助人的僱主、鄰居、教會和慈善團體中取得資源。因此，復元人士須學習發掘和使用這些環境資源和機會。

個案工作員應協助復元人士發掘、使用和維持以個人優勢為本的環境和資源，協助他們融入社區，學習過獨立和正常的生活，包括：找工作、交友、閒暇娛樂和學習等，讓他們建立充實和滿意的生活。

### 圖一　優勢模式的復元理念

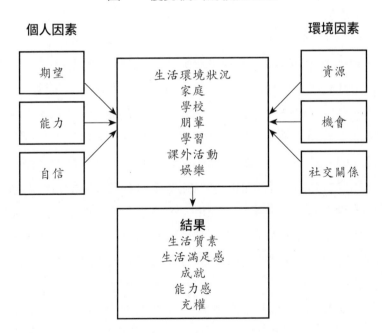

# 四、優勢模式的六大原則和四個實踐元素

## ● 優勢模式之六大原則

Rapp 等學者提出優勢模式有以下六個工作原則：

### 原則一：精神病復元人士有能力學習、成長和改變

患有精神病的復元人士不應被標籤為精神病人。復元人士如同其他人一樣，有尊嚴、思想和情感等。精神病只是復元人士面對的困難之一，他們同時亦有其成功之處，並擁有個人的能力和資源，他們同樣擁有個人夢想、期望、潛能、成就和優勢。這些優勢有助他們建立自信，促進復元。

### 原則二：着重復元人士個人優勢而非弱點

復元人士如平常人一樣，都是以他們的興趣、期望和優勢為本（strengths），作為成長的動力和基礎，並會逃避處理自己的弱點和做得不好的地方（deficits）。根據優勢模式，個案工作的重點不應專注他們的精神病症狀、能力不足之處和弱點等，而應協助他們發掘和運用個人興趣、能力、優勢，和善用他們身處環境所能提供的資源、機會和社交關係。這種以重視元人士個人優勢為本，而非精神病症狀和弱點的模式，對復康服務的工作思維和工作手法帶來重大改變。

### 原則三：社會充滿資源

協助復元人士發掘和使用社會資源，與協助他們以優勢為本發掘和展現個人能力，同樣重要。輔導員須優先發掘和使用復元人士身處環境所能提供的資源，促進社會人士對他們提供適切的關懷和支援，而非單單依賴復康服務。因此，輔導員須首先向復元人士的親人、朋友、鄰居、同事、僱主、義工和教會等尋找資源。其次是發掘和運用公共及社會服務，如學校、勞工處、家庭

綜合服務中心和其他社會服務機構等，最後才運用復康服務如中途宿舍等。

### 原則四：復元人士主導復元過程的方向

根據優勢模式，復元人士所需要的正是他們所渴求的（what people need is what they want），他們普遍所渴求的如同平常人一樣，希望改善居住環境、工作、收入、交友、閒暇娛樂和學習方式，並得到別人讚賞等。在輔導員引導下，復元人士能釐清自己的所想所求，訂定具體的個人目標，與探討如何達成目標和克服困難的方法。優勢模式十分尊重復元人士的自決權，讓他們主導復元過程的方向、目標、達成方法和時間。

### 原則五：重視輔導員與復元人士的關係

復元人士若能與輔導員建立良好關係，可有助他們提升信心，面對社會環境的要求。輔導員的支持亦有助他們紓緩壓力和減低精神病的影響。最重要的是，復元人士得到尊重及接納，可促進坦誠溝通，讓他們擺脫病人身份，為個人的復元過程負責，自行訂定個人目標。

### 原則六：復元人士身處的環境是較佳的介入點

輔導員往往透過外展探訪接觸復元人士，但他們在家中或工作間的行為表現，與在面談室的行為表現未必相同。而外展探訪便能協助輔導員對復元人士作出較仔細準確的評估，而且復元人士往往忽略身處環境的資源，輔導員亦可於外展探訪時協助發掘這些對復元人士有幫助的資源。在復元人士身處的現實環境介入，讓他們能持久地改變行為，融入正常生活。

簡言之，優勢模式六大原則包括肯定能力、重視優勢、發掘資源、主導復元、着重關係，以及環境介入。輔導員堅守以上原則，實有利於促進受助者的復元過程。

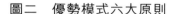

圖二　優勢模式六大原則

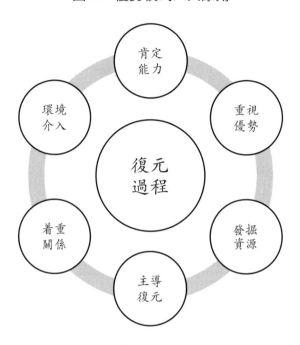

## ● 優勢模式之實踐元素

根據學者研究（Fukui et al., 2012; Rapp et al., 2006），在推行優勢模式時，需要有以下四種實踐元素（practice components），才能發揮優勢模式的好處。

### 實踐元素一：優勢評估（Strength Assessment）

工作員評估復元人士在多個生活領域的狀況，包括家庭、日常生活、經濟、工作、社交支援、學習和娛樂等。評估的重點在於復元人士在這些生活領域的現狀、期望，以及過去曾經使用的個人和環境資源與方法。以下有一個例子：

某復元人士現時失業（現況），他渴望能找到一份兼職工作（期望）。他曾任職文員多年（能力），對自己的工作能力有信心，並相信最終能找到工作（自信）。在評估過去曾經使用的資源和方法時，他表示過去數月，曾往勞工處、看報紙、上網等方法

求職半年，曾多次寄出求職信，亦曾有數次面試機會，顯示他有求職能力（能力）和懂得運用求職途徑（資源）。然而，他過往只找文職工作，錯過其他工作機會，如店務員、速遞員和保安員等（機會）。此外，他表示有朋友開設餐廳，他計劃如果未來數月仍失業，可尋求朋友幫助（社交關係），讓他當餐廳樓面（機會）。

如上述原則所示，輔導員須優先發掘和使用復元人士身處環境所能提供的資源。優勢評估並不局限在個案工作初期進行，而是由個案開啟至結束期間持續進行。優勢評估表請參閱個案工作實例表二。

## 實踐元素二：個人復元計劃（Personal Recovery Plan）

復元人士所訂之個人計劃應包括短期和長期目標。

長期目標是復元人士所渴求和期望的生活目標，因此其復元過程的方向和目標應由復元人士自行訂定。在具體實施上，應先訂定一些短期目標和計劃，以更有效達成上述的長期目標。這些短期目標必須有以下特點：具體（specific）、可評估（measurable）、可行（achievable）、實際（realistic）和有時限（time limited）。

遇到較複雜的目標和任務，復元人士可將之轉變為數個容易處理的小目標和任務。此外，在確定達成目標的方法前，應盡量考慮不同的個人和環境資源方案（resource options）。

## 實踐元素三：員工培訓、定期督導和個案會議

有學者倡導在推行優勢模式前，輔導員應接受相關培訓，以持續提升輔導員的介入手法技巧（Fukui et al., 2012; Hui, Leung, Ng, Yu, Lau, & Cheung, 2015; Tsoi et al., 2018）。來自美國堪薩斯大學（University of Kansas）的優勢模式創辦團隊，為海外員工提供培訓，其中包括來自香港和日本的社工（Hui et al., 2014; Tsoi et al., 2018）。此外，曾接受優勢模式培訓的資深工

作員會定期督導輔導員。他們也可參與個案會議，讓不同的輔導員提出不同的介入手法，以及分享所運用的社區資源，以改善介入手法和效果。

### 實踐元素四：模式整全性評估

有學者（Fukui et al., 2012）倡導在推行優勢模式時，輔導員和有關復康機構應接受表現評估，確保優勢模式能整全和確切地推行。有學者為此而設計了一份該模式的整全性評估表（fidelity scale）（Fukui et al., 2012; University of Kansas, 2017）。有研究指出，評估表的分數和優勢模式的成效相關，評估表的分數愈高，優勢模式愈能整全和確切地推行，成效也愈好（Fukui et al., 2012; Tsoi et al., 2018）。

由此可見，輔導員要發揮優勢模式最大的好處，必須實踐四大元素，包括優勢評估、復元計劃、定期培訓，以及整全評估。

# 五、個案工作實例

● **轉介原因**

受助者阿森（Sam），他在中一及中二成績不錯，亦積極參與課外活動，和同班同學關係良好。但升讀中三後，他的抑鬱情緒日益嚴重，影響其精神狀況和校內表現，學業成績倒退，有時上學遲到和向學校請病假。他亦常常懷疑自己的能力，及擔憂升學問題。父母十分擔心阿森，在親友介紹下向私人執業精神科醫生求診，結果診斷出患上抑鬱症。

● **初步評估**

### （一）個人成長及家庭背景

阿森一直與父母和哥哥同住。爸爸為工程師，媽媽為會計

文員。父母關心阿森，家庭關係良好。哥哥比阿森年長兩歲，中學和小學學業品行表現優良，於名校就讀中五，正忙於應付DSE。阿森和哥哥以往關係和諧。父母常常讚賞哥哥在中小學時的學業和品行，稱其表現優秀。阿森一直視哥哥為學習榜樣，期望自己能跟哥哥一樣，在學業和品行上有傑出表現，甚至能超越哥哥。阿森小學的學業成績和品行良好，跟哥哥的表現相若，只是略差一些。後來，他更跟哥哥考入同一所名校。他在中一及中二的成績及品行不錯，亦積極參與課外活動，和同班同學關係良好。

升中三後，阿森的學業成績開始退步。他常常懷疑自己的能力，擔憂升中四和將來升大學等問題。他的抑鬱情緒日益嚴重，影響其精神狀況和校內表現，後來被醫生診斷患上抑鬱症。父母十分擔憂阿森，除了安排阿森服用抗抑鬱藥和定期覆診外，亦安排他接受輔導服務，希望透過抗抑鬱藥和輔導，能改善他的抑鬱情緒和校內表現。

## （二）抑鬱症症狀之評估

根據美國精神病學會 DSM-V 的抑鬱症診斷準則，阿森出現下列五項抑鬱症症狀：

1. 每日整天的心情顯得憂鬱和不開心；
2. 每日整天明顯對所有活動的興趣或愉悅感都減低，例如拒絕參與過去一直喜愛的課外活動 —— 打乒乓球；
3. 幾乎每天都感到疲倦或無精打采，例如偶爾遲了一個多小時才上學，上課時顯得無精打采，很疲倦；
4. 幾乎每天都表現遲緩，例如回應父母的提問時，常常過了很久才回應，甚至不回應；
5. 每天感到自己沒有價值，例如常常懷疑自己的能力，否定自己的努力，認為自己不能升讀中四精英班，不能選修心儀科

目，將來不能升讀大學等。阿森的抑鬱情緒導致他出現社交問題，也影響校內表現；

6. 抑鬱症症狀影響阿森的學習能力和學業成績，他偶爾遲交和欠交功課，學業成績持續滑落；

7. 開始抗拒上學，偶爾向學校請病假，但不是在家休息，而是玩電腦和手機遊戲；

8. 在學校時表現閃縮、不合羣，不願意與同學談話；

9. 拒絕參與過去一直喜愛的乒乓球活動，並退出乒乓球校隊。

幸好，阿森沒有自殺意念。阿森被醫生診斷患上抑鬱症，須定期到精神科覆診，和服用抗抑鬱藥。輔導員會以優勢模式作主要的介入手法。

- 介入目標及過程

## （一）良好的工作關係

輔導員首先和阿森建立良好及信任的工作關係。輔導員對阿森的行為問題，如：抗拒上學、退出乒乓球校隊和無故向學校請病假等，不加以批判，而是關心和理解他這些行為背後的想法和情緒。這樣的合作關係有助阿森坦然向輔導員表述其抑鬱症引發的思想和情緒困擾。他對自己抗拒上學和向學校請病假等行為表示歉意，但他不想向別人，包括父母，述說其抑鬱情緒和內心困擾。他表示十分介意別人對他的看法，不想被別人看低，更不想被別人標籤為精神病人、「痴線仔」。

輔導員在首次接觸阿森時，已探討他的興趣和課外活動，得知他在中一、中二期間曾為乒乓球校隊成員，輔導員大加讚賞，並邀約他一起玩乒乓球。

這些行動，有助輔導員和阿森建立信任和接納的工作關係。阿森對輔導員接納和讚賞的態度，表示高興和欣賞。

## （二）優勢評估

### 表二　優勢評估表（Strengths Assessment）

| 過往曾運用的資源 | 現況 | 個人期望和目標 |
|---|---|---|
| 家庭 | | |
| • 與父母及哥哥關係良好<br><br>• 父母關懷阿森，願意聆聽他的想法和需要<br><br>• 父母願意支持他的學習需要及參與課外活動，包括金錢上的支持 | • 與父母及哥哥關係良好<br><br>• 父母關懷阿森，願意聆聽他的想法和需要，並樂意提供多方面的支持<br><br>• 阿森憂慮父母過分緊張和失望，不願意向他們表達病況<br><br>• 父母不想過分干擾阿森的生活和情緒，容許他獨自留在房中獨處 | • 阿森希望能和父母多溝通，向父母分享病況<br><br>• 期望父母繼續關懷自己，聆聽他的想法和需要，並提供適當的支持<br><br>• 不想父母過分干擾他的生活和情緒，容許他有獨處和安靜的時間 |
| 學校老師 | | |
| • 阿森在中一及中二時的成績及品行良好，獲班主任及老師讚賞 | • 現時的班主任主動關懷阿森，願意配合輔導員的建議，為阿森提供適當的支持<br><br>• 班主任主動關懷和鼓勵阿森，體諒他因情緒困擾而引發的行為問題，如偶爾遲到及請病假<br><br>• 班主任以身作則，教導同班同學對阿森表達關懷和鼓勵 | • 班主任推動其他老師及同班同學關懷和鼓勵阿森 |

（續）

| 同學 | | |
|---|---|---|
| • 阿森與同班同學及乒乓球隊員關係良好<br><br>• 阿森經常與同學一同玩樂，如玩電腦遊戲、踏單車等 | • 阿森擔心同學知道他患病後，會取笑、排斥和疏遠他<br><br>• 阿森與好朋友和同學保持溝通，如通知他們會請病假、向他們查詢功課等 | • 同學會接納患病的阿森，不會取笑、排斥和疏遠他<br><br>• 阿森能更融入同學羣體中，與他們保持溝通。並希望能自然自在地跟他們相處、玩樂和上課 |
| 學習 | | |
| • 阿森在中一及中二時的成績良好 | • 雖然抑鬱症症狀影響阿森的專注程度和學習能力，令他常感疲倦，但他有一定的學習能力，能跟上老師的教學進度 | • 希望將來能升讀大學<br><br>• 願意做好功課，縱使或會遲交，亦不會欠交 |
| 課外活動及娛樂 | | |
| • 阿森喜愛打乒乓球，並於中一中二期間成為乒乓球校隊成員<br><br>• 定期與朋友一同玩電腦遊戲、看電影和踏單車等 | • 阿森的獨處和安靜時間比之前多。他常獨留家中看電視和玩電腦遊戲<br><br>• 阿森雖然減少與同學一起玩樂的意慾和次數，但仍願意與朋友一起玩 | • 建立健康的生活習慣，有適當的娛樂。他覺得和朋友一起玩會較開心一些，情緒也會較好 |

- **個人復元計劃**

輔導員與阿森商討後，訂定以下個人復元目標：

（一）增強家人和老師對阿森的接納和關懷，並提供適當幫助；

（二）促進阿森融入同班同學羣體中，讓他能與同學保持溝通，一同玩樂和上課；

（三）改善阿森的學業表現和成績，能跟上老師的教學進度；

（四）協助阿森建立有意義、有價值及充實的生活，減少抑鬱

情緒。

針對其個人復元目標，應用了以下六種幫助達成的方法。

## （一）善用家庭資源

父母的關懷和支持（family support），成為促進阿森抑鬱症復元的重要元素和資源。父母關懷阿森，願意聆聽他的想法和需要，並樂意提供多方面的支持，包括金錢上的支持。然而，在阿森病患初期，他憂慮父母會過分緊張和失望，不願意向他們講述病況。他亦擔心父母過分干擾自己的生活和情緒，令他變得依賴。輔導員一方面鼓勵父母細心聆聽他的想法和需要，讓他在生活範疇上，多一些自主自決（self-determination）的空間，包括獨處和安靜的環境，減少與家人共處的時間。另一方面，輔導員鼓勵阿森向父母坦誠分享其病況，包括思想和情緒困擾等，好讓父母了解他的想法和需要，適時支持和幫助他。

阿森一直感激父母對他的關懷、支持和幫助。尤其是當確診患上抑鬱症後，父母沒有責罵他，也沒有因為他成績倒退而責備他懶散，反而鼓勵他不要給自己太大壓力，盡力跟上老師的教導便可。從前阿森一直視哥哥為學習榜樣，期望自己在學業和品行都能跟上甚至超越哥哥。因此，他對自己的期望很高，壓力也很大。父母對他成績倒退表現出體諒而非責備的態度，有助他減少壓力。

## （二）善用學校資源

阿森能善用學校資源。例如班主任對阿森的關懷、體諒和幫助，成為促進阿森復元的重要人物（significant others）和資源。班主任主動關懷和鼓勵阿森，體諒他因情緒困擾而引發的行為問題，如偶爾遲到及請病假等。班主任亦以身作則，教導同班同學對阿森表達體諒和關懷。因此，阿森、其父母和輔導員十分欣賞和信任班主任，輔導員常常和班主任溝通，了解他在學校的表現，並商討學校如何能進一步幫助他。班主任也樂意配合輔導員

的建議和介入計劃，為阿森提供適當支援。在班主任的關懷、體諒和幫助下，阿森能重新投入校園的學習生活。

### （三）受助者主導復元進程

在學校輔導主任的支持下，班主任推動其他老師接納和諒解阿森，彈性處理他遲到、請病假、遲交及欠交功課等問題。抑鬱症症狀會影響阿森的專注力和學習能力，令他常感疲倦，因而影響他的上課表現和成績。但他沒有放棄學業，他具備一定的學習能力（ability），能跟上老師的教學進度，更希望將來能升讀大學（aspiration）。在輔導員鼓勵下，阿森訂下個人目標（specific personal goal），期望做好學校功課，縱使或會遲交，但不會欠交。此目標得到班主任和其他老師的肯定，讓他可以彈性處理交功課事宜。如遇到功課上的疑難，老師和阿森的朋友會指導他。最終，他能達成這個人目標。在整個中三學年內，他的考試成績雖然仍倒退，但可以如早前定下的目標完成所有功課。

### （四）善用朋輩支援

朋輩支援（peer support）（包括朋友和同學）也是促進阿森復元的重要資源。在班主任推動下，阿森的同班同學定期舉辦不同的班會活動，跟阿森相熟的同學主動邀請他一同參加。阿森願意參與如踏單車和戶外旅行等活動。在一次戶外旅行中，班主任一同參與，並講解一些大自然現象和樹木特點，阿森與同學都玩得很開心。同學對阿森的接納和關心，對他的復元有很大幫助，讓他克服退縮的表現，重新融入校園生活和同學羣體中（social integration）。

### （五）重視社交關係

阿森能善用社交關係（social relationship）。他在中一、中二時，與朋友保持和諧良好的關係。直到中三，他仍與朋友保持

聯繫，每星期最少一次與朋友一同玩電腦遊戲、看電影和玩球類活動等。遇到功課上的疑難，阿森會找朋友幫忙。朋友跟阿森在玩樂和溝通方面，跟從前沒有太大分別。即使他患病，有時想獨處，仍能重新融入朋友羣體中，與朋友保持溝通，一同玩樂，一同上課。

### （六）肯定個人能力

阿森能發揮個人強項（strengths），尤其是他能恢復定期練習乒乓球。在病患初期，受抑鬱情緒和學業成績下滑困擾，令他曾拒絕參與一直喜愛的乒乓球活動，並退出校隊。在輔導員進一步探討下，發現阿森仍然喜歡打乒乓球，但擔心自己學業成績已倒退，不想乒乓球校隊的緊密訓練令他更退一步，因此退出。另外，他也擔心自己的精神狀態，令他打乒乓球表現失準，輸比賽會令他自覺失敗和無用。經輔導後，他決定恢復定期練習，但暫時不會參加任何校內外的比賽。這安排能令他在沒有壓力下定期練習。他表示十分高興，亦很投入和享受打乒乓球的樂趣。他自覺在抑鬱症困擾下，打乒乓球是其中一項令他忘卻煩惱，感到開心的事，並認同打乒乓球仍是他的個人強項。發揮阿森這一項強項，有助提升他的成功感（achievement）和自尊感（self-esteem）。

- **輔導工作成效**

### （一）建立滿意的生活方式

縱使患上抑鬱症，阿森仍能發揮他的個人優勢，包括能力和資源。在患病初期，受抑鬱症影響，他的學習表現和成績倒退、表現退縮、不願意和別人接觸、減少課外活動、退出乒乓球校隊，並十分擔憂未來升大學。在接受抗抑鬱藥和優勢模式的輔導後，他漸漸變得積極。中三學期完結時，他能發揮個人的能力和優勢，讓他在多個生活範疇，包括與父母溝通、和同學相處、學

業表現和課外活動等，都有良好的進展和改善。阿森對中三的生活，整體來說感到滿意（life satisfaction）。

## （二）融入羣體生活

朋友和同學對阿森的接納和關心，對他的復元有很大的幫助。他曾一度擔心被同學知道自己患了抑鬱症後，會被同學污名化（stigma）——取笑、排斥和疏遠。同學們這份接納和鼓勵，有助消除阿森內心的擔憂、疑慮和自我污名化（self-stigma），讓他克服退縮的表現，重新融入校園生活和同學羣體中。

## （三）發揮個人優勢

阿森能發揮個人能力，尤其是他能恢復定期練習乒乓球。在沒有球賽的壓力下，他能投入和享受打球的樂趣。發揮阿森這一項強項，有助提升他的成功感和自尊感，亦有助減少他的抑鬱情緒。

## （四）培養健康生活習慣

當阿森情緒低落時，他喜歡獨個兒留在家中看電視和玩電腦遊戲，不想被別人干擾，包括父母。但獨處和安靜太久，又容易令他感到苦悶，會胡思亂想，負面思想會充斥腦袋，進一步令抑鬱情緒惡化。經輔導員輔導後，他同意建立健康的生活習慣（healthy lifestyle），保持每星期最少一次與朋友或同學一同玩電腦遊戲、看電影和練習乒乓球等。這些健康生活習慣和活動，有助改善他的抑鬱情緒。

## （五）發掘更多資源

阿森對學習抱持期望，不輕易放棄，更希望將來能升讀大學。他在中三的學習表現大致能跟上老師的教學進度，並完成所有功課。然而，抑鬱症影響他的專注力和學習能力，令他常感疲倦，因而影響他的上課表現和成績。雖然他的考試成績比中一、

中二時仍有不及，但他和父母都認為他已盡力跟上老師的教導和交齊功課，因而滿意他的學習表現（achievement）。他成績下滑，未能升上精英班和修讀心儀的選修課，於是父母安排他到外國升學。後來，輔導員從父母口中得知，阿森在外國的中學適應良好，也能跟上學習進度。

### （六）改善抑鬱情緒

在接受抗抑鬱藥和優勢模式的輔導後，阿森漸漸變得積極，中三學期完結時，他的抑鬱情緒已明顯改善。

由此可見，阿森透過家庭資源、學校資源、自我主導復元進程、朋輩支援、社交關係及肯定個人能力，以建立滿意生活，更促使他融入羣體、發揮個人優勢、培養健康生活習慣、發掘更多資源，並改善了抑鬱情緒，且效果顯著。

# 六、優勢模式本地化的挑戰

世界各地至今已進行十多項研究，探討優勢模式應用於精神病患者的成效。研究結果顯示，優勢模式能協助受助者減少入院次數、減輕精神病症狀、促進公開就業率、提升獨立生活能力、減少家屬照顧負擔和提升生活質素等（Fukui et al., 2011; Rapp et al., 2014; Tse et al., 2016）。例如，美國近期一項研究向接受優勢模式的 900 多名精神病受助者，進行為期 18 個月的追蹤研究，結果顯示優勢模式能減少受助者入院次數、增加公開就業率，和提升其獨立生活能力（Fukui et al., 2011）。

優勢模式在世界各地漸漸普遍，至今在美國、加拿大、澳洲、新西蘭、日本等國家，以及台灣和香港等地區，均有精神復康機構採用和推行（Rapp et al., 2006；Rapp et al., 2014；Song & Shih, 2014; Tsoi et al., 2018；Yip et al., 2003；楊劍雲，

2013）。將優勢模式應用於華人社區精神健康服務，即本地化（Indigenization of Strengths Model）時，確實要面對不少的挑戰，現分述如下。

● **輔導員的信念和態度**

優勢模式主要透過輔導員為復元人士提供個人化服務。因此，如要發揮優勢模式果效，輔導員必須在信念和態度上作出轉變，才能推行優勢模式的六大工作原則。有研究指出精神健康專業人員在接受優勢模式的培訓後，對優勢模式出現四種不同的態度（Song & Shih, 2014）：

　*　從困惑和難以接受到基本應用
　*　從接受和應用到有保留地實行
　*　從接受和應用到全力推行
　*　從表面相信到感覺難以實行

上述不同的員工態度，對優勢模式能否完整和確切地推行，有不同程度的影響。當中只有第三種態度，最能讓優勢模式完整和確切地推行。在推行優勢模式時，輔導員須持續反思對優勢模式的態度，並接受相關的訓練和督導。

● **復元人士自決帶來的困惑**

優勢模式強調讓復元人士訂定個人目標，但這目標可能與輔導員的責任和專業倫理有衝突。例如，一些缺乏病悉感（lack of insight）的復元人士，可能將個人目標訂為短期內停止服用精神科藥物。這目標對一些輔導員來說，帶來兩難困境：一方面要尊重復元人士自行訂定個人目標的能力，另一方面要避免復元人士停止服用精神科藥物致使病發，危害他們和其他人的安全。

輔導員可透過適當方法處理這類兩難困境。輔導員首先與復元人士建立良好的工作關係，在對話中引導他們反思為何不應停

止服用精神科藥物：停藥的目的是甚麼？可否讓他們過正常而愉快的生活，達致復元？其實，復元人士真正的渴求是能夠達致復元，能正常生活，在工作、社交和生活上無障礙，這才是他們想達到的長遠目標。輔導員需讓他們明白甚麼元素有助其復元，而服用精神科藥物只是其中一個元素。同時，引導他們明白和接受長期目標是達致復元和上述正常生活，而保持精神健康穩定是重要的短期目標。

停藥或可減少藥物副作用，但同時可能出現令精神健康變差的風險。復元人士應小心衡量停止服用精神科藥物的時機，而衡量的方法包括：細心觀察近期的精神健康狀況，評估個人應付精神健康可能變差的能力，並尋求精神科醫生的意見等。換言之，復元人士訂定的個人目標，未必與輔導員的責任和專業倫理有衝突。

- **低動機的復元人士**

在推行優勢模式時，輔導員常常遇到一些低動機（low motivation）的復元人士。他們對自己的復元情況缺乏信心，因而對訂下短期和長期目標缺乏興趣，出現「求其」、「是但」、「敷衍了事」等態度。面對他們的低動機表現，輔導員可運用適當的介入法，為他們燃點復元的希望（inducing hope）。

燃點復元的希望可有不同的方法，其中之一是透過朋輩支援工作員（peer support worker）的協助，分享其個人復元的經歷和心得，增強復元人士對復元的希望。運用朋輩支援工作員，可算是善用社區資源，符合優勢模式的原則。

此外，輔導員的態度、介入技巧、溝通技巧、語言的運用等能力，亦有助增強受助者對復元的希望。例如，輔導員對他們的復元持續抱着樂觀積極的信念和態度，能激勵他們對復元的希望。輔導員亦可透過對話，鼓勵他們化繁為簡，為達成復元（或

改善某方面的生活狀況）訂下不同階段的計劃，在初始階段，訂下簡單和可行的短期目標（如促進身體健康），達成短期目標的具體、實際、可行、可評估和有時限的計劃（如每星期一次到附近公園步行 20 分鐘）。當他們能完成短期目標，會增強他們對復元（或改善某生活狀況）的希望和動力。

- **優勢為本評估的有效性和可靠性**

根據優勢模式，進行優勢為本評估時主要使用優勢評估表（Strengths Assessment Worksheet）。但優勢評估表較籠統和概括，對復元人士的優勢評估欠缺有效性和可靠性（validity and reliability）。因此，有研究發展了另外一些評估表，當中 Behavioral and Emotional Rating Scale-2（BERS-2）已通過有效性和可靠性的檢測，並廣泛應用於青少年服務上（Buckley, Ryser, Reid & Epstein, 2004）。然而，在精神復康服務上，仍缺乏具有效性和可靠性的優勢評估表。

一份具有效性和可靠性的優勢評估表會帶來幾方面的好處：能協助輔導員評估復元人士的優勢、讓復元人士了解自己的優勢、讓研究員評估復元人士在接受優勢模式後，是否更了解和更能善用自己的優勢。

- **社會排斥和污名化**

根據優勢模式，輔導員應協助復元人士發掘、獲取、使用、維持和不斷累積個人和環境優勢為本的資源，這涉及多種策略及手法。例如，輔導員可與他們身處環境資源的控制者，建立良好合作關係，鼓勵控制者向復元人士提供合適的支援，如鼓勵教會安排定期探訪。輔導員亦可讓復元人士明白和認同作為社會公民的一分子，有權向政府和機構獲取合適的社會及公共服務，如法律援助、再培訓課程等。此外，輔導員亦可扮演倡導者角色（advocator），向政府爭取有助復元人士所提供的服務，如提供

更多社會企業服務和進修機會等。

　　輔導員的工作重點是突破社會對復元人士的排斥（social exclusion）和污名化（social stigma），讓他們與身處的社區再連接和聯繫起來，從而獲取合適的社會資源和支援。然而，華人社區對復元人士排斥和污名化的情況，多年來都十分嚴重（Young & Ng, 2015），對復元人士嘗試聯繫身處社區，造成巨大的壓力。要突破社會對復元人士的排斥和污名化，單靠輔導員個人的努力，難以短期內為社會帶來改變。

- **優勢模式所需的結構元素**

　　在發揮推行優勢模式的好處時，除了需要上述實踐元素（practice components），還需要一些結構元素（structural components）配合（Fukui et al., 2012; Rapp & Goscha, 2004; University of Kansas, 2017），包括：

（一）輔導員與個案數量比例應維持低水平，建議輔導員與個案數量比例不多於 1：20；

（二）輔導員應與個案保持定期和緊密的接觸，建議每星期接觸一次或以上；

（三）一名固定的輔導員為個案提供長期服務，服務期應為 9 個月或以上；

（四）輔導員應用大部分工作時數於提供個案工作上，建議提供個案工作的時數佔整體工作時數的 80% 或以上；

（五）輔導員與復元人士的接觸應大部分時間都在復元人士的社區內進行，如復元人士家中、餐廳、運動場、公園等，建議在社區內會面的時間佔全部會面時間的 75% 或以上；

（六）督導員對輔導員的比例應維持低水平，建議督導員對輔導員的比例為 1：6；

（七）督導員為輔導員提供每星期一次，每次兩小時的有關介入

手法的督導；

（八）輔導員須定期參與個案會議，分享介入手法和運用的資
　　　源等。

可惜要求香港社會服務機構全面滿足上述結構元素的要求，
一點也不容易，尤其是上述結構元素涉及巨額財政和資源承擔。

## 七、在華人社區有關優勢模式成效的研究

近年，香港非政府機構作出兩項研究，探討優勢模式應用於
復元人士的成效。

其中一項研究為 45 名接受精神健康綜合服中心的復元人
士，推行優勢為本的個案管理，並進行為期 6 個月的追蹤研究。
研究結果顯示優勢模式能為復元人士減少精神病症狀，增加生活
滿足感，和促進個人復元（Hui et al., 2015）。

另一項研究為 147 名接受宿舍服務的復元人士，進行為期
12 個月的追蹤研究，當中 73 名復元人士接受優勢模式，74 名
復元人士接受一般個案管理服務。研究結果顯示優勢模式能為復
元人士達成個人目標，和紓緩輔導員的壓力；但跟一般個案管理
服務相比，優勢模式未能為復元人士更顯著地減少精神病症狀、
促進復元和提升生活幸福感（Tsoi et al., 2018）。

以上兩項研究對優勢模式的成效有不同結論。由於兩項研究
對象的背景特點和提供優勢模式的處境（setting）均不同，因而
產生不同的結論。更重要的是，兩項研究均沒有探取隨機控制研
究（randomized controlled trial），令結果受到很多因素影響，
因而未能百分百確定以上優勢模式成效的研究結果（Ibrahim et
al., 2014）。因此，未來仍需要更多客觀的研究，藉以探討在華
人社區推行優勢模式的成效。

# 第二章

讀寫障礙與尋解導向治療

李婉芬

八歲的「阿倫」（化名）就讀小二，經常欠交功課，上課搗蛋不留心。為改善阿倫欠交功課的問題，學校讓他參加課後補習班，可是，他經常在補習班搗亂。學校遂要求他的母親於補習班陪坐，監控阿倫的行為，以免影響其他學員的功課進度。他的母親是一個全職家庭主婦，對被要求「列席」有微言，她認為學校該全權負責阿倫的學習與功課。另一方面，她認為假若阿倫不上補習班，她實在難以在家督促他完成課業，這亦會造成她的困擾，只好無奈接受學校的要求。

阿倫的班主任對社工表示：「他其實每日上堂都係得個『坐』字，唔明老師講緊乜，功課又唔識做。」另一方面，阿倫表示：「我唔鍾意讀書，讀書好辛苦」；「我唔想返學，唔想做功課……好辛苦……好大壓力。唔想細個，想快啲大個，大個唔使做功課」。當社工問及他將來有甚麼夢想、長大之後想做甚麼工作，阿倫說：「我唔想做人囉……因為好辛苦……要做功課和讀書……我想自殺！」

# 一、讀寫障礙的特徵和成因

根據國際讀寫障礙協會（International Dyslexia Association, 2002）定義，讀寫障礙（Dyslexia）是跟神經系統有關的一種學習障礙。患者雖然具常規的學習經驗及正常的智力，可是在辨識文字方面卻有很大困難，從而出現理解和寫作上的問題。[1] 功能磁力共振造影（Functional Magnetic Resonance Imaging, FMRI）為讀寫障礙的成因提供了神經生物學的證據，讓大眾知道患者的學習成績不逮，可能非因個人怠惰或無心向學所致。

---

[1] 該定義是 International Dyslexia Association 於 2002 年 11 月起採用的，亦是 National Institute of Child Health and Human Development（NICHD）對於讀寫障礙的定義。

另一方面，根據美國精神醫學學會（American Psychiatric Association）出版的《精神障礙診斷與統計手冊》第五版（*The Diagnostic and Statistical Manual of Mental Disorders, DSM-V*），特殊學習障礙（Specific Learning Disorder）至少出現以下一項或多項症狀，而症狀需持續至少六個月：

（一）閱讀單字會出錯，或顯得緩慢吃力（例如：錯誤地朗讀單字、讀得緩慢且不確定、經常猜單字讀音、讀出字音有困難）

（二）難以理解所讀的文章內容（例如：可能準確地閱讀了文本，但不理解所讀內容的次序和關係；不理解引申意思或更深層的含義）

（三）拼寫困難（例如：可能添加、遺漏或替代單字的筆畫）

（四）書寫表達困難（例如：在句子中犯多個文法錯誤或標點符號錯誤、段落組織能力欠佳、書寫表達缺乏清楚的概念）

（五）未能掌握數字意義，不了解數字事實或計算有困難（例如：對數字以及其大小和關係的理解能力較弱；需用手指算個位數加法，無法像一般同學用直接心算得出答案；計算過程出錯或顛倒程序）

（六）數學推理困難（例如：很難運用數學概念、事實或方程式解決數學問題）

因此根據 DSM-V，讀寫障礙屬於特殊學習障礙。然而，為方便讀者，本文繼續使用「讀寫障礙」此詞彙作討論。

● 常見特徵

受「讀寫障礙」困擾的學生雖有正常的智力和正規的學習經驗，卻往往未能準確而流暢地認讀或默寫字詞。他們一般有以下的特徵：

（一）口語表達能力較文字表達能力為佳

（二）閱讀欠流暢，並時常錯讀或忘記讀音

（三）盡量努力學習，仍未能默寫已學的字詞

（四）抄寫時經常漏寫或多寫了筆畫

（五）把文字的部件左右倒轉或寫成鏡象倒影

（六）較易疲倦，需要更多注意力去完成讀寫的作業 [2]

- 先天與後天構成因素

導致讀寫困難的因素包括：腦部異常發展和運作、遺傳因素以及認知能力缺陷。

研究發現當使用功能性磁振照影技術（fMRI）檢視閱讀對腦部運作的影響時，有讀寫障礙的人士在處理與閱讀相關的任務時（如「朗讀」、「默讀」、「音素辨認」），大腦某些區域的激發情況與正常讀者並不相同。此外，也有研究發現，有讀寫障礙的人腦部結構與常人有些微分別（Sternberg, 2003；載於香港教育局，2009：2）。

研究亦發現讀寫障礙與遺傳因素有關，如果孩子有讀寫困難，父母至少有四分之一以上機會亦有閱讀問題。另一項研究指出，父母若其中一位有讀寫困難，子女有 31% 的機會率於小學二年級時被評估為有讀寫問題（Sternberg 2003；載於香港教育局，2009：2）。

認知能力缺陷方面，本港的研究（Ho et al., 2004；載於香港教育局，2009：3）指出，受到「讀寫障礙」困擾的小學生中，命名速度（rapid naming）及字形結構意識（orthographic awareness）的缺陷比較普遍；視覺認知能力（visual perceptual skills）、語音記憶（phonological memory）及語音意識（phonological awareness）方面的缺陷情況則較少。另一研究（Luan，2005；載於香港教育局，2009：3）則發現有讀寫問題的學生有顯著的詞素意識（morphological awareness）缺損。

---

[2] 香港特別行政區政府教育局（2019）特殊教育中心資源，〈讀寫困難〉。

關於讀寫障礙的先天與後天因素，Frith（1999）作了很精要的互動描述（見圖一）。[3] 其中包括：生理因素（腦部結構及運作）、認知能力（例如命名速度）及行為（即讀寫表現）。在一般情況下，學生可能因生理及認知因素而出現讀寫困難的表徵。可是，沒有認知能力缺損的學生，也可能因教學法、課程或學習經驗等後天環境因素，而出現讀寫表現困難。另一方面，有些學生雖然先天能力不足，但能夠及早識別，後天配合適切的教學方法及課程，在讀寫方面也未必有顯著的困難。因此，近年英、美等國家，以至香港等地區都已採用分層支援模式，及早識別和支援讀寫方面有困難的學生。因此，本文相信縱然學生有先天的讀寫困難，只要透過有效的輔導，也能跨越障礙。

圖一　讀寫困難：先天與後天因素的互動關係

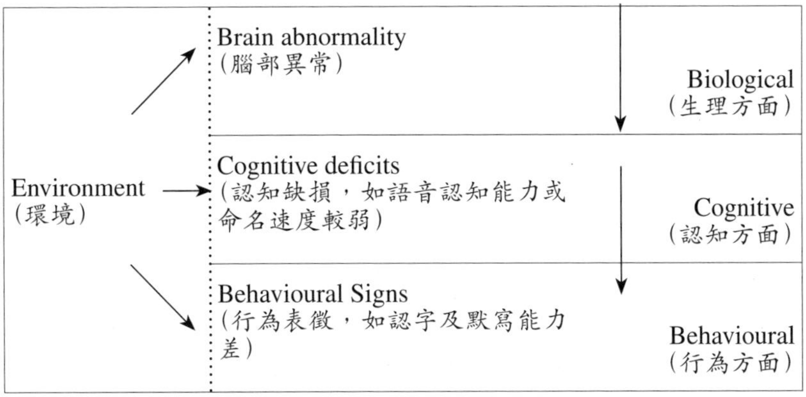

● 香港的讀寫障礙比例

讀寫障礙在各種語言系統中都有出現的機會，從不同國家的統計數字估算，全球約有 10% 的人口有不同程度的讀寫障礙（鄧滌明，2006：11）。根據香港特殊學習困難研究小組 [4] 的研究結果

---

3　香港特別行政區政府教育局教育心理服務（新界）組（2009），〈認識讀寫困難〉，頁 5。
4　香港特殊學習困難研究小組由香港大學、香港中文大學、香港教育大學及香港教育局合作組成。

（Chan, Ho, Tsang, Lee & Chung, 2007），本港讀寫障礙的普遍比率約為 9.7% 至 12.6%。若按嚴重程度區分，普遍比率見下表。

表一　本港讀寫障礙普遍比率按程度分佈[5]

| 程度 | 普遍比率 |
|---|---|
| 輕度讀寫障礙 | 6.2% - 8.7% |
| 中度讀寫障礙 | 2.2% - 2.3% |
| 嚴重讀寫障礙 | 1.3% - 1.6% |

　　香港教育局對學習異常的描述詞彙為「特殊學習困難」（Specific Learning Difficulties）。所謂「特殊」是源自英文名稱的「specific」。原意是指受此學習困難影響的學生所面對的障礙僅局限於某些範圍，如閱讀或書寫；而非像智力障礙或學習遲緩的學生般，各方面的學習甚或社交自理都會出現問題。按教育局定義，特殊學習困難泛指一系列學習異常的表現，如：閱讀、寫作、數學、大小肌肉協調、專注力等等有顯著困難。常見的特殊學習困難有：讀寫障礙（Specific Learning Difficulties in Reading & Writing or Dyslexia）、語言障礙（Specific Language Impairment or Dysphasia）及數學運算障礙（Dyscalculia）等。其中以讀寫障礙最為普遍，約佔特殊學習困難學生的八成半或以上。[6]

## 二、識別讀寫障礙及評估方法

　　香港的公營小學每年均會推行「及早識別和輔導有學習困難

---

[5] 〈香港特殊學習困難研究小組研究〉（Chan, Ho, Tsang, Lee & Chung, 2007），刊於該小組網頁資料〈認識讀寫障礙〉。
[6] 香港特殊學習困難研究小組網頁。

的小一學生計劃」。此項工作通常由學校的學生支援小組統籌，並由教育心理學家支援。有關的工作流程見圖二。[7]

### 圖二　及早識別和輔導有學習困難的小一學生工作流程

| 工作流程圖 |
| --- |

| 觀察<br>九月至十二月 | 教師觀察每一名小一學生的學習及行為表現。 |
| --- | --- |

| 識別<br>十二月至一月 | 1. 教師為可能有學習困難的學生填寫《小一學生之學習情況量表》；及<br>2. 根據量表顯示的結果，識別有輕微或顯著學習困難的學生。 |
| --- | --- |

| 輔導及持續檢視進展<br>一月至七月 | 諮商和評估<br>一月中至七月 | 專家評估<br>二月至七月 |
| --- | --- | --- |
| 學生支援小組為有學習困難的學生訂立及推行學習支援計劃，包括<br><br>1. 安排學習支援；<br>2. 與家長共同議定學生的家課和評估調適；及<br>3. 檢視學生的進展及調節輔導方案。 | 教育心理學家協助學校<br><br>1. 分析個別學生的識別結果；<br>2. 釐定輔導計劃；<br>3. 如有需要，使用《香港小學生讀寫困難行為量表》識別懷疑有讀寫困難的學生；及<br>4. 為個別有嚴重學習困難的學生安排評估。 | 教育心理學家提供所需的評估及諮商。 |

| 下學年 |
| --- |

| 檢視進展 / 跟進支援 | 諮商和覆檢 | 專家評估 |
| --- | --- | --- |
| 如學生有良好進展，由科任教師繼續<br><br>1. 監察學生的學習情況；及<br>2. 按需要提供支援。 | 如學生的進展未如理想，學校<br><br>1. 提供額外的學習支援；及<br>2. 定期檢視學生的進展。 | 教育心理學家協助學校<br><br>1. 覆檢學生的進展；<br>2. 為持續有學習困難的學生安排評估；及<br>3. 按照專家的評估結果修訂輔導計劃。 | 教育心理學家提供所需的評估及諮商。 |

---

[7]　香港特別行政區政府教育局（2016），〈及早識別和輔導有學習困難的小一學生計劃〉。

家長、社工或教育工作者若懷疑學童有學習困難而未經上述計劃篩選及支援，可按以下表二「小學生的行為表徵」作考量評估，斷定是否有需要轉介往所屬學校的教育心理學家跟進。衛生署轄下的兒童體能智力測驗中心亦有提供讀寫障礙的評估服務。若認為所屬學校的教育心理學家或衛生署的輪候時間過長，亦可考慮前往社會服務機構或私人執業的教育心理學家或臨床心理學家進行評估。

及早識別並提供適切支援是協助學童跨越障礙的關鍵。因此，本文節錄了有關識別學習困難之學前兒童、小學生及中學生的行為表徵，供讀者參考。[8]

### 表二　學前兒童、小學生及中學生的行為表徵

| 學前兒童的行為表徵 |
| --- |
| • 發音不準確，並混淆讀音相近的字詞，例如把「雞」說成「龜」，或「t」說成「d」 |
| • 不能準確地講出常見物件或顏色的名稱 |
| • 時常將句子或詞語的次序顛倒 |
| • 相比同齡的小朋友，需要花較多時間和心力學習兒歌，但學會後很快便忘記 |
| • 相比同齡的小朋友，需要花較多時間認識中文字和英文字母，但學習後很快遺忘 |
| • 喜歡聽別人講故事，但並無興趣學習文字 |
| • 不能牢記自己的出生日期、地址及電話號碼 |
| • 未能依循方向性的指示，例如未能跟着「向前走，然後左轉」的指令做 |
| * 節錄自《香港學前兒童學習行為量表（家長版）》 |
| **小學生的行為表徵** |
| • 閱讀時很難找出文章的重點 |
| • 作文 / 作句只能勉強達意，文法上有錯誤 |

8　香港特殊學習困難研究小組網頁（2019），〈識別讀寫障礙〉。

（續）

- 書寫能力比口語表達差很多

- 檢查自己的功課時，察覺不到做錯的地方

- 理解文字的能力比理解說話差很多

- 對於重組句子的練習有困難

- 有很多詞語在說話時懂得運用，卻不懂得如何書寫

- 作文時思維組織紊亂

* 節錄自《香港小學生讀寫困難行為量表》（第二版）

| 中學生的行為表徵 |
| --- |

- 容易混淆字形、字音或字義相似的字

- 不能認讀常見字詞

- 在朗讀時，容易漏讀或錯讀下一行的字

- 相對同齡的學生，需要較長時間理解文章的中心思想

- 中文默書成績偏低

- 相對同齡的學生，抄寫時較容易寫錯筆畫多的字

- 寫作能力比口語表達能力弱

- 寫文章時會錯用標點，例如：除結尾一句外，整篇文章只會用逗號連接

* 節錄自《香港初中學生讀寫困難行為量表》

# 三、讀寫障礙對兒童的影響

　　讀寫障礙不單影響了學生的閱讀和書寫能力，更甚的是影響學生的學習動機和自信。艾力遜（Eric Erikson）的心理社會學理論指出學齡兒童（6-11歲）的發展任務是「勤奮進取與自貶自卑」。學習上的困難令這時期的兒童較難發展其求學、做事、待人的基本能力，使他們充滿失敗感、影響自我形象。在以往成績掛帥、要求學生有一定背誦和默寫能力的香港教育制度下，青少年期的讀寫障礙學生在「自我統整」的發展任務時，亦比同儕較難建立明確的自我觀念與自我追尋的方向。而在中學文憑試中英

文科取得三級以上成績才可以晉身大學之門，更是有讀寫障礙的中學生之一大難題，導致更多學生在中三前已感到筋疲力盡，提早離開校門或投身職業訓練。

讀寫障礙也會影響親子關係及家庭的和諧。父母認為子女怠惰馬虎、無心向學；子女則覺得父母嚴苛囉嗦，不明白自己，親子關係遂日益惡劣。有些父母更可能因對子女的教導方法、學業要求有所分歧而發生衝突爭吵，不但影響夫妻感情，更可能引致分居、離婚。

師生關係緊張是讀寫障礙的另一可能因素。從老師角度看，受讀寫障礙困擾的孩子不單功課馬虎，更是頻頻欠交，似是無心向學；有時還會有情緒和品行問題，擾亂課室秩序且屢勸不改。從學生角度看，他們會認為：「我已經很努力理解老師的授課內容，老師怎麼還死盯着我不放。我接受老師授課沉悶，難道老師不能接受我在課堂時偶爾放鬆一下嗎？我已日做夜做那些堆積如山的功課，就算我的水平差一點點，真的要罵我罵得這麼兇嗎？」可見，受讀寫障礙困擾的學生因難以跟上課堂內容或達到老師的要求，他們亦常感到自己的情況不被體恤與接納，使師生關係容易陷入緊張狀態。

## 四、尋解導向治療介入方法

尋解導向治療（Solution-focused Therapy）由 Steve De Shazer 及其妻 Insoo Kim Berg 等人於 1970 年代在美國創立。1980 年代初，香港社工老師何會成、朱志強及楊家正開始在香港理工大學教授及現場督導尋解導向治療的應用，並與明愛家庭服務同工就該治療方法組成研究及實踐小組，落實應用有關理論於具體實務處境中。

要處理讀寫障礙個案，尋解導向治療是一個非常有效的介入

方法。有關尋解導向治療的五個概念及手法簡述如下。

● **家庭為本，系統觀點**（Family-based, systems view）

尋解導向治療植根於策略性家庭治療，認為人面對的問題不單是其個人狀況所致，而是源於家庭關係之中。我們了解學生的讀寫障礙問題應以家庭為單位，而解決方案亦以能牽動家庭成員的行為及關係為基礎。舉例來說，來自低收入家庭與來自中產家庭的讀寫障礙學童，後者明顯擁有更多資源，支援其跨越障礙。同理，面對有讀寫障礙的孩子，明白事理的父母與整天嘮叨督促孩子重複溫習的父母，兩者對該學童的態度必然有差異，而兩種父母對學童自我形象的影響也必定截然不同。

尋解導向模式採用系統觀點（systems view）了解學生所面對的問題。工作員深明學生身處的各個系統的家庭、學校、社區及社會，均影響其情緒發展及個人成長。設想一下，若有讀寫障礙的學生並非置身於望子成龍的家庭，其堂兄弟姊妹家族也非成績出眾，亦沒有選擇在偏重成績的學校就讀，更不受講求背誦能力及成績掛帥的香港教育制度所影響，如此的話，他所面對的壓力便可能迥然不同！尋解導向工作員需要明白，學生所處的是一個開放系統，工作員本身亦是該系統的其中一個成員，能牽動系統間的互動，為學生帶來轉變。

● **把目光放在解決方法，而非問題上**（Solution-focused, not problem talk）

尋解導向工作員認為，針對問題而建立解決方法，比直接消除問題更容易和高效。這種集中找尋解決方法的介入方式，明顯有異於旨在直接消解問題的治療方法。就讀寫障礙而言，那不是一個隨年歲增長便會完全消弭的問題。至目前為止，醫學界、社福界和教育界仍未有針對此障礙的根治方法。因此，相比起如何直接消除問題，工作員將面談目光放在解決方法上，是一種更適

合的介入方式。

　　尋解導向模式的重點是辨識案主以往成功解決或減輕該問題的行為模式，並要求案主重複應用，而非要求案主奮力改變或阻止那些出現問題或帶有症狀的行為。對案主來說，前者明顯較容易達成。因此，如何引發並擴大例外情境（exception finding）重現，是找出解決方法的關鍵。

### ● 重視契合關係（Engagement）

　　尋解導向介入模式着重與案主建立良好的契合關係。這不但指跟服務對象建立共同的輔導目標，還要注意案主在輔導過程中的善變心理、工作員如何配合案主的步伐等。

　　受讀寫障礙困擾的學生常常被老師或家長標籤為「無心改過」、「悟力不足」、「逃避問題」、「只愛打機、無心向學」，甚至「無藥可救」。但他們那種「無論怎努力，成績也不見起色」、「無論怎樣加把勁，功課還是做不完」、「派卷時，分數往往慘不忍睹」的失望與無奈，又有誰會明白？如果此時介入的社工或輔導人員，還是叫他努力完成功課，試問又怎能建立良好的輔導關係呢？尋解導向工作員宜留意案主的遣詞用語，當中所涉及的含義，通過與案主的主觀世界相連，從而了解他的感受，並建立良好的契合關係。此外，正如前述，工作員也是案主身處的系統之一員，能牽助他本人及與其他系統的改變。因此工作員除了要敏銳地留意案主的言詞，也要經常察覺自己的説話內容對案主的影響。

### ● 強調案主的能力和潛能（Strengths & potentials）

　　學生尋求輔導時，經常受到一些問題困擾。一般介入模式會跟案主探討問題的成因、分析問題的癥結所在，令問題更具體地呈現出來。如是者，案主便能由過往失敗的經驗中總結出自身的不足之處，但往往亦較容易會忽略了他們的成功經驗，此過程亦

有可能加強案主的無力感。讀寫障礙已令學生困擾，使他們產生許多自我負面評價，甚至出現自卑、自貶、覺得自己比不上別人的想法。因此，尋解導向模式強調發掘案主的能力和潛能，正正可彌補只着眼於學生不足之處的問題。

香港理工大學宏利兒童學習潛能發展中心總監黎程正家，視學習障礙為一種學習上的差異，而「此種學習差異包括其學習優勢、獨特的學習方式、個別對教學反應模式等」（黎程正家，2011）。讀寫障礙學生在思想或口語能力、操作能力較其讀寫能力優勝，他們較側重圖畫式抽象思考，會留意整體而非細節。黎程正家認為如有適當的教學方式輔助，加上發掘出其潛能優勢，及改善其情緒關係，便能克服讀寫障礙帶來的困難。反之，特殊學習差異就會發展為「特殊學習障礙」。黎氏的看法與尋解導向模式不謀而合。因此，工作員宜參考哈佛大學（Harvard University）的認知和教育教授 Howard Gardner 的多元智能理論，在輔導過程中與學生一起發掘其智能優勢。

事實上，不少讀寫障礙學生都有讀寫以外的優勢，例如：設計、電腦、電影、美容、廣告製作、推銷、建築、裁縫、藝術創意、音樂、運動、舞蹈、演藝等等。從優勢視角看讀寫障礙學生可以令學生本人、家長、教師和社工等，將注意力放在他們的獨特性，而非其問題或障礙上。此種模式更能協助受學習障礙困擾的學生開拓一片新天地，畢生受用無窮。

● **着重短期成效及細小轉變**（Short term goal, small change）

尋解導向介入模式着重案主的期望轉變，以早期緊密的介入，促使案主能有效達致預期目標。因此，具體而可達成的目標設定尤為重要。由於案主的學習障礙及相關的引申問題已經存在一段時間，要啟動家庭成員或學校老師改變態度，以至在教學法上作出轉變並非一蹴而就的事。工作員宜先跟案主訂立短期目

標，增強案主對轉變的信心。每當案主有一些小改善時，工作員就該表示深深的認同感，並詢問案主改善有關情況的經過。工作員對案主的改善而引發的喜悅之情該盡情釋放，因尋解導向模式深信雪球效應（Snowball Effect）：任何微小的進步，都可引發之後無窮的改變，如同雪球會愈滾愈大。工作員的肯定和讚許，對學習上飽受挫敗的讀寫障礙學生而言，是極佳的鼓勵，使他們能更努力嘗試改進，從而達致尋解導向模式三大黃金定律之一所言：「若然有效，宜乎多做」（if it works, do more）。

# 五、個案工作實例

## ● 案例一、經常欠交功課，上課搗蛋的小二生

### （一）轉介原因

就讀小二的阿倫在學校的表現欠佳，經常遲到、欠交功課、上課搗蛋不留心。

### （二）接案評估

阿倫的相關資料可參考本文開首的描述。現運用尋解導向介入治療分析阿倫的情況。

1. 評估前資料準備

具中下程度智能的阿倫有讀寫障礙。幼稚園期間被評為口語理解能力較遜色，表達能力發展亦較同齡幼童緩慢。

2. 案主學習情況

在老師眼中，阿倫學習動機低下，上課時屢有行為問題，經常欠交功課，已交的功課亦做得很馬虎，對需要動腦思考的功課更難以完成。阿倫多次在輔導過程中向工作員表示「唔想返學讀書，做功課，返學好辛苦」，他甚至向工作員表示想自殺，但經

工作員跟進評估後，認為阿倫並無具體自殺企圖，所言只在表達他被學習壓得透不過氣來的絕望情緒。

阿倫又解釋了他上堂搗蛋的行為，是因為聽不明白老師的講解。其中，他在中文課的滋擾行為最為嚴重。阿倫表示：「上中文堂忍唔住玩……因為無人讚。」由此可知，讀寫障礙不單阻礙了阿倫的學習能力，也影響了其師生關係。另一方面，個案的一個可能介入點從案主的言詞中浮現出來：阿倫渴望得到別人的讚許。這將是牽動他作出行為改變的其中一個動力。

3. 案主的家庭狀況

阿倫來自一個四口之家。父親是廚師，母親是一個身體有不少毛病、要經常就醫的全職家庭主婦，而阿倫的哥哥在就讀小四時確診患有過度活躍症。日常生活中，阿倫常跟母親因為做功課而爭吵。母親直認她無力管教阿倫，她表示：「有時他不聽話，吃了兩口飯就吵着要外出。又或快要吃飯時就玩手機遊戲，要是不讓他玩就敲東西、丟東西……我覺得很煩……便只好讓他玩。」

由此看來，母親對於如何管教兩個有特殊學習問題的兒子感到困擾。究竟是她自身的健康問題而使她管教不力，還是兩個兒子的特殊情況導致她的健康出現問題，實難深究。可是，作息紊亂、缺乏規律的家庭對阿倫的學習確有不良影響。尤其學校對兩名兒子的學業表現和行為所作出的投訴，亦增加了母親的壓力，她往往以嚴厲的語調跟兒子溝通，卻無力堅守對他們的要求，結果多以放棄告終。另一方面，阿倫亦在哥哥的影響下，行為表現愈發暴躁激動。從這家庭的不良互動可見，他們實在需要儘快作出介入，否則阿倫若將衝動行為帶回學校，勢必影響其學校生活及師生關係。屆時學校又很可能為了處理他的違規行為而與家長聯絡，從而再度加重母親的壓力，形成惡性循環。

4. 案主的長處和潛能

阿倫熱愛運動，尤其跑步甚有天分，在學校運動更經常取得第一、二名的佳績。而且阿倫與同學的相處亦算不錯。然而，他的成績較為不濟，大多時間都聽不懂老師講課，又經常漏帶東西、不懂得做功課。幸好，同學都很願意幫助他，亦不介意協助他達到老師的要求。由此可知，阿倫雖然不擅於表達自己、學習能力也較遜色，卻不影響他在運動及社交方面的優勢。工作員若能善加運用，將可帶來好的介入方向。

（三）介入目標

1. 提升案主學習動機和效能

   * 案主能減少欠交功課次數
   * 案主能準時回校上課

2. 發展案主的運動天賦

   * 為案主尋找校內或校外的跑步訓練，讓他能從運動中學習堅持和專注，提升他的自信心和自我滿足感

3. 提升案主情緒管理技巧

   * 讓案主多留意日常生活中的常見情緒
   * 讓案主掌握如何處理負面情緒（如不快、憤怒、驚惶等）的技巧

4. 增強案主母親的管教技能

   * 讓母親了解明確規則和適當讚賞對改善案主行為的重要性
   * 促使母親與案主訂明和實踐良好的作息規則及設立獎賞制度

5. 鼓勵母親發展案主的運動潛能

   * 讓母親明白發展運動潛能，有助案主成長，更是減低讀

　　寫障礙困擾的關鍵

* 鼓勵母親多發掘案主在運動及其他潛能的優勢
* 鼓勵母親掌握有關運動訓練的社區資源，並安排案主參加

## （四）工作計劃

　　阿倫在學校已取得不少學習支援資源，但其學習和行為表現卻未見起色。母親在老師心目中亦非一位負責任的家長。所以要在短期內介入校內系統，加強對阿倫的支援，確有一定難度。對此，工作員選擇先在阿倫和母親兩方面進行介入工作。

## （五）介入過程

1. 建立契合關係

　　尋解導向介入模式強調要與案主步伐一致，需亦步亦趨地緊貼着他的方向和目標。原因在於，唯有在接納、關懷和尊重的關係中，案主才願意踏上轉變的過程。因此，工作員先向阿倫提供情緒輔導和支援，了解他在學校和家庭生活的困難及感受之後，才開始與他訂立學習目標，包括準時上學及減少欠交功課的次數。

2. 着重微小但拾級而上的轉變

　　完成功課對阿倫來說是一份苦差，他時常剛坐下只寫得二、三句，就忍不住離開座位四處跑動。有時，母親會嘮叨地要求他返回座位，他則以粗言穢語回應母親的苦心提醒。可想而知，在這種拉扯狀況下功課總是難以完成。而在設立獎賞制度之後，當阿倫有了減少欠交次數的目標，並當完成每項功課後能獲得一個印花，他便開始逐漸減少欠交功課的次數。尤其在工作員給予他由衷的歡呼及讚賞後，他竟然能間歇地交齊功課。而當工作員驚歎地問他如何做到時，阿倫便會驕傲地分享他能交齊功課的「祕技」：「如果（功課）做少了，老師不會當你交齊功課，要自己檢

查看看有沒有未完成的部分。以及核對功課和手冊,看看是否都做完。」通過一步步微小的改進,雪球效應便開始奏效了——期間當然有倒退的時侯,例如當功課太多太難,阿倫「無力再戰」,或母親又再囉囉嗦嗦,都可能使阿倫最終未能完成全部功課。

## (六)個案工作成效

### 1. 親子關係改善

阿倫和母親過往不但常因功課問題爭執,日常生活上也是爭吵不斷。但自工作員指導和協助母親,並與阿倫訂立和推行家中作息規則和獎賞制度後,雙方關係亦有所改善。因阿倫身體得到適當休息,不但脾氣改善了,也能準時上學了。縱然母親仍不時拿她的覆診紙給工作員看,説她「全身不舒服,身又不舒服,心又不舒服」,這意味着母親本人亦有輔導的需要,但那是下一步需考慮轉介的事情。學校社工宜先集中處理阿倫的學習問題,否則會使個案介入失去焦點。

### 2. 案主潛能得以發展

阿倫熱愛跑步,但因學校的田徑校隊只收高小同學,加上阿倫的家庭經濟能力有限,未能參與私人組織的訓練。因此,工作員找了一些免費的社區資源,如免費田徑體驗、田徑青苗活動等,讓他可以參加。工作員致力讓母親明白,發展兒子的運動潛能,可使他從運動中學習堅持和專注,這對帶動他的學習動機亦有裨益。阿倫仍是小二生,他參與任何的定期訓練都必須母親接送,若母親不認同那些訓練對案主有用,恐怕介入計劃也不能成事。幸好,母親亦很認同兒子的運動潛能,並願意為他報讀運動課程,促進其肌肉發展,為他能於九歲時參與田徑青苗甄選作準備。更重要的是,原來被認為有讀寫障礙,前路無望的孩子,終於迎來了自己的一片天——誰能説得上他日後不會成為香港代表隊的一員呢?

3. 案主的學習表現及動機明顯提升

　　透過以上的介入工作，阿倫在情緒上變得正面和穩定，在學校的表現也相對上一學期有進步和改善，特別是能準時上學及交齊功課的次數有所增加。他向工作員表示：「我覺得上堂好開心……開始喜歡上學……習慣了……我數學堂時已很乖，沒有玩耍，我忍住。」可見其學習動機亦有改善。當問及他對訂定學習目標和獎賞計劃的看法，阿倫說：「我覺得有用……不知道怎麼說，覺得做功課比以前容易……沒那麼困難……想上學……因為喜歡（完成功課後）可以被老師蓋『印仔』。」當以「刻度問句」（Scaling Question）問及他認為自己在輔導前後的分別，阿倫認為：「以前是零分……甚麼都不想做，想跳樓……現在是十分……好多了。」

　　另一方面，母親亦認為在輔導過程中她明白訂立具體作息規則的重要性，以及如何與阿倫訂立學習目標。她認為獎賞比囉嗦更能有效促使阿倫完成功課。

　　學校方面，老師認為「阿倫在讀書上無明顯改變，要較長時間改善。但留意到他在情緒及社交上都有進步，他變得開朗。以前他的眼神好像要『殺人』似的。」顯然老師對阿倫的看法已有改變，那標誌着工作員可着手介入學校系統再作進一步工作，協助阿倫跨越讀寫障礙的困難，享有更愜意的校園生活。

### ● 案例二、嚴重缺課、跟不上進度的中二生

（一）轉介原因

　　重讀中二的「阿娜」（化名）自十月後便經常缺席上課，更自聖誕假期後沒有再回校。校方人員亦曾嘗試接觸阿娜及其父母，阿娜雖每次都承諾會回校上課，母親亦表示會陪同她上學。無奈，阿娜仍是繼續經常缺課。

（二）接案評估

阿娜由於成績低下，被校方要求重讀中二。為人沉靜的她朋友不多，本來與好友就讀同一班，但因未能升班，需要在新班內重新建立朋友圈子。阿娜在小三時已被評為有讀寫障礙，現運用尋解導向介入模式分析阿娜的情況。

1.　評估前的資料準備

就評估工作而言，學生的個人資料檔案是其中一項不可忽略的資料。因此，首次與案主面談，輔導員應從轉介老師、班主任、科任老師或同學等對象切入，搜集所有關於個案的資料。

2.　案主學習情況

從阿娜的學生檔案中可以發現，她是一名嚴重的讀寫障礙學生。無論在「快速命名」、「語言意識」、「語音記憶」、「字型結構」等合成測驗都只得極低分數。[9] 自小五起，她的各科成績已跟不上進度，有些科目更僅有二十餘分。小學成績已不濟如斯，可以想像她將更難吸收中學課程的知識。

從阿娜的中學缺席記錄來看，她的缺課問題始於重讀中二後的第二個月。估計阿娜過往仍肯回校上課是因為有朋伴陪同，但重讀後因與原來的朋友分離，嘗試了一個月後仍交不到新朋友，所以自十月開始逐漸缺課。而減少上課令阿娜更難結交朋友，回到學校上課也完全聽不明白，實在使她十分煎熬。因此，阿娜自聖誕假期起便長期缺課，終日留在家中看劇集、玩手機遊戲。

3.　案主的家庭狀況

案主來自一個六口之家。任職建築業的父親是家中的經濟支柱。阿娜除了有一名於同校就讀的哥哥外，還有兩名在幼稚園就讀的妹妹。其兄去年亦需重讀，但能穩定上學，且經常提點阿娜要回校上課，只是成效不彰。

---

[9]．就如何解讀香港讀寫障礙測驗報告，可參考鄧淦明：《讀寫無障礙》（香港：世界出版社，2006 年），頁 108-112。

母親未能督促阿娜上學，父親也甚為不滿，認為母親縱容阿娜的缺課行為。他親自責備阿娜並要求她上學，卻也不成功。母親亦甚為介意父親對她的看法，認為他未能體諒自己一人持家，照顧着四名子女的辛苦之處。母親表示自己有抑鬱情緒，經常覺得不開心，也懷疑父親在外另結新歡。在此家庭背景下，受讀寫障礙困擾的阿娜對學習更缺乏興趣，不願上學，其缺課行為又使父母的關係更惡劣。阿娜在家時，某程度可協助受抑鬱情緒影響的母親照顧妹妹，此舉可能是母親未能成功督促阿娜離家上學的其中因素。另一方面，阿娜持續缺課又影響了父親對母親的觀感，使家庭關係每況愈下，正如家庭治療理論所言，人與人之間的關係不斷演變，互相影響之餘，因果難辨。因此，尋解導向治療提醒我們將目光放在解決方法上是有一定道理的。

案主經常留在家中，亦無任何朋友聯繫，極有可能因而變成一名隱蔽青年。由於案主對文法中學教育（即以升學為目的之教育方針）已失去學習動力，故此以其他職業訓練吸引案主重投社會或是其中可能的解決方法。

4. 案主的長處和潛能

案主對製作蛋糕和烹調感興趣，時常在網上看製作蛋糕和烹調中、西美食的教學影片。她亦曾參加蛋糕製作班。據其兄表示，阿娜的蛋糕製成品賣相及味道俱佳。工作員便投其所好，協助她加以發展這方面的潛能。

（三）介入目標

由於阿娜的學業基礎由小學起已積弱，文法中學的課程她已很難跟上。要她每天在課室坐上數小時，聽一些難以明白的課程、做一些她能力不足以完成的功課，固然不太實際。因此，個案的介入目標訂為協助案主尋找適合她的職業訓練課程，以減低她因受讀寫障礙困擾而淪為「隱青」的危機。

（四）工作計劃

　　工作員一方面為案主提供個人輔導，亦了解父母對案主未來生活及職業的想法。另一方面，工作員會為案主尋找合適的職業訓練課程供案主選讀。

（五）介入過程

1.　建立契合關係

　　案主在成長期間因受限於讀寫障礙因素，每每未能達到學校的課程要求，使案主由小學到初中，在學習方面都吃盡了苦頭。按香港教育標準及一般家長期望，她應該繼續升學，最少該完成中三課程後才轉到職業訓練局的青年學院就讀。但是這名年青人最少度過了六年渾渾噩噩、不明所以的日子，以上的說法是否合乎她的主觀期盼？工作員能否設身處地考慮案主的處境，緊貼她的想法和目標作出介入，是建立契合關係重要的一環。否則，她只會像逃避學校人員一般逃避工作員。

2.　留意各系統的互動並加以使用

　　家庭系統方面，案主母親情緒抑鬱且要照顧一對幼兒，難以支援案主應付文法中學的要求。案主父母對學校要求案主重讀一事耿耿於懷，認為學校未有體諒案主的特別情況。他們深明案主實在跟不上主流學校的課程，認為若能讓她升上中三，她可能還有機會完成中學課程，但要是讓她重讀則機會更渺茫。因此案主父母對鼓勵案主回校上課的動機不高。可是經工作員提點後，他們更擔心案主會演變為一名隱青。因此，他們也相當支持案主轉讀職業訓練課程。

　　學校系統方面，老師明白案主的學習程度根本未能應付初中課程，如因教育法例而催迫案主回校上課，也只是為難校方人員及案主。故此，老師認為案主轉讀一些專為輟學學生而設的職業訓練課程也是可行的解決方法。

教育局方面，由於案主 14 歲已有兩個月的缺課記錄，個案需由輟學組跟進。輟學組的介入為案主及其父母解決了失學問題的困擾，更增加了及早安排前路的決心。

## （六）個案工作成效

受制於案主過往的學習根基薄弱，工作員實難以在短期內協助案主重新提升學習動機。在此個案中，工作員只能擔任案主的情緒支援者，建立其對未來職業訓練的興趣和決心，以免案主成為隱青。換言之，讀寫障礙個案如錯過了兒童期的適時訓練和介入，到青少年期的處理代價會相對提高。

- **讀寫障礙個案實務經驗提要**

（一）讀寫障礙個案若能及早介入，工作員就更有機會協助案主跨越障礙。

（二）早期的閱讀和書寫困難若未得到適當的補救和改善，到了高年級後會有不斷落後進度的危機，形成「貧者愈貧」的惡性循環。因此，善用家庭系統，如為學童提供認字訓練，絕對有助他們跨越障礙。

（三）讀寫障礙是學習能力的缺損。若誤以為提高他們學習的自覺性就能使他們改善學習表現，只對學童進行思想教育，而沒有對其能力進行針對性的訓練，則實難取得良好效果。有關訓練可參考教育局及社福機構的相關教材。只要孩子的學習能力提升，他們的不良學習習慣和不守紀律的行為便會自然消失。

# 非一般腦袋

## ——專注力不足／過度活躍症的診斷與治療

第三章

黃慧蘭

常見案例

男孩 10 歲，母親向兒科醫生求助，以下是父親的回應：

點可能有專注力不足／過度活躍症？佢玩電腦、手機好叻，一啲問題都無，不知幾專注。只係無心向學，話做功課好悶，我覺得佢係懶。佢係有啲甩漏、唔小心、有啲好動、鍾意插嘴，但唔代表有病。佢而家唔識諗，大個就無事啦，係老師同佢阿媽太擔心。

我細細個，就算而家都係咁啦，平時貪玩、坐唔定，讀書都係唔上心、唔入腦，所以我揀揸車囉，而家一啲問題都無啦！

母親收到學校投訴，亦覺得在家很難管教兒子，所以向兒科醫生求助。縱使父親留意到孩子的問題甚至病徵，卻認為這種種問題是由於性格、學習態度、動機等等而引起的，以為當兒子長大後，問題就會自然解決，所以現在並不需要任何診斷或治癒。這些想法與大多數人無異，亦因為這樣的誤解，很可能就使孩子錯過了診斷「專注力不足／過度活躍症」的時機，亦影響了他的學習、家庭生活、人際關係以至長遠發展。

● 專注的原動力

很多父母都有一疑問：孩子在看電視或玩電子遊戲的時候，往往一坐就是幾小時，這不是顯示他們也可以專注嗎？相信不少家長都有這樣的想法。但其實因為這些電子產品的畫面不停轉動及變換，加上各種視聽影音效果，形成了很強的外在刺激，使那些即使是自身缺乏專注力的孩子也能持續這些活動，所以，能使孩子持續這些活動背後的原動力，主要是因為那些外在刺激，而不是他們有足夠專注力。同樣，當孩子進行靜態活動，如看書、做功課時，只持續了幾分鐘就大呼無聊，且無法再保持安定，未能呈現與同齡孩子相符的忍耐度的話，這可能已經顯示了他們專

注力不足的狀況。其實,進行任何活動,都必須有一定程度的專注力,對孩子而言,使用充滿外在刺激的電子產品,一般都沒有問題,但若要他們去看白紙黑字的課本和做功課,因為沒有外在刺激吸引,患有專注力不足／過度活躍症的孩子就會立刻露出馬腳,顯露出專注力缺乏的症狀。

自身專注力不足的孩子本就難以持續學習及做功課,如加上課本及功課內容欠缺趣味,或孩子並未找到足夠推動力,這樣便更難吸引孩子持續這些靜態的活動。久而久之,專注力不足的孩子就容易厭惡看書及做功課,更有甚者,便會連每日的責任都無法完成,從而養成逃避的習慣,形成惡性循環,那就更不可能對學習產生興趣及獲得成功感。

● 是病?非病?

父母也會問:孩子好動、「坐唔定」,又是否有病?其實好動與過度活躍是有分別的,好動的孩子雖然活動量大,但他們是可以抑制自己的大動作,以及動作能夠仔細,亦可以進行靜態的活動;相反,有過度活躍症狀的孩子,在靜止狀態時就容易感到不安,若果被限制進行大動作,如跑動、跳躍時,他們便只能以抖腳、轉筆、手舞足蹈,以化解坐立不安的感覺。

從以上案例父親的回應,我們可發現父親可能與孩子一樣,擁有近似「專注力不足／過度活躍症」的病徵,他幸好以司機為職業,因為駕駛時有足夠及可持續專注力的外在刺激,那些病徵對他的影響亦不大,家人對他的情況也很接受,因而沒有感到困擾。其實,成人都可能患有專注力不足或過度活躍症,雖然近年已經較多成人得到診斷,不過一般大眾對此認識及關注始終不足,主動接受診斷和治療的更屬少數。

# 一、專注力不足／過度活躍症的成因

從以上案例可見，專注力不足／過度活躍症的病徵出現與性格、學習態度、動機等因素無關，那麼此症背後成因究竟是怎樣的？

美國精神醫學會（American Psychiatric Association）於 2013 年出版的《精神障礙診斷與統計手冊》第五版（*The Diagnostic and Statistical Manual of Mental Disorders, DSM-5*），將部分精神科病症重新分類，把「專注力不足／過度活躍症」定性為一種腦神經系統功能發展病症（Neurodevelopmental Disorder）。這次更新，確認了專注力不足／過度活躍症，是由於生理遺傳、腦部神經發展變異等因素引起的，患者的基因、神經以至腦部結構等，經檢查後均發現異常（Demontis et al., 2019; Klein et al., 2019; Pineda-Cirera et al., 2019）。但亦有例外，少部分案例是因為腦部病變、癲癇或者母親懷孕時的環境影響所造成。總括而言，它的病因多來自先天及生理的障礙，而並非因為性格、動機、興趣等心理因素影響。

此外，美國精神醫學會重新分類精神科病症後，於 2013 年，摒棄了「較常在幼兒、兒童及青少年童階段發病」的分類。這反映了某些精神科病症可在成人階段發病，而事實上專注力不足／過度活躍症也並不只限於在兒童階段出現，它同樣可以延伸至成人階段，成人也可以被診斷為患者。

- 專注力不足／過度活躍症的始作俑者

過往研究顯示，專注力不足／過度活躍症跟腦神經傳導物質失調有關（Barr et al., 2001; LaHoste et al., 1996; Staller & Faraone, 2007; Solanto, 2002），在分泌多巴胺及去甲腎上腺素的路徑出現問題（Castellanos et al., 2006; Cortese et al., 2012; Costa Dias et al., 2015; Rubia, 2018）。這些腦神經傳遞物質，

其中的作用就是調節專注力、記憶力、情緒與行為。

　　科學家利用結構性磁力共振，發現專注力不足 / 過度活躍症患者的腦袋，體積比一般人小約 3% 至 5%（Castellanos et al., 1996, 2002; Durston et al., 2004; Halperin & Schulz, 2006）。其中最明顯受影響的是負責維持專注力及抑制衝動行為的腦額葉（frontal lobe），由於腦額葉皮質下迴路及多個腦區域的連接異常，而產生注意力缺損、衝動以及過度活躍三大症狀（Durston et al, 2004; Mostofsky et al., 2002）。

　　近年，科學家透過宏觀綜合分析研究，更發現專注力不足 / 過度活躍症患者腦部多個區域的活動量較少，特別在基底核（basal ganglia）的三個部分，包括右邊的蒼白球（right globus pallidus）、右邊的殼核（right putamen）及尾狀葉（caudate），其體積都較非患者小（Ellison-Wright et al., 2008; Hoogman et al., 2017; Valera et al., 2007）。研究員又發現在兒童和青少年患者中，右基底核神經節的灰質體積顯著減少，右蒼白球和殼核的糖蛋白相對較少（Frodl & Skokauskas, 2012; Nakao et al., 2011; Shier et al., 2013）。基底核是腦內神經電路系統，調節腦內各部分的溝通。因此，專注力不足 / 過度活躍症患者的腦袋就像出現短路，造成專注力不足及容易作出衝動行為，並使患者在忍耐延遲滿足、遵守指令時出現困難，因而較難持續穩定的表現以及完成長期責任。

　　另一研究更加提供了新的線索，松果體附近的韁巢（habenula）早期發育形成期的病變會導致過度活躍、衝動和分心，形成類似專注力不足 / 過度活躍症的症狀（Lecourtier & Kelly, 2005; Lee & Goto, 2011; Lee & Goto, 2013）。學者甚至相信，韁巢的功能障礙是專注力不足 / 過度活躍症的始作俑者。

　　除此以外，研究同時發現專注力不足 / 過度活躍症患者，大腦部分區域較遲成熟（Shaw et al., 2007; Hoogman et al.,

2017）。患者大腦皮質厚度成熟的時間，較其他正常人延遲三至五年，當中腦額葉和顳部大腦區域的延遲最為嚴重，而在中部、上額腦額葉和中央前區域的皮質整體則有明顯變薄的情況（Shaw et al., 2012; Sheir et al., 2013）。另一方面，一些腦結構的研究發現，若兒童腦部視覺及聽覺區域較早成熟，則可以彌補腦額葉的不足，有助加強專注力及控制衝動行為（Adamo et al., 2014）。

- 引致專注力不足／過度活躍症病徵的其他因素

研究領養課題的學者發現，兒童若早年在貧乏及不安的環境下成長，較容易出現近似專注力不足／過度活躍的症狀（Rutter et al., 2007），並且會延續至成年期（Kennedy, 2019）。其他的研究亦發現，儘管之後的成長環境得到改善，這些影響仍會持續。因此，大腦在孩童時期經歷的結構轉變，是不可逆轉的，直至成人時期仍會受其影響（Kennedy, 2016; Mackes, 2020）。此外，其他有關基因之研究亦有發現一些單基因罕有病患者，多有出現專注力不足／過度活躍症的病徵（Lo-Castre et al., 2019）。

# 二、專注力不足／過度活躍症的診斷準則和患病率

在孩子成長過程中，好動、坐立不定、無心學習、丟三落四、喜歡插話等情況並非罕見，那麼這些是否專注不足／過度活躍症的症狀呢？醫護人員又是如何辨別？

患有專注力不足／過度活躍症的孩子，專注力、活躍程度和自制力都會較同齡者有明顯的分別，他們在不同場合，包括家中、學校、公園遊樂場、商場等等，都可能出現專注力不足、過動、衝動的病徵，如心神不專、坐立不定、喋喋不休、時常插話、手舞足蹈、魯莽大意等等，使他們的學業、社交、家庭生活等都

比同齡人有更多困難，老師和父母也不能輕易教養這些孩子，更甚者，照顧者的身心和情緒亦可能受到影響。而因病所衍生的各種不適當及冒險行為，更會對其自身、家庭及社會造成衝擊。因此，及早進行全面的診斷是非常重要的。

- **診斷專注力不足 / 過度活躍症**

雖然，目前尚未有普及且合適的實驗試劑或基因測驗，能夠直接準確診斷出專注力不足 / 過度活躍症，但科技日新月異，隨着基因普查及基因庫數據的發展，透過遺傳統計學及最新的全基因組關聯分析，相信在可見的將來，就能及早發現專注力不足 / 過度活躍症患者，並進行介入（Demontis et al., 2019; Klein et al., 2019; Pineda-Cirera et al., 2019）。

在香港，醫護人員、社工、輔導員、心理學家及其他助人專業，較常見的都是根據《精神障礙診斷與統計手冊》第五版（*The Diagnostic and Statistical Manual of Mental Disorders, DSM-5*）作為診斷準則（見表一及表二）。在其他國家，也有醫護人員使用世界衛生組織出版的《國際疾病分類：第 11 版》（*International Classification of Diseases, 11th Revision*）作為診斷準則。另外，在診斷時，香港醫護人員或研究員很多時會使用「中文版的專注力不足 / 過度活躍症 —— 強弱病徵及正常行為問卷」（Chinese Strengths and Weaknesses of ADHD-symptoms and Normal-behaviors Questionnaire）作評估工具，根據香港的研究顯示，這評估具備一定的可靠性（Chan et al., 2014）。

要確定孩子是否患有專注力不足 / 過度活躍症，首要便是進行全面評估，包括從父母和孩子身上了解詳細的病史，以及向其他環境的照顧者，例如學校老師、課外活動導師查詢有關病情的訊息，又可在自然或模擬的社交環境中觀察評估，以便作出正確的診斷並制訂適當的治療計劃。

**專注力不足及／或過度活躍症診斷準則**

根據《精神障礙診斷與統計手冊》第五版，專注力不足／過度活躍症的診斷準則有以下五點：

1. 持續出現（I）專注力不足及／或（II）過度活躍及衝動病徵，而影響到心智功能及發展。（見表二）

2. 在 12 歲前，已經多次出現專注力不足及／或過度活躍及衝動病徵。

3. 在兩種或以上的場合（例如：在家、學校或上班時；與親戚朋友在一起，或在其他活動中），出現多項的專注力不足及／或過度活躍及衝動病徵。

4. 病徵明顯干擾或降低社交、學業或工作的表現。

5. 這些病徵並非在思覺失調或其他精神病發病期出現，亦無法解讀為因其他精神障礙而形成的（例如：情緒病、焦慮症、人格障礙、濫藥斷癮）。

在綜合了「專注力不足／過度活躍症」的診斷準則後，須為病徵的呈現方式定性，及註明嚴重程度。

314.01（F90.2）：定為「專注力不足／過度活躍症」聯合呈現方式：若過去 6 個月出現的病徵符合診斷準則（I 及 II）。

314.00（F90.0）：定性為「專注力不足症」主導呈現方式：若過去 6 個月出現的病徵只符合診斷準則（I），但未符合診斷準則（II）。

314.01（F90.1）：定性為「過度活躍／衝動症」主導呈現方式：只符合診斷準則過度活躍及衝動，

但未符合診斷準則 (I)。

**「部分緩解」註明：**若過去 6 個月出現的病徵已經較之前診斷時有所減少，但病徵仍然影響社交、學習及工作表現，則註明為「部分緩解」。

**「嚴重程度」註明：**

**輕症**

若病徵小部分符合診斷準則，而且對社交、學習及工作表現影響較少，則註明為「輕症」。

**中等嚴重程度**

若病徵嚴重程度介乎「輕症」及「重症」之間，則註明為「中等嚴重程度」。

**重症**

若病徵大部分符合診斷準則，而且明顯影響社交、學習及工作表現，則註明為「重症」。

### 表二 《精神障礙診斷與統計手冊》第五版：
### 專注力不足及／或過度活躍及衝動病徵

**（一）專注力不足**

　　有以下六項或更多病徵，跟成長發展不符，同時影響社交及學習／工作，並持續至少 6 個月（這些病徵並非源於對立、違抗、敵對行為或無法了解工作指令。17 歲以上的青少年和成人只需要有五項病徵）。

1. 經常忽略細節（例如：在做功課／工作及其他活動時頻繁粗心犯錯；漏看工作細則）。

2. 常常無法持續集中精神（例如：聽課、參與會議時經常走神；無法長時間進行閱讀，甚至遊戲）。

3. 無法專心與人對話（例如：即使無任何事物干擾，也難以專心聆聽別人的說話）。

4. 經常無法貫徹指令，無法履行學業、家庭事務或工作上的責任（例如：開始工作後不久就很快失神，做事容易虎頭蛇尾）。

5. 無法有序安排及組織工作（例如：不懂按部就班工作或有序擺放物品，經常凌亂不堪；時間管理混亂，總是未能在限期前成事）。

6. 經常逃避、排斥或抗拒從事需要持久心力的工作（例如：抗拒做堂課及家課、專題報告、工作匯報、填寫表格、檢閱冗長文件等）。

7. 經常遺失工作或活動所需的物品（例如：遺失學校課堂物資、課本、作業、文具、錢包、鑰匙、眼鏡、手提電話等）。

8. 因外來的刺激，經常出現分心（青少年和成人可以因為內心的思緒而分心）。

9. 在日常生活中經常善忘（例如：忘記回電、繳付帳單、赴約等）。

### （二）過度活躍及衝動

　　有以下六項或更多病徵，跟成長發展不符，同時影響社交及學習／工作，並持續至少6個月。（這些病徵並非源於對立、違抗、敵對行為或無法了解工作指令。17歲以上的青少年和成人只需要有五項病徵。）

10. 手腳經常不停抖動、擺動（例如：敲桌、踏地、在座位上搖擺）。

11. 經常無故離席（例如：在課堂授課或工作會議過程中突然離開座位）。

12. 經常在不適宜的場所跑動或攀爬（青少年和成人可能只有坐立不安的感覺）。

13. 經常無法安靜地玩耍或參與休閒活動。

14. 經常處於活躍狀態，好像充了電的馬達，無法平靜下來（例如：在餐廳進膳、參與會議時，長時間久坐不動會覺得焦躁不安）。

15. 經常喋喋不休。

16. 經常衝口而出，打斷別人說話。

17. 難以耐心等待及輪候（例如：排隊時總是故意插隊）。

18. 經常侵擾他人的活動（例如：時常突然插入別人的交談、遊戲或活動；青少年和成人甚至會接管他人正在做的事情）。

- **專注力不足／過度活躍症的患病率**

專注力不足／過度活躍症為最常見的腦神經系統功能發展病症，影響着 3% 至 9% 的兒童（Emond et al., 2009）。全球人口中，專注力不足／過度活躍症的患病率約為 5.9% 至 7.1%，由於評估準則有別等因素，不同國家的患病率也有很大的分別，介乎於 2.6% 至 11.4% 不等（Martenyi et al., 2009; Polanczyk et al., 2007）。

香港人口中，兒童期的患病率為 6.1%，青少年期為 3.9%（Cheung et al., 2015; Willcutt, 2012）。在 2017 年，新確診及正在醫院管理局接受治療的兒童及青少年有 10,438 人，佔總人口的 8.4%（香港特別行政區政府，2018）。換言之，在學校 30 至 40 人的班房內，每班約有一至兩名學生患有專注力不足／過度活躍症。此症在男孩身上較為常見，發病率為女孩的三倍，大約 30% 至 60% 的患者在青少年期間確診，當中 65% 在成人階段亦持續出現相關病徵（Faraone et al., 2003; Polanczyk et al., 2015）。

綜合臨床數據顯示，專注力不足／過度活躍症病徵的三大呈現方式中，只有專注力不足者約佔 30% 至 35%，只有過度活躍及衝動者佔 10% 至 15%，而最常見的是專注力不足／過度活躍症聯合呈現方式，約 50% 至 60%（Emser et al., 2018; Wilens, Biederman & Spencer, 2002）。

- **家庭成員患病機會較高**

家庭遺傳及基因研究指出，專注力不足／過度活躍症患者的家庭成員患上相同病症的風險更高，例如患者的兄弟姐妹患病的風險會增加九倍（Bralten et al., 2016; Chen et al., 2008; Greven et al., 2015; Hoogman et al., 2019; Schlarb, Starck & Grünwald, 2016）。若父母患有專注力不足／過度活躍症，他們

的孩子患有此症的機會率也較高（Joseph et al., 2019），甚至比一般家庭高近八倍（Mick et al., 2002；Takeda et al., 2010），主要原因在於此症是由遺傳及腦部發展不良所引致，是與生俱來的生理神經特徵。此外，透過家長訓練的研究發現，如果患病兒童的母親同時患有專注力不足／過度活躍症的症狀，她們也較難令孩子病情得到改善。專家認為，要改善孩子的病徵，必須先治療家長的專注力不足／過度活躍症（Sonuga-Barke, 2002）。所以在評估及治療階段，除了診斷兒童病患者以外，亦會建議評估家長及兄弟姊妹，檢視是否有相關病徵，如有，便會轉介家人接受評估及治療。

## 三、專注力不足／過度活躍症的病徵表現

不同年齡、性別的專注力不足／過度活躍症患者，病徵都會有差異。透過宏觀綜合分析研究，比較 3 至 5 歲、6 至 12 歲、13 至 18 歲及 19 歲以上年齡層的患者，發現專注力不足的病徵在成年後仍會持續出現，但過度活躍及衝動行為會隨着年齡增長有所減少（Willcutt, 2012）。性別方面，男孩會較多外顯行為，如：衝動、過動、破壞行為等，因此較容易在早期發現而轉介診斷治療；反之，女孩則較多專注力不足、焦慮、憂鬱等內化表現（Gaub & Carlson, 1997; Graetz, Sawyer, & Baghurst, 2005），這些病徵較難在早期發現，可能到青春期或成人期才知悉，再而接受轉介診斷治療。

不難想像，如果無法保持專注，絕對會影響課堂學習表現。研究發現，高達 80% 患有專注力不足／過度活躍症的學生有不同程度的學習問題（Cantwell & Baker, 1991），其中，超過 30% 需要重讀至少一次，並有 35% 會在高中階段輟學（Barkley et al., 1990; Weiss & Hechtman, 1993）。

有宏觀綜合分析研究比較不同性別的患者，發現女孩相對有較大的學習障礙，也較易出現情緒問題，但過度活躍表現及衝動行為等外顯症狀則較男孩少（Gaub & Carlson, 1997; Graetz, Sawyer, & Baghurst, 2005）。除此之外，亦有研究發現大約65% 的在學患者會同時出現具挑戰及對抗行為，如不依指令、屢次違紀犯規等（Barkley, 1998）。研究員相信，這跟容易衝動、缺乏自我控制能力有莫大關係。

在學習及情緒範疇以外，兒童及青少年患者又較容易因為意外而受傷（Ruiz-Goikoetxea et al., 2018）。丹麥的研究發現，世界各地的專注力不足／過度活躍症患者，有較高風險因為發生意外而導致受傷，甚至死亡，而有效的避免方法，就是在早期介入及進行藥物治療，降低相關風險（Dalsgaard et al., 2015）。

亦有研究發現，患有專注力不足／過度活躍症的兒童，如未經及時治療，他們會較容易出現不當、冒險行為（Badger et al. 2008; Garzon et al. 2008; Shilon et al., 2012）。例如，他們吸煙的比例較一般人高 40%（Kollins, McClernon & Fuemmeler, 2005; McClernon & Kollins, 2008），到了青少年至成人期，進行不適當冒險行為、犯罪與濫藥的比例亦會較高（Barkley, 2004; Barkley et al., 2004; Flory et al., 2006; Thompson et al., 2007; Lee et al., 2011）。另外亦有研究發現，專注力不足／過度活躍症患者，他們會較早發生性行為、未婚懷孕，甚至可能干犯性罪行，或成為性罪行的受害人（Dalsgaard, 2013; Spiegel & Pollak, 2019）。但如果能夠在早期介入與治療，以上這些情況多會獲得改善（Barry & Gaines, 2008; Harty, 2011; Harstad & Levy, 2014; Schubiner, 2005）。

● 共病的情況

研究員透過遺傳統計學及最新的全基因組關聯分析，找到

遺傳標記與精神及非精神疾病間的關係，發現很多精神科疾病與專注力不足／過度活躍症都有相同的基因組，亦因為這樣，「共病」的情況非常普遍，即是專注力不足／過度活躍症患者，也可能同時患有以下的疾病，例如自閉症頻譜疾病、特殊學習障礙、肌肉動作協調問題、抑鬱及焦慮等等（Faraone et al., 2012; Yoshimasu et al., 2014）。研究發現，多達 44% 的兒童患者至少有額外一種精神病，32% 有兩種，而 11% 有至少三種其他精神疾病（Szatmari et al., 2012）。10-40% 的兒童患者有焦慮症，9-32% 有嚴重抑鬱症，6-20% 患有躁鬱症，54-67% 患有對立反抗性障礙，及 20-56% 患有行為障礙（Barkley, 1998）。另外的研究發現，30-50% 的專注力不足／過度活躍症患者伴有行為障礙，15-75% 的有情緒障礙和 25% 有焦慮症（Biederman, Newcorn & Sprich, 1991）。

所以在診斷過程中，醫護人員除了根據診斷準則判斷孩子是否有患有專注力不足／過度活躍症外，亦會評估他們有沒有其他精神科或非精神科病症的病徵。

## 四、專注力不足／過度活躍症的其他症狀

根據上述的診斷準則，被確診的患者，不論年齡，都會在兩種或以上的場合，出現多項專注力不足及／或過度活躍及衝動病徵，且對其社交、學業或工作等的表現有明顯之不良影響。可是，在臨床經驗中，不少患者除了患有專注力不足，過度活躍及衝動的相關病徵外，其親屬或本人都曾表示過受到其他症狀的困擾。

- 缺乏動力

很多人認為患有專注力不足／過度活躍症的孩子，時常缺乏

行事動力，甚至有學者形容此症其實屬於動力缺乏症（Barkley, 2012; 2015; Volkow et al., 2011）。我們一般認為，獎賞可以推動人們進行某一行為，懲罰則是抑制、約束其行為。但有研究發現，患有專注力不足／過度活躍症的孩子對獎罰行為模式的理解跟其他孩子不同，原因在於他們大腦中邊緣血流通路（mesolimbic pathway）的功能障礙（Plichta & Scheres, 2014; Scheres et al., 2007; Tripp & 例如，患者傾向爭取好處較小但即時取得的獎賞，而不是好處較大，但延遲取得的獎勵（Becker et al. 2013; Sonuga-Barke, 2005; Sonuga-Barke et al., 2008）。數據還顯示，他們容易高估成果及獎賞（Shoham et al., 2016; 2020）。最後，在局部減少或移除獎賞時，患者如果沒有獲得預期的獎勵，則會比常人表現出更大的挫敗感（Douglas & Parry, 1994）。換言之，對其他孩子有效的獎賞方法，未必同樣適用於他們（Alsop et al., 2016; Luman et al., 2005; 2010; Oosterlaan & Sergeant, 1998; Oosterlaan et al., 2005；van Meel et al., 2005）。

此外，一般孩子在發現出錯後便會增強警覺，抑制或約束行為，可是，專注力不足／過度活躍症的患者在研究中並沒有在出錯後減慢行為，或去嘗試糾正錯誤（Sergeant & van der Meere, 1988）。在完成選擇性的任務後，患者對於出錯回饋的敏感性較低，反映他們的自我監測機制出現缺陷，要依靠藥物治療增進患者的自我監測能力（Groen et al., 2009）。專家相信，專注力不足／過度活躍症的患者傾向選擇較高風險的活動，對預期出錯、負面結果及懲罰的敏感性較低（Groen et al., 2013; Masunami et al., 2009），久而久之他們會比同齡人得到更多負面結果及懲罰。

不過，另有一些研究顯示，專注力不足／過度活躍症患者不一定會選擇較高風險的活動，只是他們的分析和判斷能力與常人有別（Humphreys et al., 2018; Pollak et al., 2016）。研究

員甚至發現，相對其他孩子，他們更在意懲罰（Furukawa et al., 2019），適度懲罰反而能推動患有專注力不足／過度活躍症的兒童（Furukawa et al., 2017），換言之，若制訂輕度罰則，表明犯錯後之後果，可以增強他們的警惕性令他們持續任務（Fiore et al., 1993; Rapport & Bailey, 1982; Spacing problem et al., 1984; Van Der Oord & Tripp, 2020; Worland, 1976），亦可以提高他們在認知以至其他方面的表現（Carlson et al., 2000; Crone et al., 2003; Drechsler et al., 2010; Iaboni et al., 1995; van Meel et al., 2005b）。

相對其他孩子，患有專注力不足／過度活躍症的孩子累積愈多懲罰，他們就愈在意，愈能推動他們作出正確行為。當再輔以獎勵時，他們就更加能夠抑制行為（Ma et al., 2014）。

除了大腦中邊緣血流通路的功能障礙以外，近期的研究初步亦發現專注力不足／過度活躍症患者的韁巢－殼核（habenula-putamen）連接功能較健康兒童為低（Arfuso et al., 2019; Cao et al., 2009; Costa Dias et al., 2012; Costa Dias et al., 2015; Erpelding et al., 2014）。學者甚至認為韁巢－殼核的較低的功能連接是專注力不足／過度活躍症患者缺乏動力的元兇。韁巢是連接邊緣系統與中腦的主要區域，為大腦中能大量影響血清素和多巴胺神經元的少數結構之一，會為令人失望或失去獎勵的信息進行編碼，而懲罰及相關負面的經歷會激活韁巢。科學家認為，韁巢對人從錯誤中學習和決策起着重要的作用，避免不快的經歷再次出現（Hikosaka, 2010; Matsumoto & Hikosaka, 2007; Ullsperger & von Cramon, 2003），或減少啟動一些因獎賞而誘發的衝動行為（Salas et al., 2010）。

● **睡眠障礙及作息失調**

有人説，香港是不夜城，香港人的睡眠時數，一般只有

6.5 小時，是世界 15 個地域的調查中最少的（SCMP, 2014; Au-yeung, 2016）。睡眠不足，已成為香港人的普遍現象。學生的睡眠時數亦較世界標準少，研究結果指出，高達 94% 的青少年，在上課日的平均睡眠時間均未達標，未能去到世界睡眠醫學協會建議的 9 小時或美國國立衛生研究院建議的 10 小時，25% 的學生更少於 7 小時，接近 60% 學生表示自覺睡眠不足（CUHK, 2014）；另外一項調查發現，高小學生於 2015 年平均睡眠時數僅約為 8.7 小時；初中生更少，只有 7.3 小時（Hong Kong Legislative Council Secretariat, 2018）。根據美國疾病控制及預防中心（Centers for Disease Control and Prevention）於 2017 年發佈的醫學指引，兒童每天最佳的睡眠時數如下：3 歲至 5 歲的幼稚園學生應為 10 至 13 小時，6 歲至 12 歲的小學生應為 9 至 12 小時，而 13 歲至 18 歲的中學生則應為 8 至 10 小時。另外，學者亦發現充足的睡眠會幫助大腦發育及有效運作（Telzer, 2015），而缺乏睡眠，會更加影響專注力不足 / 過度活躍症患者的大腦決策能力（Gruber, 2018）。過往研究指出，睡眠質素欠佳及不規律的睡眠習慣會對兒童身心和學業帶來多種負面影響，包括：新陳代謝減慢、內分泌失調、情緒和行為問題等。可見，足夠的睡眠，對兒童腦部發展及身心健康十分重要。

　　然而有學者發現，青少年專注力不足 / 過度活躍症的患者，很多時都會一併出現睡眠及作息失調的問題，而這其實與他們的生理時鐘無法正常運作有很大關係（Gregory, 2017; Gau, 2009）。誠如上文提及，患者因韁巢 - 殼核連接功能與常人有別，而韁巢與多巴胺及其他單胺釋放有關，是處理時間感知、晝夜節律，並且是調節睡眠的大腦系統其中的一部分，因此，愈來愈多的證據顯示，專注力不足 / 過度活躍症患者除了過度活躍、衝動和專注力不足這些核心症狀以外，其晝夜節律多有異常，亦有睡眠障礙、時間感知不足和未能準確判斷時間的問題

（Greenhill et al., 1983; Gruber et al., 2000; Haun et al., 1992; Khan, 1982; O'Brien et al., 2003; Paul et al., 2011; Sobanski et al., 2008; Smith et al., 2002; Valjakka et al., 1998）。例如專注力不足／過度活躍症患者當中，不論兒童，青少年及成人，都約有 75% 的生理時鐘規律有延遲情況，即他們會較遲才能入睡，亦較遲才能起床，形成社交時差的情況，影響日常生活（Kooji & Bijenga, 2014）。

很多時候，孩子的睡眠障礙都會被忽略，一般家長及孩子更不會留意，但其實患有專注力不足／過度活躍症的孩子，大多會有不同程度的睡眠問題，調查更發現，高達 78% 的兒童患者同時患有睡眠障礙（Sung, 2008）。另外有調查發現，接受治療的患者當中，有 98% 至少患有一種睡眠障礙，而一般人則只有 55%（Corkum, 1999）。

常見的睡眠問題包括：

1.　不能入睡

2.　需要有人或物件陪伴才能入睡

3.　不願意睡覺，家人亦難以勸服

4.　在床上容易胡思亂想，輾轉難眠

5.　生理時鐘規律延遲，即較遲入睡，亦較遲才起床

6.　睡醒後仍感疲乏

7.　日間仍感疲倦，渴睡

雖然改善睡眠問題並不能夠治癒專注力不足／過度活躍症（Weiss, 2006），相同地，治療專注力不足／過度活躍症亦不能改善睡眠質素，但兩者都對改善專注力、學習、情緒及衝動控制有莫大幫助（Weiss, 2006）。從外國的隨機對照研究更發現，治療了睡眠問題後，對專注力不足／過度活躍症患者的日常生活大有改善（Hvolby, 2015）。

- **肥胖與運動**

　　除了睡眠障礙以外，專注力不足／過度活躍症患者也更容易出現肥胖問題，比一般成人多出 70%，在兒童期也多出 40%（Cortes et al., 2008; 2019; Inoue et al., 2019）。從基因檢測庫研究中，發現肥胖與專注力不足／過度活躍患者的基因有重疊，亦與腦內殼核（putamen）抑制行為的區域體積較小有關係（Chen et al., 2019; Demontis et al., 2019; Hamer & Batty, 2019; Hoogman et al., 2017）。最新的多基因風險評分研究，更具體指出衝動症狀與患者的健康體重指標（Body Mass Index），有着顯著的關係（Barker et al., 2019）。

　　而透過腦神經科學、基因檢測庫研究、腦造影等研究發現，運動可以改善專注力不足／過度活躍症患者的病徵。研究顯示，運動可以增加腦內神經傳遞物質，如血清素及安多芬，及減低壓力荷爾蒙，甚至增加腦部的可塑性、增加腦部海馬體及基底核的體積（Halperin et al., 2012; Chang et al., 2012; Chang et al., 2014; Chaddock et also., 2010）。因此，只需約 20 至 30 分鐘的運動已可以改善策劃、組織等能力。連續數星期的運動甚至可以改進認知能力及行為病徵（Suarez-Manzano et al., 2018）。研究亦發現，運動甚至有可能減低專注力不足／過度活躍症患者，同時患上抑鬱症、驚恐症及肥胖共病的機會（Mayer et al., 2018）。當然，運動也並非萬能，如進行提升心肺功能的運動可以改進認知能力及學業成績，但就未能改善言語短期記憶、操作記憶、串字及閱讀等表現（Den Heijer et al., 2017）。

　　所以，作息規律、保持充足睡眠及適當運動等建議看似陳腔濫調，實則對患者乃至一般人都有促進身心健康的重要作用。

# 五、專注力不足／過度活躍症的治療建議

隨着近年腦神經科學迅速發展，很多利用基因檢測及普查的
數據分析，對腦部的結構及運作進行醫學及科學研究，讓我們對
專注力不足／過度活躍症病徵有更深入的認識，包括它與大腦運
作、基因及後天影響的多維互動關係，又如遺傳基因與腦部發育
及功能的關係，至對訊息的接收及傳遞，專注能力有何影響等等。

## ● 藥物治療

專注力不足／過度活躍症，是最常見的腦神經系統功能發展
病症，有關這病症及藥物治療的研究文獻亦高踞榜首。科學研究
顯示，藥物是治療此症的首選方法（Shier et al., 2013）。藥物治
療的基礎，是源於腦額葉下皮質功能障礙，以及多巴胺和去甲腎
上腺素的系統失衡（Shaw et al., 2012），藥物治療可以補充腦
部的物質，改善患者腦部的運作，達到增強專注力，抑制衝動。
這些研究及科學數據，令我們更加確信它是一種先天的生理障
礙，並進一步顯示了病徵背後的成因與腦內的活動及運作有關。

雖然有學者相信在中國思想主導的地方，例如香港和台灣等
地區，普遍對專注力不足／過度活躍症藥物治療比較保守甚至抗
拒（Man et al., 2017）。但有調查發現，近年愈來愈多香港人接
受專注力不足／過度活躍症藥物治療。例如香港兒童使用治療專
注力不足／過度活躍症藥物的情況，15 年間增加了 36 倍：2001
年每 2,500 人中只有 1 人使用，到 2015 年每 69 人中已有 1 人
使用；成年人的增長亦有 3 倍：2001 年每 3 萬人中只有 1 人使
用，到 2015 年每 1 萬人便有 1 人使用（Raman et al., 2018）。

雖然科學研究顯示藥物是治療專注力不足／過度活躍症的
首選，但根據英國的指引建議，對於 6 歲以下的兒童患者，一
般情況下不會給予藥物治療，而是大多建議接受用非藥物治療

（NICE, 2018）。而且現時未有藥物能根治專注力不足 / 過度活躍症。2010 年，香港有 90% 患者使用的藥物是中樞神經興奮劑藥物（鹽酸甲酯，Methylphenidate）（Raman et al., 2018），這藥物有不同配方，藥力可以分別維持 4 小時、8 小時或 12 小時，能夠減少過分活躍行為，增加專注力。而在美國，已有 24 小時配方的中央神經興奮劑藥物，除了能夠改善過度活躍行為、增加專注力外，還可以改善患者早上的病情（Childress et al., 2018）。另一種較常用的藥物是非中樞神經興奮劑藥物（托莫西汀，Atomoxetine），它可以抑制腦內去甲腎上腺素的活動，控制衝動的意欲，改善組織及注意能力。

- **配合藥物治療的心理社交支援**

若患者選擇使用藥物治療，則最好附以心理社交支援，如為確保患者定時服用藥物，需對家人及照顧者進行適當的監督，及留意患者服藥後的進展。如此，則可進一步優化藥物治療的效用，並可減少對高劑量藥物的需求（Horn et al., 1991; Pelham et al., 2005; Shier et al., 2013）。

藥物治療的心理社交支援具體可包括：協助患者、家人及照顧者明白藥物治療背後的原理；釐清有關對病情的誤解；了解各藥物的藥效，如持續時間等；懂得如何配合患者的日常活動；與醫生緊密溝通和合作，以成為治療團隊的夥伴為目標。

- **非藥物治療**

那麼，除了藥物治療之外，作為社工、輔導員、心理學家及其他相關專業人員，又可以怎樣治療專注力不足 / 過度活躍症呢？

非藥物治療主要是以心理、社交支援的方式治療專注力不足、過度活躍、衝動的症狀與其他相關的影響。研究顯示，非藥物治療療效較有限（Goode et al. 2018）。其中，有研究證據指出由父母進行行為訓練的相對成效較高，如可減少父母對子女症

狀的投訴、降低父母的壓力,並提高父母的教養技巧和自尊心
(Coates, Taylor & Sayal, 2015)。本地的研究又發現,多元家庭
小組可以提升親職效能,改善家長與子女關係,鼓勵兒童患者家
庭發掘自身資源和加強家庭間的互助,更有效協助孩子健康成長
(Lai, Ma & Xia, 2018)。

面對父母或照顧者,我們必須強調,孩子難以進行自我控
制,與父母或照顧者的管教方式無關(Barkley, 2012; 2015),
也不是孩子存心對抗,只是他們受病情影響,不能自控。因此,
無論進行何種支援或治療,過程中父母或照顧者都須與患者共同
參與,並訂立支援及治療的目標,重新檢視及釐定父母與照顧者
的管教方式。如此,就最能夠對症下藥,減低症狀對患病孩子、
父母及照顧者的困擾。

### ● 給兒童及青少年患者的支援

承上文提及,兒童及青少年患上專注力不足／過度活躍症的
情況普遍,本部分會以點列式闡述對兒童及青少年的支援建議:

(一)提供簡單易明及準確的病情資訊,甚至一些個案的治療過
　　程,讓兒童及青少年患者對病症有充分、正確認識,如須
　　了解不少同齡人也會患上專注力不足／過度活躍症,自己
　　並不是異類。

(二)讓他們清楚了解困擾他們的病徵及病理,如與大腦發育及
　　運作的關係、與家族遺傳的關係等等。先了解致病背後的
　　成因,以便之後確定治療的方向及制訂有效的治療方案。

(三)請他們列出最受困擾的病徵,從而了解他們的需要,並重
　　新檢視及釐定家人與照顧者的管教方式,進而對症下藥,
　　制訂有效的支援及治療方案。

(四)適時給予情緒支援,協助他們紓緩因病情而出現的心理壓
　　力,如因社會標籤造成的心理負擔,再而接納自己患有專

注力不足／過度活躍症的症狀，並正視相關的需要，進而接受適當的藥物及心理社交支援與治療。

（五）最後多鼓勵青少年患者主動參與專注力不足／過度活躍症的治療及自我管理。

　　除了患者本身，給予家長及照顧者的訓練及支援也是必不可少，重點如下：

（一）提供全面資訊，讓家長及照顧者認識專注力不足／過度活躍症的病理、病徵等，以便協助制訂治療的方向及有效的治療方案。

（二）給予照顧者及家長情緒上的支援，引導他們接受孩子患有專注力不足／過度活躍症的情況，正視孩子的需要，積極配合，及讓孩子接受適當的藥物和心理社交上的支援與治療，並對孩子的教育作相關安排，如向學校反映考試調適的需要等。

（三）鼓勵家人及照顧者與孩子一同檢視，協助他們列出最困擾的病徵，並按孩子的需要，重新釐定家人及照顧者的管教方式。

（四）幫助家長發現患者的強項，並發展為興趣及技能，應用在生活的不同方面或學術的不同領域上，青少年及兒童患者的強項如：觀察力強、反應敏捷、富想像力、好動活潑。

（五）當患者進入青少年階段後，須協助家人及照顧者學懂何時放手，使患者能夠自行參與專注力不足／過度活躍症的治療及進行自我管理。

（六）檢視家族其他成員是否也有相同病徵，如發現相關情況則轉介他們接受專注力不足／過度活躍症的診斷評估及治療。

### ● 強項為本的支援

雖然同樣是被診斷為患有專注力不足／過度活躍症的孩子，但從臨床經驗中發現，每個患者所受病情困擾的程度是非常不同的，至於他們急切希望改善的症狀亦因人而異。所以要為他們制訂個人化的治療策略及方案，再而發展他們的長處，兩者同樣重要。

以上討論了很多有關專注力不足／過度活躍症患者的病徵及相關困擾，其實這一切都是源於他們擁有一個「非一般腦袋的概念」，亦因為這樣，在這裏必須強調，其實患者有很多強項，是治療過程中不容忽視的。

看看你們能否把他們的強項列出來：

| 反應快 | 身手敏捷 | 爽快 | 有創意 | 開朗 |
|---|---|---|---|---|
| 勇於嘗試 | 體力充沛 | 反應敏銳 | 觀察力強 | 有小聰明 |
| 大膽 | 想法多 | 愛熱鬧 | 不拘小節 | 適應力強 |
| 有趣 | 喜歡新事物 | 天資聰敏 | 幽默 | 其他： |

## 非一般腦袋的概念

讓患者明白他們其實擁有一個「**非一般腦袋**」，這概念是非常重要的。換言之，在治療患者及支援家長與照顧者的時候，都要讓他們明白這是腦神經系統功能發展病症的一種，亦因為這樣，家長及照顧者需要調整他們的期望，如減少把患者跟其他孩子比較，制訂合適的管教方式。

通過下圖，讓我們了解專注力不足／過度活躍症患者大腦的區域，以及腦袋的結構、功能與神經傳遞物傳遞過程，從而更清楚病徵的成因。

# 圖一　專注力不足／過度活躍症患者大腦區域神經傳遞物傳遞過程出現缺損時的情況

## 1. 前額葉皮質（Prefrontal Cortex）

- 這裏是控制專注力、組織策劃、行為及情緒的交叉運作點
- 專注力不足／過度活躍症患者容易轉移專注點

## 2. 邊緣系統（Limbic System）：

- 支援多種功能例如調節情緒、行為及長期記憶的大腦結構
- 專注力不足／過度活躍症患者腦袋內的邊緣系統如缺乏安多芬，會造成坐立不安、不能專注或情緒不穩

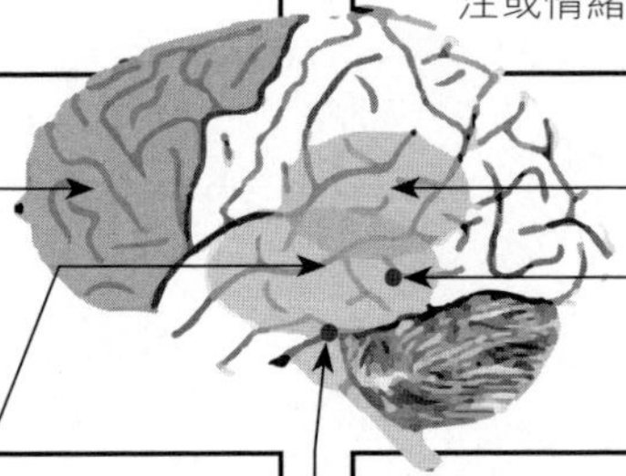

## 3a. 基底核（Basal Ganglia）

- 是腦內神經電路系統，調節各部分的溝通
- 專注力不足／過度活躍症患者的腦袋就像出現短路，造成專注力不足及衝動

## 3b. 殼核（Putamen）

- 為抑制行為的部分

## 4. 韁巢（Habenula）

- 是連接邊緣系統與中腦的主要區域
- 影響血清素和多巴胺神經元的少數結構之一
- 為令人失望或失去獎勵的訊息進行編碼，而懲罰及相關負面經歷會激活韁巢
- 是處理時間感知、晝夜節律，並且是調節睡眠的大腦系統其中的一部分

## 5. 網狀激活系統（Reticular Activating System）

- 是一個過濾系統，篩選感官訊息，決定甚麼進入腦袋
- 連接腦部的神經元網絡，維持清醒及意識狀態的系統
- 如這神經元網絡區域缺乏安多芬，會產生衝動及過度活躍的狀態

● 制訂治療方案：從專注力入手

顧名思義，專注力不足／過度活躍症的患者，難以專注進行單一活動。究竟甚麼是專注力或注意力？注意力又有甚麼種類呢？又應怎樣制訂治療方案？

專注力，或稱為注意力是一種狀態，使我們可以喚醒意識，接收到外在或內在的刺激及訊息，而作出回應。注意力大致可分為五類：

（一）聚焦注意力：井然有序地逐一應對來自視覺、聽覺或觸覺等的刺激及訊息。

（二）轉移注意力：迅速地從一焦點切換到另一焦點，能處理眼前的事物之餘，亦可以隨時切換到不同層次的刺激及訊息。

（三）持續注意力：在連續和重複的活動中，可以保持專注力一段較長的時間，不會一下子就鬆懈心散。

（四）有選擇性的注意力：能夠忽略不相關的訊息、刺激或誘惑，將注意力聚焦於目標。

（五）分配注意力：能夠同時專注於不同的事情上，例如接收多個指令或同時進行多件事情，而不會混淆或忘記，能夠一心多用。

● 「執行功能」是甚麼？

很多有關專注力不足／過度活躍症患者的研究及治療方案，都是針對其執行功能而制訂，究竟執行功能是甚麼？

執行功能是一系列腦內的運作機制，負責控制行為及制訂目標，使我們可以按部就班達成目標。執行功能涉及腦額葉的前額葉皮層及多個區域，如尾狀葉所指揮及控制（Dawson & Guare, 2012; Diamond, 2013）。研究指出，專注力不足／過度活躍症的患者，執行功能較一般人弱，甚至有可能是因為執行功能的缺損或發展遲緩，才導致專注力不足及過度活躍的狀況（Barkley,

2011; Scheres et al., 2004; Willcutt et al., 2005）。

執行功能主要可分為「操控抑制力」、「彈性思維」、「工作記憶」三種功能。一、具操控抑制力，是指能夠三思而後行，即可自我控制專注力及行為，能夠停下思考再作決定，而不是一受刺激便衝動回應；二、具彈性思維，即可根據情況不同，以多角度及不同方式處理；三、有工作記憶，即對工作資訊有一定記憶能力，可按需要提取，並執行任務（Carlson, Zelazo, & Faja, 2013）。

值得留意的是，現時學者對執行功能的定義、分類、數目還未有共識及定案，執行功能數目及分類亦由 20 到 33 不等（Barkley, 2015），甚至有學者認為可以摒棄執行功能這個詞彙（Koziol, 2015）。

### • 不一樣的動力

動力就好像一輛汽車的燃料，以汽車（實際行動）為載體，讓我們可以駕駛到達目的地（心裏的願望及計劃）。對一般人來說，自我鞭策或運用意志力已經是很好的燃料，助我們實踐及完成願望或計劃。可是，我們必須要明白，專注不足／過度活躍症患者的腦袋運作跟一般人是不一樣的，他們就好像同時患上了動力缺乏症，即如駕駛一輛特別的汽車，需要特別的燃料，並行駛不同的道路，才可以駕駛到達目的地。因此，患病的孩子要完成冗長、重複、沉悶的工作或任務，是特別艱巨的。

若希望幫助他們完成任務，則要用特別的方法。例如，可以把這些任務變得緊急，或是包裝得更新奇有趣，又或將任務與他們自身的利益關係相連，例如使用電子產品的自由。這幾種方法絕對可以刺激及提升他們的動力。

### • 個人化的治療策略及方案

從筆者的臨床經驗發現，當家長或照顧者釐清誤解，明白患

有專注力不足／過度活躍症的孩子只是力不從心、不能自控時，超過九成的兒童及青少年患者、父母及照顧者都會希望可以幫助患者改善學業成績，或者其他活動的表現，以及改善患者的社交和減少違規等行為問題。

- 改善學習及各方面的表現

通過上文綜合注意力的種類、執行功能與不一樣動力的概念，我們明白到要改善學業成績或其他活動的表現，必須了解患者接收訊息過程中出現的障礙、組織及策劃的困難以及動力不足等情況，才能作出調節，從而改善各方面的表現。

圖二　接收訊息、組織及策劃與維持動力之關係圖

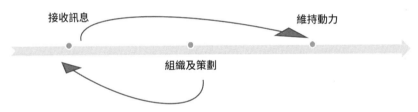

在學習或活動過程中，父母及照顧者，可以留意如何給予指示或教導，及確保提供可以保持專注的環境，減低患者接收訊息過程中出現障礙：

* **指示簡短、清晰明確：** 減輕工作記憶的負荷，資訊較容易吸收，亦較容易執行。
* **一次只給一個指示：** 不但可以減輕工作記憶或分配注意力的負荷，亦可以增加聚焦注意力。
* **唸口訣／複述指示：** 鞏固工作記憶，確保準確接受資訊。
* **以視覺、聽覺或觸覺突顯重點／交替重複指示：** 有助持續注意力，忽略不相關的刺激或誘惑，將注意力聚焦於目標，維持回應，不易分心。

* **環境寧靜整潔：**減少干擾，增強注意力。

在組織及策劃的階段，亦應給予適當支援，好讓患者按部就班實踐任務：

* **細分任務：**減輕工作記憶的負荷，步驟較容易掌握，亦較容易執行。
* **分次完成：**以減輕分配注意力或工作記憶的負荷。
* **限時步驟／活動：**使任務變得緊急，提升動力，亦有助建立時間概念，學習管理時間。
* **從旁指導：**得到即時協助，減少放棄念頭，增加動力。
* **以視覺、聽覺或觸覺交替進行工作：**使任務變得新鮮有趣，增強刺激及動力。
* **設定圖象時間表：**增加聚焦注意力，有助持續注意力。
* **三思而後行：**擴闊思想彈性，從多角度思索過程、結果、處理及解決方法，操控抑制，暫緩未經深思熟慮的即時反應，調節衝動。

最後，在實踐任務時，也要給予適當刺激，保持患者的動力：

* **獎賞付出／即時回報：**給予較小但即時的獎賞，增加成功感及動力，建立自我鼓勵的機制。有助認知及建立完成短期目標後可得到相應的物質或社交回報，從而鼓勵一步步邁向長遠目標。
* **適時從旁糾正：**先讚賞，後糾正，減少再次犯錯，增加動力，加強持續注意力，建立情緒控制的機制。
* **明確可量度目標：**有助持續注意力及選擇性的注意力，不受無關的事物干擾或影響，貫徹原來的目標。

● 改善衝動

研究顯示，一些很簡單的技巧，例如教導患者先停頓，

再思考，然後才作出回應，已經可以幫助他們改善衝動情況（Klingberg, 2010; Diamond & Lee, 2011）。此外，亦可以幫助他們重組自我提示機制，甚至可以改善腦內的運作機制。例如利用影像建立腦袋內的視覺影像系統，作為一種影像提示，以及學懂跟自己對話，作為一種內在自省的聲音提示。透過影像和聲音建立腦袋內的回顧及前瞻機制，使提示更加銘記於心，甚至成為內在的工作藍圖，以預計將會發生的事情。

# 六、總結

每一個被診斷為患有專注力不足／過度活躍症的孩子，也擁有一個非一般的腦袋。當然，他們亦都來自不同的家庭、學校等社交環境，因此需要個人化的治療。而制訂治療方案的過程中，臨床經驗、個人化及孩子與家庭中心資訊的相互結合是非常重要的。此外，藥物治療再加上心理社交支援與治療，能減低症狀對孩子、父母及照顧者的困擾，從而能夠對症下藥，應付全面需要。

# 品學兼「憂」

——品行障礙與整合式認知行為治療

第四章

蕭柱石

「洛仔」（化名）是中一生，經常在學校裏打架生事、頂撞老師、觸犯校規，最近甚至變本加厲，被發現逃學，令訓導處不時致電家中投訴。媽媽無奈之下便帶他到諮商機構尋求輔導，她想不通為甚麼洛仔會那樣「頑皮」。她估計可能是受壞同學的影響所致，或是與孩子缺乏父愛有關。初次與洛仔面談時，他態度十分惡劣，表現充滿不屑、猜疑並擺出一臉消極的樣子。若非媽媽在旁管束，恐怕早就拂袖而去。經過輔導員耐心交流，在幾次會談之後，洛仔敵對的態度有明顯的改善，開始慢慢打開心扉，把他心中的不安及不滿訴說出來。

洛仔的父母在他很小的時候已經離婚，洛仔便在他外祖父母和媽媽的照顧下長大。洛仔就讀幼稚園時仍頗為活潑，社交關係及學習都沒有大問題。但是在小學以後出現轉變，開始給家人增添麻煩，除了會戲弄同學外，有時亦會因為欠交功課被罰留堂，且對公公婆婆的說話置若罔聞，整個人如同靜不下來一般。因為屢犯校規，同學給洛仔取外號「Number 1」，以譏笑他是記過和留堂次數最多的學生。因此，洛仔很討厭別人叫他這個外號。有次就是因為他誤會別人背後取笑他而大打出手，弄傷了同學的手腕，因而被罰停小息一星期兼記小過。

到了中學後，洛仔因為不習慣新環境，所以上學期都較平靜。但到下學期後，洛仔開始與班中兩三名愛「打機」的同學混在一起，經常相約在放學後到遊戲機店流連。此後，私自在課堂上用手機上網，或在校園暗處抽煙都成了他和損友們的日常。而且，對老師的勸告不理不睬，甚至完全不尊重老師，還會用課堂沉悶、老師教導刻板，作為成績差的藉口。洛仔的種種行為令各人大為頭痛，真可謂品學兼「憂」，媽媽心裏既氣憤、難過，更感無奈。

# 一、品行障礙特徵和診斷準則

## ● 了解品行障礙

參考本地研究數字顯示，香港約有 10% 的年輕人（即 16 歲以下）有對抗性或相關品行障礙（Conduct Disorder）問題，就現時政府推展的三重關顧模式（Three-Tiers Stepped Care Model），有相關行為問題的少年人或家長，甚或社工及輔導者，一般都會經健康教育獲取資訊，繼而到社福機構求助，以得到相關的輔導和支援，而較嚴重的個案便會轉介到精神服務專業單位作出跟進及治療。

很多傳統父母都希望兒女能品學兼優，他日出人頭地，但很多時事與願違，孩子年幼時都精靈聰慧，逗人喜歡，但當他們上學後，情況便漸漸變差。撇開一些單親或有特殊問題（例如犯罪或有長期精神病困擾）的家庭，一般父母都想不通為何一些他們不能接受的行為會發生在他們的孩子身上，例如滿口粗言穢語、抄襲功課、逃學、瀏覽色情網站、飲酒、夜歸、塗鴉、打架及吸煙等。有些家長簡單地冠以「頑皮」、「任性」，甚或「學壞」形容孩子的偏差行為，其實從精神心理角度分析，孩子發生這些偏差行為可能並非偶然，而是因為他們長期處於對抗性或充滿偏差行為的環境。

## ● 正常與不正常

很多時，青少年人的問題都不會是單一性的呈現，而是多元多變，即問題呈現的程度、時間及負面行為的表現都不一致，令家長或青少年輔導工作者難以掌握及確認問題的本質或嚴重性，如誤認為只是性格頑劣或一般的情緒反應，以為只要多加規管及操控便能「矯正」，結果可能導致一些問題被忽略。

另一個極端則會認為孩子已罹患不可改變的品行障礙，需

要學校特別處理，結果弄巧反拙，成為了孩子逃避的借口。在筆者的個案經驗中，就有一個家庭因為兒子在學校遇上交友及功課問題，因而經常影響情緒，脾氣暴躁。其後，孩子父母向治療師表示兒子有過度活躍的問題，所以刻意不向兒子施加壓力，但情況卻沒有改善，後來經再評估後才發現其實是誤診，之前兒子只是借過動症的診斷充當自己貪玩、懶惰的擋箭牌。在正視他的行為問題及重整家庭關係後，問題才逐漸解決。這一例子表明，準確評估少年人的表現行為殊不簡單，往往能對治療效果起積極作用。那麼，我們怎麼分辨青少年行為是否正常健康呢？除了謹慎觀察及小心求證外，很多精神健康服務專業或輔導都會參考《精神障礙診斷與統計手冊》第五版（*The Diagnostic and Statistical Manual of Mental Disorders, DSM-V*）的分類指南。

- **相關症候羣**

根據 DSM-V 表明，青少年精神障礙包含多種類型。其中對抗性（disruptive）、衝動（impulse control）及品行（conduct）障礙歸納為同一組別，因為三者皆呈現相同的情緒及行為「自控」（self-control）失調問題，並導致他人權利、財產受損，及會使當事人挑戰社會界線或反抗權威人物。

我們明白相關症候羣一般都以男性數字較女性多，而且大部分都會在童年或少年時發病，當中對立反抗症（Oppositional Defiant Disorder, ODD）與品行障礙（Conduct Disorder, CD）的發展關係密切，雖然並非所有 ODD 的青少年都會發展成為 CD，但大部分 CD 確診的青少年大都擁有 ODD 的病徵。

縱然本文主要介紹品行障礙，但基於品行障礙跟其他症候羣有相近的失控表徵，就青少年工作者而言，對同組障礙症候羣都需要有基本的知識。而下列介紹的三項，都是破壞性及衝動品行障礙的成員，當中包括反社會性格障礙（Antisocial Personality

Disorder)、間歇性暴怒障礙（Intermittent Explosive Disorder）及上述提過的對立反抗症（Oppositional Defiant Disorder）。

- **對立反抗症（Oppositional Defiant Disorder）**

案主持續出現 6 個月以上對抗行為表現，其中包括脾氣暴躁、與成年人爭執、拒絕順從命令、推卸責任、以刻薄及懷有惡意的態度對待別人等。上述行為可嚴重影響其社交、家庭或學校／工作生活。

- **間竭性暴怒障礙（Intermittent Explosive Disorder）**

此障礙中，衝動及攻擊型的不能自控行為問題會不停重複，而間歇性暴怒障礙確診的要求為 3 個月或以上持續出現口頭爭辯、言語暴力，對人或其他動物作出威嚇、攻擊（但不至受傷程度），並會因為被招惹或捉弄的行為，而表現出過激、不可抑制和爆發性的憤怒，且無法控制自己的攻擊性衝動。爆發結果不但會為案主帶來極大的困擾，同時還會嚴重影響其社交、家庭或學校／工作生活，更可能引來法律後果。

- **反社會性格障礙（Antisocial Personality Disorder）**

相關衝動性的障礙大致分為兩類：

一是縱火品行障礙（Pyromania）及盜竊品行障礙（Kleptomania）。前者一般牽涉案主因情緒張力引致刻意縱火行為。案主目的是透過縱火（或目擊縱火）行為從而獲得快感、滿足感及釋放的感覺，而並非為金錢利益、宣泄憤怒、改善生活、妄想或錯誤判斷等原因導致。至於盜竊品行障礙，與縱火品行障礙的衝動行為發展相若，案主同樣在事發前面對張力增加，期望以偷竊行為得到快感，且與利益、表達情緒等因素無關。

- **品行障礙特徵**

品行障礙是上述對抗衝動及不能自控攻擊行為羣組中，程度

最嚴重的一類。其主要特徵是案主會重複及長時間（如持續 12 個月）進行侵犯他人權利及社會所不能接受的犯規行為，其中有四類典型行為出現機會較高：

（一）攻擊人和物

（二）損壞財物

（三）欺騙或盜竊

（四）嚴重違反規則

常見的問題行為例子如欺凌、破壞公物、盜竊、離家出走、縱火、逃學、説謊、虐待動物或傷人等，如其他衝動、對抗性行為一樣，其行為會導致社交、家庭、學校／工作等各方面受到困擾或負面影響。

- **診斷與評估**

根據 DSM-V 的標準，兒童／少年出現多於上述三種或以上的障礙行為重複而持續多於 12 個月，並且在過去 6 個月內至少出現其中一種，可作為最基本的診斷要求。然而，準確診斷仍需透過謹慎的臨床觀察、結構性協談、與家長及學校了解及自我評估有效的心理評估量表，例如 Delinquent Activities Scale（DAS），Jesness Inventory-Revised（JI-R），Overt Aggression Scale（OAS），Child Below Checklist, The Conners Comprehensive Behaviour Rating Scale（CBRS），Comprehensive Behaviour Rating Scales（CBRS）等工具，以協助確認行為問題的嚴重性，從而診斷及評估案主的品行障礙。進行評估時，有三方面需要留意：（一）相關發病的年齡；（二）伴隨病患的可能性；及（三）風險行為的評估。

**（一）初發年齡（On set age）**

品行障礙嚴重性分為三級：輕微（即輕傷害，如説謊、曠課、

遊蕩等）；中度（如偷竊，但未和受害人衝突等）；及嚴重（如殘酷攻擊他人身體、強迫他人從事性行為、強闖他人地方等），而初次發病年齡是評估的重點，現時 DSM-V 以 10 歲為分水嶺，10 歲之前已有至少一種品行障礙便屬兒童期初發型，多為男性；10 歲之後才發病便稱為青春期初發型。統計顯示，大部分患者會在 16 歲之後發病，原因是通常家長、教師或照顧者都容易忽略或輕視兒童期的品格問題。此外，兒童期初發者病情持續至成年期的機會一般較青春期初發者高，而青春期初發者在攻擊行為上的表現亦較溫和，社交問題同樣比兒童期初發者輕微（APA, 2013）。

## （二）伴隨病患的可能性（Comorbid Disorder）

通常品行障礙的兒童及少年人較容易患上專注力失調、過度活躍症和對立反抗症。此外，品格障礙的兒童及少年人亦較容易出現其他學習及精神健康的問題，如特殊學習障礙、抑鬱、狂躁症，甚至閱讀、語言技巧偏低及溝通障礙等等。

## （三）風險行為的評估（Risk assessment）

從臨床經驗得知，兒童或青少年出現品行問題後，其重犯的機會亦會遞升。而缺乏朋友及家人支持、無法被了解、沒有正常娛樂又或過分被保護的兒童或青少年患上此症的風險都會較高。針對以上羣體進行風險行為評估時，其一先是要評估其行為特徵，例如否認程度、嚴重程度、犯罪歷史、合作態度、濫藥記錄、受害人的身份及關係等。第二是評估孩子父母和家庭的特徵，例如父母的態度、與父母的關係、家庭背景、施虐歷史、濫藥及酗酒歷史等（Perry & Orchard, 1992）。

- 盛行率及病程

兒童及 18 歲以下少年患病率在不同國家及種族中差異並不

大，基本上男性較女性的數字略高，男性約為 2-10%；女性約為 2-9%。雖然品行障礙可以在年幼時發病，但一般主要症狀都會在孩童及少年期出現，其病程發展亦不十分規律，但大多在成年階段會逐漸緩解。另一方面，品行障礙會提高患者在成年後出現情緒障礙、創傷後遺症、衝動控制障礙、精神障礙、身心症等風險。（APA, 2013）

## 二、有關品行障礙成因的理論

### ● 病因解釋及預測因子

品行障礙、對立性反抗症及其他同類羣組成員都往往被視為帶攻擊性（Aggression）的行為障礙，不論其表現是周期性或慢性，都會對案主產生長期影響。無疑，患者不同形式的攻擊行為會造成不同程度的反社會表現，對家庭、學校和社區都會帶來滋擾及危險。對此，社會心理學家就其攻擊行為提出不同理論的解釋。

### ● 自我調節理論

就 Vygotsky（1978）的說法，兒童在自我行為控制，包括延遲滿足的學習是一個漸進的過程。在其認知行為發展開始時，其照顧者會是重要的指導者、支配者及控制者。及後，照顧者會逐漸減少控制兒童的行為，使孩子慢慢學會自行控制其注意力及運用其策略能力，以擁有更高的執行性認知功能（Executive Cognitive Functioning），即以目標導向行為。當中，不論注意力、認知彈性、自我調節、操控及記憶力都會日趨成熟。研究亦指出，執行性認知功能較弱的兒童，出現後期攻擊性行為的比率亦會明顯提高（Kendall, 2000）。然而，為甚麼個別兒童的執行性認知功能會較遜色？對此，Vygotsky 進一步指出，上述認知

過程的發展其實某程度代表着社會的發展過程，兒童一般透過與外在照顧者溝通，從過程中觀察及累積經驗，並將其轉化成內在溝通能力的重要部分，故此在這轉化及傳遞的過程中，任何負面因素都可能影響兒童健康發展及日後發生行為偏差的可能性（Brown, 1987）。

- **社會學習理論**

美國社會心理學家班杜拉（A. Bandura,1977）的社會學習理論廣為人知，其中提及的仿效作用（modeling），是理解兒童偏差攻擊行為的重要參考。理論基於觀察別人自我調節、效能預期人類有不同的行為表現，簡言之，個體的行為、內在認知及外在環境因素有着交互影響的關係。後來，心理學家艾克斯（R. Akers）增強了社會學習理論，以解釋不同的行為偏差及犯罪行為。當中提出差別接觸（differential association）、差別強化（differential reinforcement）、模仿（imitation）及社會結構和社會學習（Social Structure and Social Learning, SSSL）四個主要學習概念（劉玉玲，2016）。

綜合而言，兒童的偏差或犯罪行為不是先天或心理因素，而是透過向近親團體成員學習，特別當羣體對負面行為給予正面定義，兒童便會因制約操作而仿效不當行為。除了上述的直接經驗外，兒童亦可以透過間接經驗，即模仿別人以學習相同或相近的行為。簡而言之，兒童偏差行為是從社會團體中建立其態度（定義），獲取其認同與鼓勵（差別強化），並跟隨其行為表現（模仿）。

- **一般化緊張理論解説**

上述理論源自迷亂理論（Anomie Theory），由犯罪學家安格紐（R. Agnew）在 1992 年提出，用以解釋偏差或犯罪行為。從宏觀角度，當社會結構出現緊張（strain），即不一致或迷亂

時，當中弱勢羣體便有機會以不法手段實現社會目標（例如社會經濟不好時，低下層社羣因缺乏競爭力，便更容易參與不道德、非法的行為）。從微觀角度看，當人遭遇負面的經驗時便會緊張，這包括：

（一）不能達到目標，例如考試表現不好；

（二）失去重視的東西，例如至親離世；或

（三）負面刺激出現，例如遭受同學欺凌。

　　有研究指出，香港有賭博問題的青年與其人際關係壓力有直接關係；澳門青少年的賭博行為亦與其生活壓力有直接關係；台灣青少年的偏差行為與學業緊張同樣有正比關係。反過來說，安達紐認為兒童 / 青少年若能有恰當的認知情緒及行為策略，有關緊張壓力便能消減，而相對偏差行為亦能避免。這說法有助治療者幫助青少年預防偏差行為（參劉玉玲，2016）。

## 三、品行障礙的風險因素

### ● 生理與遺傳學風險因素

　　儘管現時已有不同發展認知或社會心理學說的理論可以解釋偏差或攻擊行為，然而要更有效預防、關注及應對相關問題，我們不能忽視與品行障礙有密切關係的高風險因素。

　　患有酗酒、抑鬱症狀、精神病患、過度活躍及專注力不足、品行障礙的父母，其下一代患有早發性品行障礙的機會明顯較一般父母為高。而其他對比研究又指出，品行障礙兒童 / 青少年的心跳速度會較其他年齡相若的兒童 / 青少年慢，膚電反應（Skin Conductance）也較低。縱然腦神經資料尚未用作斷症的準則，但現時已有其他的佐證，包括攻擊性青少年比不具攻擊性青少年有較低的血清素（serotonin）濃度或較高的睪酮（testosterone）

含量，而其他男性荷爾蒙如 DHEAS（dehydroepiandrosterone sulphate）或 androstenedione 都表明攻擊性 / 犯罪行為與人的神經生理有着一定的關係（Kendall, 2004）。

- **家庭及朋友風險因素**

從認知行為治療看，人有不少的核心思想或認知基模跟原生家庭有關（Pellerone, Craparo, Tornabuoni, 2016）。基於父母在兒童 / 青少年社會認知過程中扮演着十分重要的角色，有研究指出，具攻擊性男孩的父母或監護人，會對男孩呈現較多的言語及身體攻擊，父母彼此亦同樣表現較多的言語攻擊。另外，具攻擊性男孩的父母亦多將偏見、偏差行為歸因於男孩自身而非外在環境。這內化過程讓男孩容易造成不健康的認知基模，導致日後出現更多負面行為。再者，父母的管教亦可能與偏差行為有關係，例如有品行問題的孩童，其父母特點多為缺乏照顧或過度保護，又或缺乏情感關注、操控手段等（Freeze & Burke, Vorster, 2014）。同樣，同儕對具攻擊性兒童的社會認知有着密切的影響，特別是青少年病發個案中，不少都是因為在幼時曾遭受同輩攻擊及排擠（Kendall, 2004）而形成病案。

- **性格及智力風險因素**

性情亦是評估和預測品行障礙的重要因素之一，研究指出品行障礙的孩子，一般會追求新穎或新奇事物（high novelty）、低回避傷害（low harm avoidance）或低依賴獎賞（low reward defense）。以上顯示孩子易於衝動的性情、低警覺性及薄弱的社會意識與其後發展的行為障礙有顯著關係（Schmeck & Poustka, 2001）。另外研究亦發現，品行問題兒童在 Hans Eysenck 的性格測試中，特別是帶有精神疾患（psychoticism）的性向有最多的關聯性（Centre & Kemp, 2003）。不少學者包括 K.C. Koenen（2006）發表的研究指出，孩童的智力表現與品

格障礙有直接關係，即低智商孩童有較大風險出現品行障礙。學者推測，遺傳是當中的誘發原因，意即神經發展的障礙導致低智商，特別容易因為語言理解程度較低，導致孩童誤解或錯誤評估社會衝突的風險，從而做出偏差行為。

- 環境及傳播資訊的風險因素

正如上述，家庭、社會的誤解及惡意對待是孩童出現偏差行為的主要原因，例如同輩或朋友的負面情緒或行為感染，就可能成為孩子行為偏差的主因，這關係風險模擬是重要的。但近年資訊科技發展日新月異，研究者開始留意外在因素如何加劇孩童出現行為偏差的風險。有學者又認為訊息的扭曲，仿效（modelling）及錯誤解讀亦會令青少年容易產生敵意反應或行為。縱然有很多資訊本身是傾向中立，但若孩童過往成長中有較多不良或負面的經驗，他也可能會結合過去經驗解讀、回應及傳播訊息，例如將網上不同意見的討論視為挑釁、合理化傳媒的暴力新聞報道，或把不同的欺凌資訊視為平常化等（參姜元御，2011）。

## 四、品行障礙的治療方案

- 個人治療

不少社工或輔導者會採納行為治療方法幫助品行障礙的孩童或青少年，即以表揚健康行為或處分不良表現為主要策略，用賞罰分明的方法達到減低偏差行為的效果。

然而，不論採用哪一種個人治療方案或取向，成效都可能因為兒童或青少年表現抗拒而影響效果。有解釋指，兒童或青少年都偏向抗拒個人治療，有機會是因為心理障礙或怕被標籤，因此行為偏差的孩子會故意掩飾自己的問題，情願被視為壞孩子，也

不想被人恥笑為「弱者」，需要接受輔導或治療。故此，部分孩童在輔導過程中會以說謊、否認、推卸責任或轉話題方式，否認他們的治療需要。

- **藥物治療**

有治療師主張透過醫生處方藥物來緩和行為的衝動性，目的並不是期望藥物可以直接改善其品行障礙的症狀，而是旨在防止及減退相關伴隨性的精神困擾，例如憂鬱症、注意力不足、過度活躍症或過動症，特別對處理及緩衝暴力行為的即時威脅有不錯的效益（AACAP, 2009）。所以，對於高度進取、衝動或有情緒障礙症狀的兒童，藥物治療可以作為輔助治療。一般而言，症狀控制藥物例子包括：

（一）幫助專注力失調及過度活躍症（ADHD）的興奮劑。父母 /
　　　學校可能需要參與藥物的管理或監測。

（二）幫助對抗情緒及抑鬱藥物，如選擇性 5- 羥色胺再攝取抑制
　　　劑（Selective Serotonin Reuptake Inhibitors, SSRI）。但父
　　　母及照顧者在治療初期應明白相關藥物的副作用，觀察會
　　　否出現躁動不安等反應。

（三）非典型抗精神病藥可幫助治療侵略性行為、情緒不穩和躁
　　　鬱症。然而相關藥物會有機會造成體重增加和代謝失調的
　　　風險。

- **小組及社區治療**

小組及社區治療方法需要從多個層面參與。相信愈早參與，對病情就愈有積極影響，並有可能阻止少年發展出行為障礙。理想的綜合治療計劃應將個人、家庭、學校和社區融合在一起。小組及社區治療有不同種類的治療計劃，例如功能性家庭治療，多系統治療等進路。

## （一）小組治療

由於年幼兒童在小組中較易學習到社交及解難技巧，因此可透過遊戲、故事、生活處境訓練，使他們有更多機會掌握自控能力。然而對於青少年，小組治療成效則相對較弱。長期研究亦指出，一些控制性或約束性強的環境只能短暫改善個別行為問題；資料亦發現青年人參加一些軍訓式營會（boot camp），反而會增加他們出現反社會行為，因一些自控力較弱的參與者可能在過程中仰慕、崇拜那些挑戰權威者，結果增加了他們的發病率（Harvard Health Publishing, 2011）。

## （二）系統及家庭社區為本治療

評估不同品行障礙治療方法的報告指出，具明顯效益的方案大多都要求家長及照顧者共同參與。而且，這些方案當中，不單牽涉家庭系統治療，亦要灌注不同的減壓技巧、有效的規條管理及協談培訓。其中，有三種比較突出的家長社區治療及輔導模式，包括：

1. 兒童反叛行為治療模式（Behavioural Model for Non-compliant Child）

此模式針對 3 至 8 歲孩童的家長，進行 8 至 10 星期的行為治療培訓。治療師／輔導者會做家長的教練，讓他們能夠清楚指示及賞罰矯正孩子偏差行為，此模式強調父母與孩子的互動效果。

2. 家長管理訓練（Parent Management Training）

此模式適合 3 至 12 歲的孩子及少年的家長。在訓練中，家長需學習如何監督孩子行為、設立界線、強化改善結構等，並教導如何以正面活動代替偏差行為及避免與不良同儕交往。訓練期長度不等，可長達 12 個月。

3. 多邊系統治療模式（Multi-systemic Model）

此模式針對行為偏差的少年，其內容包括認知行為治療、家長管理訓練及家庭治療。目的是因應品格障礙成因的多元性，透過面談及電話溝通形式作跟進，目的是改善偏差青年對社會、家庭、學校管教的反抗行為，以及抵抗不良同儕或同黨的壓力。治療期一般為 3 至 5 個月。此模式的特點在於它的社區協作性，即強調治療是需要多個持份者的協助及支援——社區、學校、家庭及同輩都是其中不可忽略的層面。

## （三）預防性治療

預防功夫及早介入對於屬於早期發病品格障礙情況的個案尤其重要。有關預防成效的研究揭示，預防治療對一般行為偏差兒童的幫助有限，但對嚴重犯事羣組卻可高達 50% 阻止率（NCCMH, 2013）。

預防治療的目的不單是為了減低偏差行為帶來的社會成本，更重要的是及早預防可加強對青少年的保護及防止因此產生的風險。雖然針對性的預防性治療（targeted programs）有機會製造標籤效應，但其成功效益一般都會比普通性治療（universal programs）為高。現時針對性預防治療例子有美國的 Brain Power Program、Fast Track 及加拿大的 Cope 治療計劃，至於普通性的預防計劃例子，則有美國的 Catch'Em Being Good 及 STEP，加拿大則有 Tri-Ministry。上述大部分的計劃，都會包含家庭、學校及社區的共同合作及參與（Waddell, 2004）。

縱然預防措施的方法有不同取向，但就上述風險因素的討論，輔導少年改善偏差行為的工作者都不會忽略家庭、同輩及環境的負面影響。故此，有學者建議父母應多正面鼓勵孩子，建立和諧的家庭關係，並多教導子女守規的習慣，提高他們的自我控制能力，亦需幫助孩子建立良好的朋友圈及健康的網絡習慣，避免不良的習染及減少出現誘發偏差行為的機會（劉玉玲，2016）。

# 五、整合式認知行為治療

　　品格障礙的治療方案固然可採取不同方針，當中無論是個人、小組或系統及家庭社區的綜合治療，輔導員、社工或治療師都在尋求一個可靠及多循證實踐／以實證為本（evidence-based practice）的治療取向，以求得到最大效益。研究指出，有效方案應不限於只要求偏差行為兒童／少年接受治療，支援網絡（即包括家庭、學校、同儕）的參與亦是十分關鍵，以確保效益能持續及更可觀（cf. Kazdin, 1997）。

　　對此，不同的研究均指出整合式治療方案（Integrated Approaches），即包含解難訓練、家長管教訓練、家庭及功課輔導小組和老師諮詢，是其中成效理想的介入模式。同樣，家庭治療及認知行為治療均對治療品格障礙有正面的成效（Baker & Scarth, 2002）。然而，在運用不同的介入模式時，輔導者或治療師須考慮受助者的年齡及性別。一般而言，基於認知發展的差異，年幼受助者（5-10 歲）較適宜以行為管理及仿效的方法介入；而較年長（11-16 歲）的，使用認知技巧訓練更見成效。性別方面，女性受助者較容易表達情緒及認知見解，而男性受助者則更傾向接納經驗方法，例如角色扮演。

## ● 多元整合方案

　　為讓輔導者及治療者更能掌握治療方案的應用及實踐，筆者將以真實個案並透過綜合形式介紹上述治療取向及技巧。參考加拿大安大略省兒童精神健康的認知行為治療手冊（Baker & Scarth, 2002）及結合筆者本地臨床治療經驗，以下部分將向讀者介紹如何以認知行為治療為核心的多元整合方案，並分析如何透過不同策略，針對性應對受品格障礙影響的兒童／青少年的問題。正如上述討論過治療的策略，即結合不同持份者的力量減低

受助兒童／青少年的患病風險及行為問題，同時可採用有效的認知行為治療取向，修正不良的思想及行為或強化社交關係，以維持一個更持續及更能防止重犯的治療效果。在個案分析之前，筆者將先介紹不同的治療策略及其建議的主要技巧，歸納而言，可分四個不同策略：

（一）家庭社交
（二）認知行為
（三）情緒
（四）環境社區

　　再而，基於效益，筆者亦會採納認知行為治療作介入的主導取向，故在討論個別策略之前，先向讀者簡述認知行為治療的概念及介入構思。

### ● 認知行為治療介入基礎

　　認知行為理論（Cognitive Behavioral Theory）提倡人的認知是根據經驗所影響，其不良情緒反應或不健康行為往往亦是基於人的認知、信念或自動化思維的扭曲所造成。因此治療的重點是幫助案主改變經驗或改變其演釋，或解釋經驗的不良思維。研究亦指出，行為偏差兒童或少年不但不懂解決人際問題，他們更會錯誤解讀別人的動機，扭曲他人對自己的態度，認為他人存有不友善或敵對態度。因此，有效的治療策略應考慮如何幫助兒童／少年人改變其不良的經驗或思想，同時，透過不同的介入方法找到建立健康的替代行為及正面思維，使其行為得以修正。

| 策略 | 目的 | 參考介入方法 |
|---|---|---|
| 家庭社交 | 旨在減低家庭、系統及社交，帶給受助者的負面影響及防止相關風險因素 | 1. 社交人際訓練（Social Training）<br>　● 溝通技巧<br>　● 衝突處理<br>　● 正面表達<br>　● 社交訓練<br><br>2. 家庭治療（Family Therapy）<br>　● 結構及系統家庭治療<br>　● 情緒聚焦治療<br>　● 解難聚焦治療<br><br>3. 家長訓練（Parental Training）<br>　● 與孩子溝通<br>　● 正向管教<br>　● 夫婦同理心訓練<br>　● 家長行為管理訓練 |
| 認知行為 | 旨在給予受助兒童／青少年學習，如何透過認知方法明白行為及情緒皆會受不健康的思維所影響。行為的改變亦會帶給受助者正面的經驗，加強治療效益 | 1. 社會解難訓練（Social Problem Solving）<br>2. 思想重建（Cognitive Restructuring）<br>3. 幽默感（Humor）<br>4. 派餅分析（Pie Chart Analysis）<br>5. 思想日記（Thought Exercise） |
| 情緒管理 | 幫助受助兒童／少年人對應因社交或內在困擾帶來的不良情緒及增加其柔韌度或抗逆能力以對付逆境 | 1. 耐困訓練（Distress tolerance）<br>2. 衝突管理（Conflict Management）<br>3. 正向溝通（Assertive Communication）<br>4. 鬆弛正念運動（Relaxation & Mindfulness Exercise）<br>5. 憤怒管理（Anger Management）<br>6. 運動／遊戲 |
| 環境／社區策略 | 減低因外在環境，包括資訊傳播帶來的不良影響，並加強學習正面影響因子的機會 | 1. 模仿訓練（Modelling）<br>2. 網絡管理（Online Management）<br>3. 小組治療（Group Therapy）（鼓勵互動學習及正面相處行為） |

# 六、個案工作實例

● 個案一

## （一）案主背景

受助者化名邦仔，九歲，正重讀小四。他今年需要會見輔導員，因他在原校小四開學後不久便在手機上向女生發放不雅及粗鄙短訊，故遭同學杯葛及學校記過。從社工轉介資料得悉，邦仔媽媽因病離世，爸爸因工作緣故不能照顧他和弟弟，所以兄弟二人大部分時間由伯娘照顧，週末才回家。

## （二）轉介原因

因頻頻在學校犯規及與同學爭執、打架，亦有逃學及在校塗鴉記錄，故學校社工將他轉介到輔導員跟進。

## （三）個案評估

持續情況及嚴重程度：多牽涉輕微程度偏差行為

類型：兒童期初發型

伴隨病患：案主有過度活躍症狀記錄

## （四）介入目標及策略

一般認知為本的治療方案是希望提升行為偏差孩子或少年的解難能力。透過不同性質的訓練，學習對應外在的問題，減少引發不健康行為的因素及引發內在思想及情緒困擾，以致最終偏差行為得以舒緩及改善。有見案主是兒童期初發型，故治療目標都偏重行為及社交輔導，及家長的管理訓練。

## （五）輔導計劃及過程

1. 建立輔導聯盟

輔導員介紹資歷時，以友善、不批判的態度跟邦仔及伯娘建立信任，輔導員亦鼓勵爸爸參與面談。雖然不是每次都能出席，

但他的出現實際上給予邦仔有更大動力作出改變，亦讓在家中的行為練習及家長管理有更好的配合及成效。

2. 增加正面行為及減低負面行為

此處應注意，宜先評估孩子的行為問題，作為操作性定義。輔導者在建議負面行為前可根據邦仔行為的出現頻率、強度、引發情況及過程作出記錄，甚至給予刻度。具體介入方法如下：

### (1) ABC 訓練

讓家長明白邦仔的偏差行為背後有何強烈動機及維繫因素，例如讓邦仔回憶他和同學、家人爭執的經過，找到引發偏差行為的成因。輔導員指出，引發爭執的原因（antecedents）就是別人拒絕他的要求，邦仔對此會有很大的反應及脾氣，甚至有動粗行為（behaviour），期望別人可以屈服於他的意願，而結果（consequences）通常都是家人為了家庭安寧而就範。

### (2) 清除法介入（Extinction）

為減低相關偏差負面行為，輔導員會透過面談，教導父親及監護人在家中執行消除法的步驟及方法。為減少正面增強或負面增強，爸爸和伯娘都要學習不能因邦仔的脾氣或任何負面行為而就範，順從邦仔的要求。

### (3) 行為塑造介入（Shaping）

為加強學習正面行為，邦仔亦被教導如何正面表達自己的想法。輔導員先幫助邦仔定義友善的行為作為他的目標，例如禮貌表達、微笑、適當稱呼及不說粗言穢語。所以當他能夠有相關的行為時，家人便會給予獎勵，即增強物（reinforcer），當中以增加觀看電視時間及爸爸的讚賞對邦仔至為有效。

3. 學習良好社會行為

孩子會從觀察及模仿（modelling）的過程中學習良好的社會

行為，目的是改變邦仔原來自私、不健康、反社會的行為和態度，轉而培養出邦仔利他的本質。過程中，輔導員用了不同的方法達到這個目的：

## (1) 揭露想法 (Thinking aloud)

利用戲劇方法將被模仿對象內心的對話或想法表露出來，使孩子能學習跟隨相同的技巧及處理而改善行為。

## (2) 模仿同輩 (Peer modelling)

輔導員組成小組，四位同學輪流以揭露想法技巧，表達一週內能做好的社會行為（輔導員可事先記下每一個組員想分享的成功事件），然後每人都要用「我心裏想」作為開始，讓其他組員，包括邦仔能知道別人如何選擇對錯，以及如何分辨哪些是健康、有益處的行為。

## (3) 模仿成人 (Adult modelling)

輔導員會安排伯娘及義工哥哥運用揭露想法技巧示範，當面對不如意時內心會出現甚麼掙扎，及如何用平和的表現表達內心想法，以至如何在犯錯後表達歉意，及後會與邦仔進行訪問，了解他對過程的感受和想法。

4. 防範其他負面環境因素

為了讓邦仔能有效集中力量以建立上述不同的治療行為，輔導員會同時處理邦仔過度活躍和沉迷上網的問題，不讓它們成為治療的阻力。

## (1) 建立規律生活

輔導員會先讓家人了解規律生活對邦仔的重要性，亦鼓勵邦仔自行建立有規律的生活習慣，當中包括溫習、日常作息及娛樂時間。

## (2) 教導聰明上網的原則

輔導員給邦仔簽訂了上網時間及瀏覽內容的「合約」，讓邦仔能有節制地使用電腦，以大大減低沉迷的可能，從而減少與家人發生衝突，亦鼓勵家長和邦仔討論網上暴力資訊的害處及風險。

5. 善用社區協作的效益

輔導員明白，藥物治療對邦仔專注及過度活躍有正面的幫助，故經同意後，輔導員會定時透過家長，與老師、社工和醫生聯絡，確保邦仔的服藥計劃依照進度完成，亦能幫助家長了解協調及善用社區系統資源的益處。

## (六) 個案成效

1. 輔導療程約 9 個月，根據臨床觀察及家長、老師的報告，邦仔的攻擊行為、與同學衝突的頻率都有明顯改善。
2. 邦仔的情緒及社交關係亦有進步，邦仔的成績及行為被認可後，表現亦變得正面，爸爸樂意和邦仔相處，給予他更多動力完成輔導作業及達成預期的治療目標。

## 圖一　個案一綜覽

**案主背景**
- 邦仔，九歲，就讀小四
- 媽媽因病離世，伯娘代照顧

**個案評估**
- 兒童期初發型類型
- 案主有過度活躍症狀

**介入目標及策略**
- 學習對應外在的問題，減少引發不健康行為的因素，包括內在思想及情緒困擾
- 偏重行為及社交輔導，及家長的管理訓練

**輔導計劃及過程**
- 建立輔導聯盟
- 增加正面行為及減低負面行為 - 清除法介入（extinction）
- 行為塑造介入（shaping）及 ABC 訓練
- 學習良好社會行為 - 揭露想法（thinking aloud）、模仿成人（adult modelling）、模仿同輩（peer modelling）
- 防範其他負面環境因素 - 建立規律生活、教導聰明上網的原則
- 善用社區協作的效益

### ● 個案二

#### （一）案主背景

阿健（化名）是中五學生，16 歲，父母都是公務員。兩人不明白為何阿健姊姊成績品行都十分優異，阿健卻令他們大為頭痛。父母用了很多方法管教阿健，但他偏激的性格卻未見好轉。

#### （二）轉介原因

阿健近日涉嫌偷了同學的錢包而被學校警告，並要接受強制輔導。

## （三）個案評估

1. 阿健自小成績雖然不是很優異，但品行尚算端正，對待家人態度亦很正常

2. 類型：青春期初發型

3. 阿健有不少好朋友，亦有不錯的教會生活，卻經常和老師及個別同學爭執

4. 阿健媽媽偏袒兒子，故爸爸十分氣餒，與阿健關係亦逐漸變得緊張，更經常口角，導致兒子的情緒起伏很大

## （四）介入目標及策略

阿健的行為問題自青春期加劇，按着評估，輔導員治療目標並不僅在塑造，而是針對引發阿健偏差行為的錯謬／不健康想法及行為持續的因素作出介入輔導。

1. 建立輔導聯盟（Alliance）

輔導員跟父母、家人及阿健有個別及小組面談的機會，當中輔導員透過同理技術（empathy）及其他個案給各人支持及信心，並灌輸正面的態度。輔導員希望與阿健及父母建立信任的關係。

2. 矯正不健康、扭曲思維及增加適應性想法

認知治療目的是透過認知重構（Cognitive Re-structuring）的方法，協助案主明白其行為及情緒皆與受其認知所影響。當他能明白及掌握這內在過程，他應可以有自制能力去捨棄偏差行為。

輔導員利用阿健給予的真實行為經驗及生活遭遇作為重構的基本資料。例子表列如下：

表二　認知重構練習

| 偏差行為事件（A） | 情緒／感覺（B） | 想法（C） | 行為（D） | B 和 C 的關係 | D 和 C 的關係 | 替代想法 | 可選擇的行為 |
|---|---|---|---|---|---|---|---|
| 甲同學在班房撞到阿健 | · 不高興<br>· 生氣 | · 他是故意的<br>· 人善被人欺 | 反擊、推撞、責罵甲同學 | 合情合理 | 錯不在我 | · 他可能是無意的<br>· 報復不是唯一解決方法 | · 要求對方道歉<br>· 原諒他 |
| 乙同學在運動會上留下了錢包 | · 她損失是應得的<br>· 沾沾自喜<br>· 有點怕被發現 | · 她不在意財物<br>· 地上「執到寶」<br>· 應該沒有人發現 | · 四面看看有沒有人發現<br>· 據為己有 | · 合理化行為<br>· 心存僥倖 | 她的損失也不大 | · 那錢包及金錢對同學十分重要<br>· 偷竊是不道德、不誠實的表現 | · 路不拾遺<br>· 讓同學失而復得 |

　　經討論後，阿健知道他的想法有偏差，並知道這扭曲的信念（distorted belief）是驅使他及後出現偏差行為的原因。輔導員除了教育阿健有關不同形態的自動化思想（automatic thoughts）（例如妄下判斷、非黑即白、感情用事等）外，更清楚指出阿健是有正確選擇的機會以及作出改變的可能性。隨後，輔導員透過家課練習（home works）確認阿健能掌握認知重構的過程及將之應用於其他生活經驗上。

3.　遏止危險行為惡化

　　縱然大部分行為治療者都會摒棄厭惡性懲罰作為介入取向（徐澄清、廖士程、彭兆禎，2012），但運用恰當的懲罰物（punisher）、正面行為消除法是堵截危險性行為的有效方法，故輔導員嘗試讓阿健自己尋找有關偷竊行為的刑罰及入罪的可能性，通過想像懲罰以有效阻嚇案主短時間重犯的機會。

4. 加強解難及衝突處理技巧

輔導員相信，阿健是因為缺乏一個平衡及有效的方法處理他與別人的衝突，但正如一般反社會性格的少年人，他們大多數都不曉得如何將自己和別人的利益取得一個好的平衡。故此，輔導加入了社交解難技巧訓練（social problem solving）。簡介個案應用如下：

討論處境：阿健罵同學丙是「反骨仔」，因他告訴了同學們失竊事件。參考 Baker & Scarth（2002），上述社交解難技巧訓練可以包含五個步驟：

（1）定義問題：此事件與阿健有何關係 —— 他很憤怒，並覺得羞愧

（2）重構問題：我（阿健）覺得很羞愧，因我希望同學丙不會公開討論這醜事

（3）替代解決方法：嘗試找出代替的表達清單

（4）分析利弊：用利與弊方式檢示逐個可能性，以達到公平、尊重及正面的效果

（5）行動：嘗試實踐及作出記錄

5. 減低維持問題因素風險

因阿健情緒的波動頗大，特別跟爸爸爭執後情況更壞，故輔導員相信關係的角力及父母管教的不協調都可能造成問題的潛在因素。

（1）家庭正向溝通表達訓練

輔導員利用心理教育介紹家庭成員應避免用負面責備或討好，甚至迴避的方法溝通。當爸爸及媽媽能以正面的方式表達，加上阿健得到輔導員引導後，他便開始明白父母背後的動機，及後雙方敵對的態度便緩和下來。

（2）父母管教訓練

阿健父母都明白自己的管教方法有很大的不足，故阿健很多

時都會用媽媽作「擋箭牌」，以反抗爸爸的指令或勸告。為釋破這不利的三角關係，輔導員便建議父母二人協議一個賞罰方法貫徹執行。輔導員亦要求父母在執行時必須以平和、堅持及正面的態度。

（3）情緒管理訓練

輔導員亦示範基本的鬆弛及正念練習，幫助阿健對應緊張及高漲的情緒。輔導員亦細心地跟阿健談論及列出不同方式以處理他緊張／不安的情緒，例如列出傾訴對象清單及多做體能活動。

## （五）個案成效

1. 阿健個案維持了約 9 個月的時間，當中有 2 個月暫停，因他們舉家旅行及有其他暑期活動。

2. 阿健經輔導後，其偷竊破壞的行為得到了有效的消除，沒有重犯的報告，其他品行問題亦有顯著的改善。

3. 阿健跟同學及家人的相處關係亦大大改善，及後父母亦有不定時和阿健進行解難及溝通的練習。

4. 兒子處理困難的表現亦持續向好。

5. 阿健的脾氣仍會因爭執出現，但父親的改變確實令阿健的情緒較穩定，亦逐漸對他人產生同理心。

**案主背景**
- 阿健（化名）是中五學生，16 歲
- 父母都是公務員，家庭背景不錯

**個案評估**
- 青春期初發型類型
- 有不少好朋友
- 媽媽偏袒兒子，爸爸感氣餒與跟阿健關係十分緊張

**介入目標及策略**
- 目標不僅在塑造，而是針對引發阿健的偏差行為成因
- 遏止危險行為 / 重構錯謬想法
- 減低維持因素

**輔導計劃及過程**
- 建立輔導聯盟
- 矯正不健康或扭曲思維 - 認知重構（Cognitive Restructuring）
- 遏止危險行為惡化 - 消除法
- 加強解難及衝突處理技巧 - 社交解難技巧訓練（social problem solving）
- 減低維持問題因素風險 - 家庭正向溝通表達訓練、情緒管理訓練、父母管教訓練

# 七、結論

　　品行障礙的成因可以有不同理論解釋，其風險因素亦是多方面的。故此輔導員、治療者在幫助行為偏差兒童及少年時需要考慮多元、實證為本的進路介入。亦需明白家長的憂慮，注意預防功夫及減低風險的重要性，以確保受影響的孩子能獲得不同資源治理相關品行障礙。按筆者的經驗，要發揮綜合認知為本治療的最大作用並不能只依靠技巧及輔導者的經驗而已，更需照顧者的關愛和支持，接納孩子及相信他們可以改變的心，他們才有力量及信心改善行為，繼續成長。

# 眼動減敏重整治療

## ——處理青少年焦慮的應用

第五章

吳日嵐　趙芉嵐　蘇細清

# 一、眼動減敏重整治療的背景及發展

眼動減敏重整治療（Eye Movement Desensitization and Reprocessing，EMDR）出現於 1987 年，由心理學家 Francine Shapiro 博士在偶然的機會下發明。Shapiro 在一次散步時注意到，當人的內心有困擾思想時，眼球會以對角線左右的形式快速來回轉動。後來她刻意重複做着眼球轉動的動作，發現她那些惱人的思緒大幅減低（Shapiro, 1989），即對負面思想產生減敏效果。EMDR 是一種整合性的治療取向，以「適應性處理」作為治療的原則。Shapiro（1995）認為人的大腦擁有龐大的記憶網絡（memory network），形成一個記憶系統，它與人的認知及情緒歷程息息相關。

一般情況下，當人經歷創傷的事件，創傷記憶便可以通過腦部的適應性資訊處理，適切地整合過去創傷的經驗，使其資訊處理的功能自動修復（recovery），並轉化成正向情感及認知基模，令個人在未來更有能力處理及適應相似的處境，大腦神經系統亦會逐漸維持平衡的狀態及正常的功能。然而，當人經歷難以承受的創傷事件，當前的畫面就彷如被凍結凝固，與該創傷事件有關的一切聲音、影像、氣味及身體感覺都被存儲於大腦神經系統中，不能被處理。困擾的生活經驗或創傷可能令大腦的物理性資訊工作系統失去平衡，因此大腦神經系統無法以最佳的方式正常處理資訊，導致各種負面的感受彌散於當事人當前的生活，除了阻礙個人當下應對壓力和問題的能力外，並會影響個人日常生活功能和人際關係（Shapiro, 1995, 2001, 2005），甚至出現強烈的身體反應及對自己產生消極的思想及看法。這些負面資訊若無法被處理，便會儲存在大腦神經網絡及短期內隱記憶（implicit memory）中。當這些記憶被誘發時，當事人會再度經歷當時的情緒及身體感覺，長遠更會影響個人生理健康及人際關係。

　　為應對以上創傷經驗對人的負面影響，近年已有不少實證研究證明 EMDR 能有效幫助個人面對困擾的情緒和想法（Ng et al.,2013）。EMDR 不但能幫助減低困擾事件對個人的影響，更被採納為幫助有精神健康問題的人的治療方法，例如創傷後壓力綜合症（Valiente-Gómez et al., 2017）、重性精神病（Van Minnen et al., 2016）、焦慮症（Staring et al., 2016）、酒精依賴（Hase, Schallmayer, & Sack, 2008）和痛症管理（Gerhardt et al., 2016）等。EMDR 治療方法經過長時間的大量實證研究，世界衛生組織（World Health Organization, WHO）在 2013 年正式確定它對創傷後綜合症是一種有效的治療方法（WHO, 2013; Perez-Dandieu and Tapia, 2014）。

　　EMDR 的操作效用似乎與人的大腦資訊處理方法有直接關係。EMDR 可以幫助促進有效的和適應性的資訊處理，使個體回憶起困擾事件時，感受的影像、聲音和感覺的影響會有所退減。EMDR 其獨特的地方可能與我們睡眠做夢時的急速眼動（Rapid Eye Movement, REM）現象有關。EMDR 的治療重點，關鍵在於透過雙向刺激（Bilateral Stimulation, BLS）激發個人大腦的適應資訊處理能力（Adaptive Information Processing, AIP），促使一些創傷後被凝固的資訊，轉化為一些比較適應性的訊息，令當事人可以回復個人的功能。EMDR 的雙向刺激，主要是透過急速地左右移動眼球，或其他雙向刺激的方法，來引發大腦訊息系統的資訊處理，使當事人達到一個健康的狀態，以處理生活中的各樣事項。

　　EMDR 的具體治療過程如下。輔導員首先會與案主一起，找出一個特定的問題作為治療的目標。包括，當事人回想困擾自己的問題或事情的景象時，感受和對自己的想法等。輔導員會指導當事人眼球急速向左右移動或其他雙向刺激方法。當事人只須專注於困擾他的事情即可。過程中，任何出現在他腦海中的

東西，他都無需刻意作出批判。由於每個人的經驗和價值觀不同，其處理資訊的方法也都是獨特的。EMDR 治療過程中，當事人會不斷進行一組組急速的眼球活動，直至困擾的感覺退減。EMDR 治療會依循三個層面的介入來為當事人進行治療，包括：（一）過去創傷事件的經驗；（二）當前引起困擾的事件或情境；（三）幫助當事人建立對將來困擾事件適應性的回應模式。下文會首先闡釋 EMDR 治療的基本八個階段，然後透過一位患有焦慮症的青少年的個案，逐步展示 EMDR 每個步驟的應用。

## 二、EMDR 治療的八個階段

完整的 EMDR 治療可分為八個階段，包括當事人的背景（history taking）、治療前準備（preparation）、評估（assessment）、減敏治療（desensitization）、置入（installation）、身體掃瞄（body scan）、結束治療（closure）及覆檢（re-evaluation）。所需的治療次數及每次療程經歷多少個階段，則視乎治療進度及情況而定，以下簡介每個治療階段。

● 第一階段：當事人的背景及擬訂治療計劃

開始 EMDR 治療時，輔導員首先需要評估當事人是否適合接受 EMDR 治療，包括搜集當事人的背景資料、了解當事人對困擾事件的反應、早期的依附關係、病患記錄、應付情緒的能力、能耐及能力不足的地方、重整及處理問題的能力、面對治療的心理準備，以及內部和外部資源等。

● 第二階段：治療前準備

在進行 EMDR 治療時，當事人可能會出現不同的情緒反應，故此在準備階段前，必須跟當事人建立安全可靠的信任關係，幫助並指導當事人穩定情緒，讓當事人有穩定的狀態面對經歷過的

困擾記憶。

在準備階段，輔導員首先要得到當事人的同意接受治療（informed consent），幫助當事人學習減壓方法和情緒管理。因為大部分當事人都可能是第一次接觸 EMDR 治療，所以輔導員需要提供有關 EMDR 治療原理的心理教育（psychoeducation），向當事人解釋 EMDR 過程中就好像睡眠中的急速眼動，其作用是幫助處理個人未能適當處理的資訊，並可以提醒當事人想像自己如同坐在火車上或正在看一齣電影，讓困擾事件的片段一幕幕自然地浮現和消失。為了使當事人在有需要時停止 EMDR 治療，輔導員需要幫當事人建立「停止訊號」和「平靜 / 安全狀態」(Safe / Calm State)。例如當事人在 EMDR 治療過程中感到極度不安，當事人可以隨時提出「停止訊號」和回到個人的「安全狀態」。

| 表一　EMDR 治療準備清單 |
| --- |
| • 當事人的心理及情緒穩定性 |
| • 向當事人介紹 EMDR 的治療原理及步驟 |
| • 協助當事人選擇適合的雙向刺激方法 |
| • 幫助當事人選擇治療過程的比喻（火車或放電影） |
| • 協助當事人訂定停止訊號 |
| • 幫助當事人建立安全空間或其他情緒處理的資源 |

輔導員需要協助當事人建立「安全狀態」，當面對難以承受的創傷體驗時，當事人可以退回「安全狀態」平復情緒。「安全狀態」可通過以下八個步驟建立：

| 表二　建立「安全 / 平靜狀態」 | |
|---|---|
| 指示語 | 安全 / 平靜狀態練習的目的是幫助你在需要達至平靜狀態的時候，建立個人內部資源。 |
| 尋找平靜安全狀態 | 嘗試帶出一個圖像 / 畫面或感覺使你有安全和平靜的感受。（稍停一下），請告訴我是甚麼呢？（稍停一下）請形容給我你看到甚麼？ |
| 察覺安全狀態帶給你的感覺 | 盡量察覺一下你見到的、聽到的、和感受到的東西。（稍停一下）你察覺到有甚麼情緒呢？（稍停一下）你身體上有甚麼的感覺呢？ |
| 專注安全狀態的感覺 | 盡量專注一下「安全狀態」帶給你在視覺上、聽覺上、味覺上或其他感覺！告訴我你感受到甚麼呢？ |
| 運用雙向刺激加強正面感覺 | 回想一下這圖像 / 畫面或感覺，專注一下身體那個覺得特別舒服的部位和享受這些感覺。（稍停一下）請繼續專注着這些感覺（雙向刺激 BLS 4-8 組），你覺得怎樣呢？<br>如果是正面，請注意那些感覺（BLS 4-8）。你覺得怎樣呢？<br>如果是負面，請在尋找另外一處比較合適的「安全狀態」。請注意那些感覺（BLS 4-8）。你覺得怎樣呢？<br>如果不能找到合適的安全 / 平靜狀態，或可以選擇正念或呼吸練習代替。 |
| 自我提示 | 你可以嘗試用一下這句子_____和留意一下你的感覺。（稍停一下）你覺得怎樣呢？ |
| 用提示語處理輕微的煩擾 | 現在你可以試想像生活中一件輕微煩擾的事，這不是你尋求輔導的事件，但可以是今天早上在路程中你遇到輕微困擾事件。（困擾程度 10 分，佔 1-2 分），同時感受你的感覺。（稍停一下）現在你帶出那句子_____及察覺身體的感覺。（稍停一下）你覺得怎樣呢？ |
| 用提示語處理較困擾的事件 | 現在你可以試想一下另一件比較困擾的煩擾事件（困擾程度 10 分，佔 2-3 分），同時感受你的感覺。（稍停一下）現在請你想想那句子_____。當你專注那句子時，同時感覺你身體的改變。 |

- 第三階段：「評估」（Assessment）

　　輔導員在幫助當事人做好了 EMDR 治療的準備後，便需要協助當事人確立處理的困擾事件和對當事人作出評估。首先輔導員會與當事人選定一件困擾他的事件及情境，找出當事人對困擾事件的負面想法（negative cognition）、困擾程度（subjective unit of disturbance）、身體感受（body sensation）和正面想法（positive cognition）的真實程度（validity of cognition）等。以下是眼動減敏治療評估階段的方案：

| 表三　眼動減敏治療評估方案 | |
|---|---|
| 困擾事件／記憶 | 請當事人表述最近困擾的事件。 |
| 景象／圖畫 | 描述在腦海內，該事件最壞的景象是如何。<br>如果沒有景象，當事人想起該事件時，會察覺到甚麼。 |
| 負面認知 | 當事人對這事件有甚麼負面想法。<br>「我不能處理它」的看法對當事人有甚麼影響，又或是當事人對自己（能力）有何想法，即當事人自認為是一個怎樣的人。 |
| 正面認知 | 當事人想起這件事件時，除了不好的想法外，有否相信可能有更好的想法，又或當事人是否認為自己可以更好。 |
| 正面認知真實性(VOC) | 關於這事件／景象時的正面想法（正面認知）對當事人而言有多真實。<br>如可用下表表示，真實程度 1 是非常不真實，7 是非常真實。<br>　　　 1　2　3　4　5　6　7<br>非常不真實 ----------------------------- 非常真實 |
| 感受／情緒 | 當想到這事件時，對這個不好的想法（負面認知）有甚麼情緒／感受。 |
| 主觀困擾程度 | 當事人覺得事件造成有多少困擾／不安。<br>例如困擾程度 0 是沒有困擾，10 是非常困擾／不安。<br>　　 0　1　2　3　4　5　6　7　8　9　10<br>沒有困擾 ----------------------------- 非常困擾 |
| 身體掃描 | 當事人身體哪裏感受到這些不安、困擾。 |

- 第四階段：「減敏治療」（Desensitization）

　　輔導員了解困擾事件對當事人在情緒上、認知上和身體上的影響後，便開始協助當事人逐一對困擾事件的減敏。輔導員在這減敏程序中會使用急速眼動或其他雙向刺激（BLS）幫助當事人處理和重整困擾事件。標準的 BLS 是 30 組左右雙向來回的刺激。雖然 BLS 的方式和頻率在第二階段（準備階段）由輔導員與

當事人訂下，但在減敏過程中輔導員如有需要仍可以與當事人商討作出修改。

減敏治療是 EMDR 治療中重要的環節。在減敏治療中，輔導員邀請當事人將注意力放到困擾事件的景象、對事件的負面想法和身體上的感覺，同時結合急速眼動，從而協助減低困擾事件對當事人所造成的負面情緒和認知。在這個過程中，輔導員可以利用主觀困擾程度表（SUD）對當事人困擾程度進行評估。經過多次重複這個減敏程序後，可能已減低當事人對困擾事件所引起的情緒困擾和負面思想。當困擾的程度下降到 1 分或 0 分時，便可進入第五階段，置入對事件的正面的認知和想法。

| 表四 減敏治療方案 | |
|---|---|
| 減敏 | 現在請當事人回想事件 / 景象，以及那些負面的想法，並留意身體的感覺，同時雙眼隨着輔導員的手轉動。<br>當完成 30 組 BLS 後，告訴當事人：「深呼吸，只需要告訴我你察覺了甚麼。」又或是：「……過去了！這些都已成舊事。」 |
| 檢查新問題 | 當完成多次 BLS 後而並沒有發現新的事件，告訴當事人：「當你現在想起原本的經驗 / 事件時，你察覺到些甚麼呢？」 |
| 檢查困擾程度 | 了解這些經驗 / 事件，對當事人帶來多少困擾。<br>例如困擾程度 0 是沒有困擾，10 是非常困擾 / 不安。如不是沒有困擾（SUD>0），了解甚麼阻礙當事人無法給 0 分。<br>　0　1　2　3　4　5　6　7　8　9　10<br>沒有困擾 ---------------------------- 非常困擾 |

● 第五階段：置入（Installation）正面想法

經過重複的減敏程序，困擾事件對當事人情緒上和認知上可能已產生不同變化，例如減少了焦慮和負面認知對當事人的影響。接着，輔導員需幫當事人檢查可能還有的困擾事件。當確定了沒有新的困擾事件後，治療便進入第五階段，即幫助當事人置入正面認知和想法。如同減敏程序一樣，輔導員會使用 BLS 來幫助當事人置入認為對事件可能更好和正面的想法。BLS 的程

序會持續，直至當事人對事件的正面想法的真實程度（VOC）提升到 6 分或以上。

| 表五　置入方案 |
| --- |
| 向當事人查問以下問題，引導當事人得出正面的認知和想法： |

<table>
<tr><td rowspan="1">置入</td><td>向當事人查問以下問題，引導當事人得出正面的認知和想法：<br>1. 現在，這個好的想法是否仍然是對的呢？或者會否有其他好的想法或句子更合適呢？<br><br>2. 想一想那件原本的事件，對這個事件的正面想法有多真實呢？<br><br>3. 例如真實程度 1 是最不真實的，7 是非常真實的。<br><br>4. 試將原來的事件與正面想法合併起來想像一下（繼續用 BLS 幫助當事人整合正面經驗）？<br><br>5. 當結合原本的事件想像時，這個想法的真實程度如何？例如真實程度 1 是最不真實的，7 是非常真實的。<br><br>6. （如分數並非 7 分）有甚麼事情阻礙你認為想法的真實程度無法達至 7？<br><br>7. 如果當事人報告給予 6 分或 7 分，請多做一次 BLS 以強化對事件的正面想法；如果當事人報告給予 6 分以下，應繼續 BLS 和幫助當事人查察一下其他可能困擾的時間。</td></tr>
</table>

- 第六階段：「身體掃描」（Body Scan）

當事人經過裝置階段的治療後，對原本困擾事件的整體正面想法的真實性可能有所提升，及後輔導員便會幫助當事人進行身體掃描。「身體掃描」的目的是要當事人對自己作全面的檢查，留意身體上還有沒有一些殘餘的不良感覺。如當事人身體上還有不舒服的感覺，便需繼續應用 BLS 處理。

| 表六　身體掃描方案 |
| --- |
| 請當事人閉起雙眼，想着原本的事件／記憶和關於事件的正面／積極想法，由頭部開始留意身體不同部位的感覺，如果察覺身體上有甚麼感覺，請告訴輔導員。<br>如果無不良感覺，請多做一次 BLS。如果身體有任何不適的感覺，請繼續做 BLS 直至完全消除不適感。 |

- 第七階段：「結束治療」(Closure)

EMDR 治療可以因為兩種原因結束。第一種原因是因為時間限制必須要把這次會面暫停，然後安排下次會面的時間。第二是因為當事人受困擾的情況得到適當的處理而完成治療。對於前者，輔導員應直接告訴當事人時間已到，並鼓勵當事人繼續接受EMDR 治療，以及在完結前作「安全空間」的練習。對於後者，輔導員應幫助當事人解說整個治療過程，並鼓勵當事人整合當中的正面體驗、感受和領悟，回家後若有新發現，可用紙筆記錄下來，在下次會面時作討論。

| 表七　結束治療方案 | |
| --- | --- |
| 暫停 | 如因為時間已到而暫時結束治療，可問當事人以下問題：<br>由於時間關係，我們需要暫停下來。你做得很好，我很欣賞你在這裏的努力，你又覺得如何呢？<br>我提議我們在完結前一起做一個鬆弛練習，或我們可以做一個「安全空間」練習嗎？ |
| 治療完結 | 如當事人已無任何不適感，可結束整個療程，則向當事人表達以下內容：<br>我們今天所做的事情可能會在這次會面後繼續，你可能會或可能不會察覺到新的領悟、想法、回憶或夢境。如果有的話，可以記在心中，或用紙筆記錄下來。你也可以用「安全空間」的方法消除一些不安 / 困擾。記着可以每天做一次鬆弛練習。如有需要，我們在下次見面時可以處理這些新的東西，並可以打電話給我。再見！ |

- 第八階段：「覆檢」(Re-evaluation)

這是 EMDR 治療的跟進階段。輔導員在與當事人進行跟進面談時，可了解治療對當事人的整體影響或改變，幫助當事人反思 EMDR 治療對個人在病情、行為、情緒、思想、領悟、夢境，及處理困擾事件上等改變。如果治療完成，輔導員可按當事人的情況決定是否繼續提供其他輔導或作出適當的轉介。如果上一次EMDR 治療時因為時間關係暫停，在得到當事人同意後，可繼續進行 EMDR 的治療，直至困擾事件得到適當處理，即 SUD 降

至 1 分或以下，而 VOC 提升至 6 分或以上，且身體並沒有任何
不舒服的感覺。

# 三、EMDR 治療個案實例

## • 個案背景

李小姐是一位 17 歲的中學生，正準備應考香港中學文憑公
開試。她在貧苦家庭長大，現與 50 多歲的母親同住，母親需長
時間工作。她為家中獨女，沒有兄弟姊妹。過去一年多，因為
2019 冠狀病毒（COVID-19）在社區爆發令學校停課，李小姐很
多時候留在家中，在網上學習和交功課，以及幫母親處理家庭事
務，因而缺乏社交，又加上公開試將近，沉重的壓力令她非常緊
張和焦慮。

## • 問題呈現（Presenting Problems）

疫情在社區爆發後，李小姐雖然與母親同住，但母親長時間
在外工作，因此李小姐多獨處家中。經過一年，李小姐性格慢慢
變得孤僻，也容易產生緊張和焦慮感，並會對一些日常生活事情
變得恐懼。因為焦慮日漸加劇，她變得無法管理其日常生活，如
購物、煮食等，並出現一些因焦慮而重複的行為，例如常常檢查
房門或櫃門有沒有關好、石油氣爐有沒有關掉等。她雖然花了很
多時間和努力，嘗試找出方法控制自己這些想法和衝動，卻毫無
效果，因而覺得非常沮喪。更因為這些焦慮和緊張帶來的影響，
使她曾經被轉介看精神科醫生，而且對醫生給予的藥物治療感到
作用不大，加上疫情變得嚴重後，便決定停止接受治療。

## • 問題歷史（History of Problems）

李小姐在一年多前，即正在讀中學五年級時已開始出現焦

慮症狀。如害怕出門、害怕在街上走動時被人傷害、擔心在路上會被汽車撞倒、花盆會從天空墜下、店鋪的玻璃窗會碎裂而傷害她等等不幸的事情。自幾個月前開始，她的焦慮感更變得不受控制，每當她開始為公開考試溫習時，她的右手會不自覺地顫抖，使她難以書寫，而且，這種情況又會對她的學習造成更大困擾，形成惡性循環。此外，她又擔心會做出一些傷害自己和母親的事情，例如在煮食過程中，擔心自己會將洗潔劑等有害的物質放進食物中。

- ### 心理健康評估 (Psychological Evaluation)

李小姐日益嚴重的焦慮問題影響了她的心理、情緒、行為狀態和與母親的關係，令她不能集中精神準備面對公開考試。以下是她表現出來的焦慮症狀。

### （一）情緒症狀 (Emotional Symptoms)

因為對不少事情產生焦慮，李小姐每天持續性地感到悲傷、沮喪、擔心、憤怒，她害怕對母親及別人造成傷害，亦擔心無法準備公開考試。對於自己這些負面的想法，李小姐無法控制並感到內疚。

### （二）行為症狀 (Behavioral Symptoms)

每當李小姐想到自己絕望的處境時就會哭泣；又或出現傷害自己和別人的想法以及準備溫習時，她就會感到恐懼和害怕失去控制，而手亦會不停顫抖。為了確保不會做出傷害自己和別人的事情，李小姐唯有將雙手交叉在胸前和要求母親監察她的行為。結果她花了很多時間應付這種不安感而不能處理日常生活事務，連煮食和打掃等基本事情都不能完成，使她感到非常內疚。

### （三）身體症狀 (Physical Symptoms)

因為焦慮，李小姐對周圍的環境和事物過度警覺，經常受失

眠困擾並出現精神不能集中的問題。

## (四) 精神病史 (Psychiatric History)

　　李小姐曾接受精神科藥物治療，一年前她覺得焦慮症藥物並不能治好她的病情，便自行停止接受治療。最近她覺得自己有重複的行為，以及出現傷害自己和別人的強迫性想法，她害怕自己會失去控制，使她感到「快要瘋了」，並對此感到非常無助。

### ● 個案分析 (Case Analysis)

　　除了心理輔導，輔導員提議李小姐接受針對焦慮症的 EMDR 治療。EMDR 是一種整合性心理治療方法 (Shapiro, 2001)，透過其八個階段治療過程幫助當事人建立適應性的資訊處理 (adaptive information processing)，從而減少焦慮的困擾，確定對自己的正面認知評價 (positive cognition) 和訂立面對將來相同處境的能力 (Shapiro, 2001)。

　　EMDR 的治療方式是輔導員首先了解當事人所呈現的問題、精神狀況和患病歷史，作出適當的評估。此外，在進行 EMDR 的治療前，必須先與當事人建立一個「安全空間」。「安全空間」是指一個能使當事人感覺平靜和安全的地方。其目的是讓當事人在治療過程中，當經歷到未能預期的壓力時，輔導員能帶領她回到一個令她感到安全平靜的地方。而在治療未能完全完結時，輔導員亦會利用「安全空間」幫助當事人回到一個平靜安全的狀態，才離開輔導室。

　　除了幫助當事人建立「安全空間」和作個案評估外，輔導員會協助當事人確立治療的目標，和隨後輔導的介入階段，包括困擾減敏、正面認知裝置、身體掃描和完結及檢討階段。

### ● 治療進程 (Treatment Progress)

　　李小姐在兩個月內出席了八次 EMDR 治療的面談。第一次

和第二次面談的焦點在於了解李小姐的背景、她面對的焦慮問題和應付問題的能力。同時，亦協助她建立「安全空間」，為接下來的治療作好準備。對於李小姐的「安全空間」，她表示在「空曠的四野無人的山頂上」是唯一令她感覺平靜和安全的地方。

了解李小姐的背景及問題，以及幫助她建立「安全空間」後，輔導員便協助她建立和她的焦慮問題有關的治療項目（treatment target），包括她在溫習公開試的學科時，手不停發抖的問題。李小姐依事件發生的先後選取以下的項目作為她的治療方向：

（一）李小姐留在家中溫習，面對着桌上的課本，手不停地發抖，不知如何是好；

（二）李小姐走在街上，等着過馬路時，擔心汽車會把她撞倒；

（三）李小姐回想她被轉介到精神科的時候，醫生告訴她需要接受精神科藥物治療時的焦慮和無助感；

（四）李小姐在街上行走，遇到有人洗車，她擔心污水會濺到她身上，令她生病；

（五）李小姐坐在家中大廳內，看見電熱水壺的水正在沸騰，恐怕自己曾把清潔劑倒到水壺中。

在幫助當事人準備好接受 EMDR 治療後，輔導員需要與當事人討論治療項目的次序，並容許當事人決定首先需要處理的困擾項目。當事人可以選擇處理最先（The First）經歷的困擾項目，例如李小姐一年前在準備考公開試時，發現自己出現手震和發抖情況；或她曾經歷過最困擾或最差的經驗（the worst），即李小姐坐在家中大廳內，看見電熱水壺的水正在沸騰，恐怕自己曾把清潔劑倒到水壺中。李小姐決定了首先處理她手震和發抖的困擾，跟着依次序處理其他困擾的項目。在幫助她評估考試所帶來的焦慮時，李小姐表示這件事情令她很緊張和不安，使她產生「我是讓人失望的」的負面想法。及後，進一步了解她對此事有

沒有對自己較正面的看法，李小姐則覺得「我能從中學習」這個正面想法是可行的。

在經歷一連串的 EMDR 眼動減敏治療會面後，李小姐對於她手震和發抖的困擾有所減少，程度由 9 分降到 1 分。對於她對自己的正面想法「我能從中學習」的真實性，亦由 1 分增加到 6 分。

關於在街上等着過馬路時擔心汽車會把她撞倒的項目，李小姐在 EMDR 治療前想起這情境時，都感到恐懼和頭痛，並對自己有「我處於危險當中」的負面想法。經過眼動減敏治療後，李小姐對被汽車撞倒引發的困擾程度由開始時的 8 分降到最後 0 分。而相信自己「我現在已安全了」的想法的真實程度由 3 分提升到 6 分。

輔導員跟着幫助李小姐處理她接受精神科治療的情境，這經歷使她感覺失落和沮喪，並覺得「自己是沒有價值的人」。透過眼動減敏治療，李小姐對此事件的困擾程度由 8 分降到 1 分，並接受自己可以是「有價值的人」，是可以像其他人一樣重要的。這正面想法並由 2 分提升到 6 分。

李小姐經歷的另一件困擾事件是關於她擔心別人清洗汽車的污水會濺到她身上，令她生病。當她回想這件事時，她感覺恐慌和無助，並想到自己是「不能保護自己」的。經過眼動減敏治療後，李小姐對事件的困擾程度由 8 分降到 0 分。對自己的正面想法「我能學習保護自己」亦由 3 分提升到 7 分。

在 EMDR 治療過程中，輔導員在治療完結前幫助李小姐處理最後一項困擾的事件是關於她坐在家中大廳內，看見電熱水壺的水正在沸騰，恐怕自己曾把清潔劑倒到水壺中，使她想到她「無法控制自己」。為了減少憂慮，她採用緊握雙手，防止可能做出對自己和母親傷害的事情。經過多次眼動減敏治療後，李小姐對事件的困擾程度由最初的 9 分下降到 1 分。對「我有能力自

控」的正面想法的真實程度，亦由 1 分提升到 6 分。

- ### 治療效果和貢獻

經過兩個多月共八次（每星期一次）的 EMDR 治療後，李小姐焦慮和不安的情緒，以及對自己的負面想法都大為減少。從李小姐每次眼動減敏治療後的回應，可見她所經歷過困擾的事件，無論在她腦中對事件的景象，對事件的認知、情緒和感覺都產生了一些正面的變化，而且這些困擾事件對她日常生活的影響也減少了。

經過了 EMDR 治療後，李小姐對自己有更多的正面想法，日常生活的能力也有所提升。至於面對外在和環境可能引發對她的威脅，她能夠以更現實和合理的方式處理。此外，李小姐的無助感和絕望感也有所降低，而她對自己的自控能力和信任感則相應提升了。從以上個案可見，EMDR 是一種快速而有效處理創傷經驗的治療方法，上述案例亦闡釋了 EMDR 如何成功協助人們處理由創傷經驗所產生的焦慮感，並使他們回復正面健康的思想，重新投入到社會。

# 第六章

# 以家為本

## ——從「博域理論」看兒童的情緒健康

趙芊嵐

想像一下懸掛在窗邊的風鈴，風一來，每個部分都互相敲擊，演奏出高高低低的音調。家庭尤如風鈴，每個成員有着自己的姿態，但彼此又互相連繫着，當生活的變化及壓力隨風而來，彼此就會合奏出不同節奏聲調的歌，道出家庭中的喜與哀、樂與怒。梅利‧博域醫生（Dr. Murray Bowen, 1913-1990）在他精闢的「博域理論」（Bowen Theory）[1]中嘗試用系統思維的方式（systems thinking），認識家庭成員之間關係的交互動態（reciprocity）[2]，了解彼此的情緒是如何互相牽引。博域醫生把家庭視為一個情緒單位（family as an emotional unit）[3]，把個人視為家庭單位的一部分，尤如風鈴一樣，每個部分皆相連且保持着一種平衡，只要某部分有所變動[4]，其他部分都會因而改變。家庭也如此，一人的改變足可以帶動其他成員的改變，這是「博域理論」令人鼓舞的信念。在家庭系統治療的角度下，個人的心理及精神問題，都以其人際關係層面理解，避免將問題個人化。家庭治療師就如一位攝影師，一方面要對焦千絲萬縷的問題，但在適當時候亦要懂得把鏡頭拉遠、視野擴闊，才能更清晰地了解和掌握構成問題的脈絡。

# 一、兒童的情緒健康與家庭的關係

從家庭系統的角度，兒童的情緒健康與家庭的關係實息息相關。父母與子女之間的互動，並不能只用一種單向的「因果關係」（causation）理解；家人之間錯綜複雜的情感關係、情緒歷程（emotional process）[5]和互動亦不能以線性思考（linear thinking）

---

[1] 亦作 Bowen Family System Theory（博域家庭系統理論），由已故美國精神科醫生梅利‧博域於五十年代創立。

[2] Kerr & Bowen, 1988.

[3] Bowen, 1978.

[4] Richardson, 2010, p. 15.

[5] Bowen, 1978.

解釋。家庭的故事像齣舞台劇，不同成員站到台上，就會產生不同的連鎖反應，而且劇情峯迴路轉，彼此愛恨交纏，各人思緒萬千。有些人甚至被原生家庭的情緒模式（emotional patterns）牢牢定型，窮一生也走不出這個舞台。所幸，大多子女自踏入幼稚園開始，便嘗試一步步走出自己的舒適區，突破原生家庭定下的劇目，編寫自己的人生劇本，創造、演繹自己的人生。近年，筆者在研究父母個人情感依附（emotional attachment）對子女成長的影響的過程中，深切體會到家庭成員間良好的情感生活及情緒質素之重要性，它是兒童人格、智力潛能及心理健康發展非常關鍵的基礎。當父母活在自己「未處理的情緒依附」（unresolved emotional attachment）中，往往在有意無意之間，驅使下一代從事自己最熟悉的事情，又或重演自己過去未能實現的人生橋段。常言「家家有本難念的經」，上一代在昔日遺下的成長痕跡，如果沒有得到適當的回溯及處理，便會像夢魘般繚繞在下一代的生命裏，令子女原來成長的舞台變成與身心健康搏鬥的擂台。

## 二、未處理的情緒依附

人與人之間的依附關係相當奧妙而深邃，「依附」（attachment）代表人與人深刻而持久的連繫，是每個人成長歷程中留存的產物，它扎根在嬰兒和母親（或主要照顧者）最早期的互動關係中，是彼此建立的親密連繫模式，並影響着每個人長遠的情緒功能（emotional functioning），以及親密關係（intimacy）的發展。在約翰・鮑比（John Bowlby）[6] 提出的「依附理論」（Attachment Theory）中，強調母親（或主要照顧者）能滿足孩子生理及心理需要的重要性，若母親能給予孩子足夠的關愛

---

[6] Bowlby, 1969.

及安全感，讓親子之間能建立一種穩定的情感連繫，便能作為孩子長遠自我及人際關係發展的基石。博域醫生把嬰孩與父母（尤其與母親）這種天生互相依存的關係稱為「共生關係」（symbiotic relationship）。「共生」（symbiosis）是人類生存不可或缺的元素，由孩子呱呱落地的一刻，父母就肩負起養育及保護孩子的使命，彼此關係密不可分。就如自然界中一些生物一樣，透過互相依賴（interdependence）而生存，小丑魚與海葵就是很好的「共生」例子。小丑魚天生能分泌出一種黏液，使牠可以居於海葵長滿有毒刺細胞的觸手之間，而免於被其他魚類掠食；而海葵亦藉着小丑魚在觸手間穿梭而免於被其他魚類食用。這種「共生關係」展現了生物為了求生而發展出的適應方式，以及各種複雜的交互關係。博域醫生留意到，這種雙向的共生關係在人類的親子關係中表露無遺，尤其是父母與子女為滿足共同的情感需要，而作出那些微妙的情緒互動。每個人在孩提時，都需要依靠父母（或其他照顧者）照顧和保護。但隨着年紀漸長，子女應該要慢慢學習脫離與父母的共生關係，因應不同的成長階段而發展出自我及獨立能力，而非只活在父母的認同及護蔭下[7]。然而，在現今這個充斥焦慮的社會環境中，要讓子女在困難及失敗中按自己的步伐及意願成長，似乎是對為人父母者一項重大的挑戰。有些父母很早便為子女設計長遠的「成長藍圖」，並且步步為營，不容得分毫差錯，彷彿一子錯即滿盤皆落索；有些曾對「贏在起跑線」觀念存疑的，最後也可能被社會的集體思維（group think）同化，使他們不再堅守那些合情合理的原則。

　　每個人一生或多或少都帶着一些「未處理的情緒依附」，為人父母者亦然，每位父母背後都有屬於自己的一段成長經歷，當中總有一些事與願違的結果、一些無法彌補的錯失、一些補償不

---

[7]　Kerr & Bowen, 1988, pp. 107-108.

了的遺憾，甚至在其家庭中「剪不斷，理還亂」的情感瓜葛。正如有些父母可能在物資較貧乏的時代成長，童年既沒有經歷類似「遊戲小組」（playgroup）的親子班，也沒有排山倒海的興趣班。換個角度看，現今的小朋友雖總被指學習壓力大，時間表密密麻麻，生活勞累，但確實比上一代有着更多機會發展志趣及夢想。逝去了的光陰無法重來，有些父母唯有對自己的下一代寄以厚望，權當對過去遺憾的補償。

然而，父母的這些主觀期望，往往阻礙了他們了解子女的客觀需要。父母若未能好好處理自己成長中那些「未處理的情感依附」（unresolved emotional attachment）[8]，洞察自己內藏的情緒，便很容易將自己的需要、壓力及問題，如同編寫程式般，不自覺地依附複製到下一代的身上，借子女彌補及成就自己的人生，使子女難以自主地展翅翱翔。因此，只有父母能覺察及成熟地處理自己一些「未處理的情緒依附」，並逐步提升自己的情緒成熟度，子女才可免於活在父母的影子下，也不必承繼上一輩的焦慮及期許，自由擴展個人成長的藍圖。

## 三、分離焦慮背後的情緒混融

父母情緒的穩定性是造就子女心理健康的重要元素。生兒育女是人生一項非常偉大而艱鉅的工程，即使是多麼盡心盡責的父母，也會在不知不覺間給子女造成壓力及傷害。筆者曾經認識一位媽媽，她坦言很後悔自己讀書時沒有把英語學好，並深信若女兒能學好英語便可以擁有比她更好的學歷，從而過上更好的生活。加上很多家長在「網上羣組」中不斷高舉英語能力的重要性，令這位媽媽更逼切替女兒選擇一所擁有良好「語境」[9]的學

---

8  Bowen, 1978,pp. 534-535.
9  語言環境。

校。可是，女兒就讀學前班接近一年後，每天上學前還是哭着不要跟媽媽分開。這位媽媽很苦惱，她不明白為何已經過了一個學年，女兒還是很怕上學。面對女兒每天對「上學的恐懼」，以及每天連續不斷的哭鬧，媽媽的耐性都透支了。她坦言每天往返學校接送女兒的路途上，步履總是十分沉重，甚至絕望得想過把女兒留在學校，不用再面對這些日復日的情緒糾纏。事實上，上學及學習英語對這位小女孩來說並不是洪水猛獸，因為老師說當她走進課室，卻像離開了情緒的磁場（emotional field），一切都回復正常，並能投入學習的過程。聽到老師的描述，媽媽更不明白為何女兒要這樣嚎啕大哭，像是刻意跟她過不去，並開始對女兒心生厭煩，說話變得具傷害性，如屢屢跟女兒說：「你再這樣，我就不要你！以後不來接你回家！」但這位媽媽難道真的捨得把女兒棄之不理嗎？這些看似無情的說話背後其實充滿着焦慮與無助，是逼得無計可施的時候才用威脅的語句表達情緒，卻沒想到自己這些充滿情緒的言詞，使女兒更為不安，甚至像海綿般將媽媽的焦慮都吸收了。在此過程中，媽媽與女兒的情緒強烈地融合在一起，形成一種「情緒混融」（emotional fusion）。彼此的一舉一動、一言一行、一個表情、一個目光，都足以牽動對方的情緒，令關係變得非常敏感。博域醫生留意到父母（尤其母親）與子女間這種「情緒一體化」（emotional oneness）[10] 的現象，是經過年年月月的相處中累積而成，它存在於每個家庭中，在不同程度上發揮着連繫家庭成員的功能[11]。就如父母看到小朋友受傷會覺得「心痛」，甚而哭得淚如雨下，這種「傷在你身，痛在我心」的感受，便是彼此身心相關的表現，又如小朋友學懂觀言察色，便會留意父母的「眉頭眼額」而處事，這種對對方想法及反應的

---

10 亦作 "undifferentiated family ego mass"，見於 Bowen, 1978, p. 203; Titelman, 1998, p. 21。
11 Noone & Papero, 2015.

預測及感知，也是情緒一體化的表現。只是，當彼此情緒過度一體化，關係變得時刻密不可分，便每每受制於對方的思緒而無法自主，如面對生活的勞累、丈夫的冷淡對待，以及養育女兒的憂慮，媽媽也可能不知不覺地把自身的恐懼與焦慮轉嫁到女兒身上。同時，女兒在上學過程中那些緊張及害怕的情緒，也可能會觸動媽媽的不安與憂慮。在相互波動的情緒影響下，媽媽與女兒都只是因應對方言行的而自動化地作出反應（react），而無法真正地心意互通，靜下心來理解及回應（response）對方。[12]

母親的不安與憂慮，源於一份對女兒深切的愛意與期盼，深怕女兒落後於人，加上媽媽自身帶着過去「未處理的情緒依附」，使她在壓力下難以體察女兒當下的需要，無法冷靜自持，故而屢屢出言斥責威脅，使教養非但收不到長遠效果，更損害彼此關係。長遠之下，當問題及壓力累積到某個臨界點時，媽媽只能無奈地向學校老師求助，進一步把問題聚焦在孩子身上，使女兒成為「被聚焦的孩子」（focused child），即為博域醫生所形容的「家庭投射歷程」（family projection process）[13]。

### ● 父母過度聚焦，子女難以情緒獨立

「家庭投射歷程」是指當父母開始將自己的問題轉移到子女身上，子女便會逐漸繼承父母的期望，以及會因為父母期望所產生的無形壓力而變得緊張、敏感，因而可能會極渴望得到別人的認同及注意，又或為了減低一刻焦慮而作出衝動的言行等。如果投射歷程中的情緒強度愈大，子女的壓力甚至會比父母更甚，使他們對父母及身邊人的情緒都變得極度敏感，進而容易出現情緒問題，並漸漸蘊釀成一種慢性的焦慮[14]。正如當那位媽媽將焦點

---

[12] 「反應」及「回應」之別在於，前者是本能性的並受衝動的情緒影響，而後者是經過理性的思慮及考量。

[13] Bowen, 1978, pp. 379-382.

[14] Bowen, 1978, p. 297.

集中在女兒身上，不斷憂慮女兒的情緒及行為問題，並以自己的角度理解女兒的狀況，便容易出現上述的「家庭投射歷程」。透過「掃瞄、診斷、治療」這三個「家庭投射歷程」的步驟[15]，媽媽把小女孩認定為有「情緒行為問題」，並歸因於她「害怕與母親分離」，於是便刻意給女兒作心理準備，不斷在上學途中提醒她「媽媽是會離開的」，更在暑假時刻意為女兒報讀學校的興趣班，為的不是讓她輕鬆培養興趣，而是讓她習慣開學後與媽媽分離。可是，媽媽愈投放心力想要分開彼此，卻愈令大家難以分離，因為彼此的情緒都因為分離而變得更加緊張，在關係上產生了更大的張力。加上家人及老師都嘗試以個人的角度理解小女孩的「問題」，老師更認為女兒鬧情緒的狀況是因為父母的管教方式過分縱容所致，並提議小女孩接受兒童情緒行為治療，這種說法更強化媽媽認為女兒有問題的想法，因而把更多的注意力及憂慮情緒傾注於小女孩身上，令小女孩產生更多的不安和焦慮感。所以，即使已經過了一個學年，她不但沒有像其他小朋友般逐漸適應獨立上學的階段，反而跟媽媽愈來愈「痴纏」。

固然，媽媽是一直都想令女兒安心上學的，但她對女兒過分緊張，女兒的任何舉動、反應她都容易過分解讀，甚至因而對女兒的表現過分挑剔，吹毛求疵，並不停說教，這都反映了媽媽內心極大的焦慮感，而正是這份焦慮，使她對女兒一舉手一投足都過分專注，反而令小女孩難以發展情緒獨立的空間。對女兒而言，媽媽任何一個神情及舉動，都足以令她的情緒泛起漣漪，並因而非常敏感媽媽的任何否定及「撤離徵兆」（signs of withdrawal）[16]，比如媽媽一個不屑的目光、一個轉身，已叫女兒立刻兩眼通紅，兩人的情緒如此混融，當然更加難捨難離！

---

[15] Bowen, 1978, p. 127, p.379.
[16] Kerr & Bowen, 1988, p. 123.

### ● 死守刻板原則，反映父母焦慮

為了女兒翌日有足夠心理準備去上學，媽媽每晚都會用教條式的口吻給女兒提醒一遍：「明天要上學，知不知道？媽媽放學會來接妳，還需要哭嗎？常常哭鬧，是乖孩子嗎？」媽媽相信，只要立場不夠堅定或稍一鬆懈，女兒便會故態復萌、前功盡廢。所以當女兒緊張難眠，望媽媽能給她說個故事時，媽媽又會擔心開出先例，破壞早睡早起的原則，深怕她翌日因睡眠不足又鬧情緒，於是着急要她睡覺，死守跟她訂下的規條。最後女兒因哭得累了而入睡，望着女兒的淚眼，媽媽內心既自責又內疚，心緒更無法安寧。對孩子保持一致性的態度，本可以讓他們了解父母的期望及界線，令孩子能建立一定的安全感及穩定性；可是，過分強調一致性而忽略當下處境中的一些額外因素，反而會變得刻板（rigidity）。而過於刻板及偏執的教養方式，某程度也反映出父母自身的焦慮及恐懼。要處理好親子關係，必然要父母的情緒成熟，並能覺察個人內在的焦慮及關係的張力，更要以開放的態度及彈性回應孩子當下的實際需要，絕不宜因一時之氣或固執己見而墨守成規。對此，博域醫生形容當一個人的思想深受情緒和感覺所影響，一切的想法、價值觀及態度都只是本能地作出反應，並非真正的客觀回應 [17]。所以，即使「早睡早起」對孩子好，但當媽媽執意要女兒立即入睡而忽略其當下的狀態及需要，這便變成固執的表現，當中要求女兒立即睡覺的決定是由情緒所主導，而非真正理智的表現。

若父母可以冷靜自持，同時帶領子女意識及平復當下情緒，反思內在的心境，這種自覺及自省便能成為子女長遠發展自我的重要基礎，更成為子女日後建立良好人際關係的基石。再而，為人父母者更需不求諸人而「反求諸己」，將焦點從孩子身上移走，

---

[17] Kerr & Bowen, 1988, pp. 32-33.

誠實面對自己並對自己的行為負責，如此才能為孩子保留發展空間及機會，讓他們依據自己的步伐成長，學習為自己的生命負責。就如那位母親，當她能將焦點慢慢放回自己身上，處理自身的焦慮及與丈夫的關係，女兒便不用再充當家庭關係的磨心，承受壓力。如此一來，女兒亦有機會從不同角度認識父母，反思父母的苦衷，從與父母的關係中建立更客觀的參照，認識自己、他人及世界，而這種客觀性（objectivity）正是處理情緒過度依附的良方[18]。當親子間的張力及整體的焦慮減低，小女孩自然有足夠的安全感嘗試獨立，也不會那麼抗拒上學，情緒也會更為穩定，不用整天淚眼汪汪。因此，親子關係改變的契機在於媽媽能夠尋回問題的核心，並願意「自我管理」（managing self）[19]，正視自己的情緒狀態及與丈夫在婚姻關係上的疏離（distance）[20]，而非藉女兒的「問題」迴避夫妻之間的隱患。要作出這樣的改變，有賴家庭成員間均能「反求諸己」，掌握及運用博域理論的核心信念——「一人改變可轉化整個家庭」[21]。

## 四、家庭代代相傳的「詛咒」

有些父母因受到上一代婚姻的創傷影響，帶着一代接一代「未處理的情感依附」迎接自己的婚姻。比如，有一位媽媽兒時因為父母關係不和，經常衝突，她跟兩個姐姐都是在哭鬧聲中成長。雖然父母關係惡劣，但為了保持一個「完整的家庭」，都勉強維繫着這段婚姻，卻又終日吵吵鬧鬧。對這位在破碎家庭中成長的媽媽來說，一個美滿幸福的家庭是她一生所期盼的，她很想擁有一段跟她父母截然不同的婚姻，所以婚後便着力維持家庭

18  Kerr & Bowen, 1988, p. 203.
19  Kerr & Bowen, 1988, p. 107.
20  Titelman, 1998, pp. 126-128.
21  Bowen, 1978.

兒童及青少年精神健康——輔導工作和社區服務

的和諧，把丈夫和兩個女兒都放在首位，無微不至地照顧着家人生活上每一個細節。她把一家四口的家庭照掛在客廳中央，期望家人們與她一同實現美滿家庭的願景。然而，她愈着意去營造家人間親密無間（togetherness）的關係，就愈是在無形中操控丈夫及女兒，依循她的個人意願生活，丈夫雖長期受到她的控制，但又體諒她的用心良苦，加上無法招架妻子在爭吵後的哭訴及哀怨，所以也就默默配合及遷就。可是，隨着兩個女兒的成長，夫婦在管教模式、生活方式的協調上必然要有所改變，加上女兒開始有自己的主見，家人間的關係似乎亦不可能一成不變。雖然這位媽媽極力避免再步父母的後塵，但丈夫及女兒們在長期忍讓下積累的怨氣和不滿，總會有忍無可忍的一日，最終引發一連串不可收拾的罵戰，上一代的那些爭吵聲、怨懟聲又再度重現。對此，博域醫生認為婚姻衝突（marital conflict）呈現了家庭中的焦慮及壓力，不少夫妻總是集中於對方的錯處並嘗試控制對方，但同時亦抗拒受對方的任何控制，並每每忽略反省自己在婚姻問題中的責任。如同這位媽媽不斷向丈夫施壓，期望對方的思想行為跟她一致，久而久之沉默的丈夫也會因按捺不住而反擊。對丈夫而言，長期抑壓的焦慮情緒會慢慢侵蝕他的健康，同時，他在家中的地位也愈來愈低微，這即為博域醫生所指的「一位配偶功能受損」（dysfunction in one spouse）。最後，這位丈夫因為長期的心理壓力而得了重病，選擇搬離家中靜養，即間接與妻子分居，即使彼此的婚姻在法律上仍然生效，但兩人的婚姻之情早已不再，如同在情感上離婚（emotional divorce）[22]。對妻子而言，他的丈夫是一位不盡責、不體貼的伴侶，她更無法接受自己苦心經營的家庭，最終還是落得與自己父母及祖父母一樣的下場，不幸地，她的兩位姐姐的婚姻也同樣是離婚收場，難道這

---

[22] Titelman, 2003, p. 31.

是他們家裏代代相傳的詛咒？博域醫生相信，家庭中各人的相
處互動方式是「祖傳」的，就如這位媽媽從小到大因為父母常有
衝突，在耳濡目染下，對別人的情緒狀態亦尤為敏感，且對衝
突產生很大的情緒反應，她從父母那裏承襲的敏感及焦慮情緒
延續到自己的婚姻，且無法將父母的婚姻影響與她的婚姻生活
區分（undifferentiated），因此對方有甚麼舉動跟反應都很容易
觸動她敏感的情緒。這個「多世代傳遞歷程」（multigenerational
transmission process）[23] 塑造了各人的自我及「自我區分」
（differentiation of self）的程度。「自我區分」是博域理論中最核
心的概念，有良好的自我區分的人不容易被情緒影響，即使面對
衝突、批評和被拒絕都可以保持平靜，能較客觀地了解人和事，
而深思熟慮地再出回應，而非衝動地反應。

　　誠然，童年及青少年期的家庭關係對於一個人的自我區分
程度有着決定性的影響；而個人的「自我區分」程度亦在「多世
代傳遞歷程」中被模塑。自我區分能力良好的父母能為各自為自
己的情緒負責，不會過分要求伴侶及子女填補自己的情感需要，
更不會將子女捲入夫妻的衝突之中，使子女可以依循自己的個性
及步伐來成長。相反，自我區分不佳的父母，夫妻間情緒互相糾
纏，容易把個人的焦慮外化至婚姻的關係上，正如那位媽媽不斷
渴望家人能為她的幸福負責，她致力讓其他家庭成員以她覺得最
安穩的方式生活，卻忽略了他們的感受，當期望遇到落差時，便
很容易把責任歸咎於丈夫及女兒，埋怨他們沒有體諒自己的苦心
及辛勞，久而久之就變得自傷自憐，積壓滿肚子的委屈及不忿。
可是，她亦沒有意識到家人每天為了應付她的焦慮而步步為營，
深怕刺激她的情緒而忍氣吞聲。因此，這個家庭只能維持表面上
的和諧，但各人內心早已沒有真正的交流，貌合神離。更可悲的

---

[23] Bowen, 1978 , pp. 203, 205-206.

是，彼此的情緒互相緊緊纏繞，而這種緊張的情緒互動模式似乎
亦將不可避免地植於女兒的生命中，對她們的自我發展造成深深
的影響。

- **子女當了婚姻的「第三者」**

　　面對媽媽陰晴不定的情緒起伏，兩位女兒早已習慣順應媽
媽的主意來紓緩家裏的張力。尤其是大女兒，早就慣於洞察父母
的神色，即使父母早期刻意在她們面前掩飾不和，但表面的平靜
就像暴風雨的前夕，父母彼此沉默反而教她內心更不安，這種令
子女難以捉摸的隱性情緒互動，有時比明刀明槍的爭吵更具殺傷
力，也同樣對子女的心理及情緒造成很大的負擔。面對父母彼此
間日漸俱增的新仇舊恨，大女兒內心也因而產生很大的矛盾。一
方面看到媽媽為了家庭身心俱疲而對她心生憐憫；另一方面，當
她受制於媽媽嚴密的監管，心裏又更同情爸爸的處境。爸爸雖教
她「沉默是金」，避免觸動媽媽的情緒，卻令女兒有苦説不出。
尤其每次爸媽都向她互數對方的不是，使她成為二人的情感發泄
工具，總令她感到為難及煩厭。隨着夫妻二人在婚姻中的情感
日益疏離，彼此都寄情於女兒身上，形成一個「父母與子女的三
角關係」(parental triangle)[24]，女兒就好像成為父母婚姻關係中
的「第三者」。的確，這個三角關係某程度上緩和了夫妻之間的
矛盾，在這個三角關係中，女兒的介入承載了父母間的一些壓力
及焦慮，她發展出一些情緒依附的模式 (emotional attachment
patterns)[25] 以回應父母的情緒張力，例如對父母的情緒培養出
極高的敏感度、情緒上依賴媽媽以提升對方的能力感從而減低
媽媽的焦慮症狀等等。這些自小從父母那裏培養出來的情緒依
附模式，會成為個人長遠發展自我和建立親密關係的譜模，對

---

[24] Bowen, 1978, pp. 373-376.
[25] Bowen & Kerr, 1988, 1988, pp. 208-215.

一個人的「自我區分」程度有着重要的影響。博域醫生指出一個人「未處理的情緒依附」的程度相等於一個人「未能自我區分」（undifferentiation）的程度[26]，當父母未夠成熟以面對個人責任及處理個人問題，便很容易將自己的問題在不知不覺間轉嫁給子女。為回應父母的需要，子女的自我發展也在某程度受其負面影響。對兩位女兒而言，媽媽與爸爸的關係疏離，令媽媽更投入於兩位女兒的生活，即使她們已經將近 30 歲，媽媽仍然待她們如小朋友般照顧及監管。尤其大女兒，她較常被牽涉在父母的關係中，她與父母之間的情緒連繫遠比妹妹強烈。有時為了逃避家裏的壓力，她會借故以工作要事為由，在外流連至晚飯後才回家，即使如此，她仍然謹記不時給媽媽致電報告行蹤，否則就要面對媽媽對她多日的冷淡對待。所以，縱使她着意與媽媽保持距離，但情緒上仍然跟家裏緊緊相繫。眼見父母的婚姻最終都落得分開的下場，大女兒也開始擔心自己會應驗家族的婚姻「詛咒」，可是她並未有意識到自己只是在延續父母各自的焦慮及情緒問題，並將自己在與父母建立的三角關係中所學習到情緒依附模式帶到與異性的相處上 —— 她對別人的情緒非常敏感，尤其面對異性比較強烈的情感，她都因而選擇自動化地迴避，亦不善於主動表達自己的想法及情感。對於建立親密的關係，她尤其顯得緊張及焦慮。可見，父母未處理好的問題，不會透過分居甚至離婚而解決；相反，只會在多世代傳遞歷程中延續至下一代，並成為子女對婚姻及養育子女價值觀的重要參照[27]。

### ● 充滿焦慮的蠶繭式生活

有一對父母經過八年的時間才成功懷孕，故對得來不易的兒子非常珍而重之。比如，夫婦兩人因為深怕兒子會接觸病菌或意

---

[26] Bowen, 1978, p. 534.
[27] Bowen, 1978, p. 380.

外墮樓，而長期緊閉家中窗戶；在兒子兩歲前，家傭跟兒子都不能出外；父母又因為擔心家傭會疏忽照顧兒子，便在工作時透過家中的監視器，觀察兒子及家傭的一舉一動。如此一來，這位小男孩就像活在蟲繭中，父母把他緊緊地保護着，到了週日才會帶他外出一會。直至兒子要上學前班，夫婦二人被老師建議為其兒子進行評估，結果發現這位兩歲多的小男孩發展程度大約只有一歲。可見，愛子心切的父母反而妨礙了兒子的成長，二人的過度保護令兒子未能適當地與外界接觸，對他的心理社交及認知發展帶來不可逆的負面影響。

　　現代的生活環境及社會文化，為父母帶來很大的挑戰。資訊科技發展一日千里，卻同時加速人與人之間的張力及焦慮的傳播。就像上文中小男孩的爸媽，滿腦子充斥着網上育兒討論區那些有關病菌「進化」的資訊，設法令兒子與病菌隔絕，卻弄巧成拙，兒子因為長期沒有外出活動，加上侷促的居住環境，反而削弱了他的抵抗力，使男孩更容易生病。博域醫生觀察到，社會如家庭一樣，有着其情緒起伏的歷程，稱為「社會情緒歷程」（societal emotional process）[28]。一個充滿焦慮的社會氣氛，容易令人趨向兩極化（polarization）而難以容納不同的觀點，以及個人容易受集體意志的情緒及壓力所影響，無法獨立思考，三思而後行。此外，科技發展加劇了人與人之間情緒化的渲染，藉着各種電子媒體，家長間的焦慮感能在瞬間擴散，時刻挑動着每位父母的神經。博域醫生認為，個人的自我區分程度及焦慮程度是兩個重要並互相影響着的因素，尤其當父母帶着太多未處理的情緒依附，形成過分緊張及焦慮的情緒，便難以客觀地了解子女的需要及持守合理的界限，因而更容易對下一代產生不必要的擔憂，而子女亦很容易被父母的焦慮所影響，難以情緒自主。

---

[28] Kerr, 2013, p. 41

綜合言之，父母在童年時被忽略的情感，使他們成長後同樣擔心子女像自己一樣缺乏足夠的呵護，於是便希望處處滿足子女的需要，間接彌補自己的童年缺失。可是，父母過度的保護及溺愛，反而令子女失去了經歷錯誤及受傷的機會，這樣他們又如何能學懂保護自己，照顧自己？快樂的童年不代表要完全沒有哭聲及痛楚，父母以過分保護的方式着力營造一個成長溫室，其實只會令子女無法適應現實的困難，也失去了從挫折經歷中認識自己、發展自我的機會。「依附理論」相信，若母親能給予孩子足夠的安全感及關愛，使孩子能與母親建立信任及安全的關係，孩子長遠會更有自信，並擁有探索外在世界的勇氣。然而，隨着孩子的成長，博域醫生認為父母與子女亦需要逐步建立「自我區分」的能力，從原來的「共生關係」中抽離，變得自主及獨立，就像幼蟲經歷時間洗禮，靠其自身的努力破繭而出，蛻變成絢麗的蝴蝶，展翅翱翔。

## 五、「自我區分」助子女情理兼備、和而不同

所謂「養兒一百歲，長憂九十九」，在香港社會「少子化」的現象下，孩子總成為家中的焦點，每天生活的一舉一動、一言一行都備受注視。父母擔憂不盡，子女便難以離開父母的呵護而展翅。尋求關愛是人的天性，父母的關愛更是孩子面對困難和挑戰的重要力量。可是，過度的「憂」卻帶來了焦慮，不但打亂了孩子成長的步伐，也不知不覺沿襲上一代的弊端：有些父母為圓自己的夢，舒一己之憂，便把過多的心力、過高的期望和過分的憂慮投射在子女身上，卻分不清子女的實際需要和能力；有些父母對子女的關愛過於理性化，如深信在嬰兒哭鬧時給予擁抱，便會把孩子寵壞；又有些父母因小時候曾受批評，為免孩子同樣心靈受創，故只讚賞而不作批評，令孩子如父母一樣對任何負面的

回應都極為敏感，容不下半點批評，惜世事豈能盡如人意？人生豈會一帆風順？父母的過分干預總是適得其反，不放手讓孩子成長，只會令他們無從適應外在世界的風雨，更會因一點失敗而一蹶不振。

所謂「物極必反」、「過猶不及」[29]，這是中國人歷久彌新的智慧。中國儒家文化的「中庸之道」[30]，在於堅守原則的基礎上，可謂與博域理論有異曲同工之妙，都是要求做到行事為人不偏不倚、不意氣用事，更點出任何事物若失去平衡而走向極端，即使本意是好，也往往是弄巧成拙。博域醫生通過透徹地觀察眾多家庭千絲萬縷的關係，而道出這個道理：他發現不同極端行為的背後都有着相近的情緒強度，就如一個離家出走的孩子跟一個常待在家裏的孩子，雖二人遭遇不同，他們對父母的情緒強度卻是十分相近。博域醫生更着力研究「情緒」在家庭中的各種動態，及其如何影響家庭系統的平衡。他指出，即使父母滿懷好意，但若過分偏執，充滿焦慮，與子女情緒過度互融，便很容易失衡，適得其反。而要做到冷靜自持，每個人都需要「自我區分」的能力，這也是博域理論中最核心和重要的概念。

真正掌握「博域理論」的人，會明白它是一門情理兼備的學問。博域醫生明白「關係」及「情緒」對人們生存的重要性及對人們影響的複雜性，因此，他努力鑽研一套嶄新的系統思維以理解人類錯綜複雜的情感關係及情緒歷程。他認為，透過提升「自我區分」的能力，個人在待人處事、人際關係上更得心應手，且能不受情緒局限視野，在趨向一致化的驅力（force towards togetherness）[31] 下可以與眾人「和而不同」，保持個人的獨特性（individuality）。在個人層面，「自我區分」是指個人能夠識別個

---

[29] 出自《論語·先進》，意指任何事情做得過度，便跟做得不夠一樣，都是不合宜的。
[30] 孔子說：「中庸之為德也，其至矣乎！民鮮久矣。」
[31] Bowen, 1978, p. 277.

人的理智（intellect）和情緒（emotion），不受情緒過分牽引而行事，而達致「情理兼備」；而在人際關係層面上，「自我區分」使個人在羣眾壓力下，仍能考量本身的立場及原則，對事而不對人，能夠與人「和而不同」，維繫親密及有意義的關係[32]。

若父母的「自我區分」程度不高，便容易因外在的壓力而產生焦慮，變得主觀而情緒起伏不定，容易將其想法和感受混淆在一起，在管教子女上容易變得情緒化，難以客觀認識子女的實際需要及想法，及理解子女的情緒反應。同時，也容易因子女鬧情緒而過分遷就；而有些父母則會呈現教條式的作風，無法因應處境及子女的狀態而變通，常語帶批評，令子女刻意與自己抗衡。在多世代傳遞歷程中，子女亦同時承襲父母一些「未分化」的情緒依附模式，尤其是在被父母聚焦的孩子身上更能體現，只是在形式（form）和強度（intensity）上有些微變化。被父母過分專注的孩子，「自我區分」程度相對會比其他兄弟姊妹較低[33]，因其較容易被父母的焦慮及一些不成熟的情緒和行為影響，而跟父母在情緒上混融、互相依賴。孩子會發展出一份高度的敏感性，極力渴求被他人肯定及接受，並有感自己要為他人的快樂而負責，或相反認為他人要為自己的快樂而負責。同時，亦容易受到其他人的情緒、意見和行為影響，傾向放棄自己的立場來取悅別人，或過分渴求保存自我而排斥他人，變相孤立自己。

而自我區分程度較高的父母，則能夠合宜地因應子女的性格及步伐作出支持，鼓勵子女努力及自主，並依據仔細思量的原則（guiding principles）施以管教而又不失彈性，因時制宜。一位情緒成熟的父母，會盡責地培育子女開創自己的成長路，不作先驅而作後盾，陪伴子女克服世事艱澀的一面，而非單單追求一種不踏實的快樂。在惟恐「輸在起跑線上」的社會氣氛下，這些父

32　Bowen, 1978, pp. 472-480.
33　Bowen, 1978, pp. 204-206.

母更能夠冷靜下來，客觀開放地了解子女的需要，因應其興趣與習性多加栽培，而非揠苗助長。而且，也不刻意為子女營造快樂的童年，讓他們明白快樂得靠自身的努力才有價值，也讓他們明白學習不可能完全輕鬆，生活不可能盡如人意。一位情緒成熟的父母，不會單向地滿足子女的自尊，而是引領他們去認識生命的價值，在失敗與困難中尋找智慧，在失望與困惑中尋到方向，也不會希望孩子只懂得享受父母刻意經營的掌聲與快樂。一位情緒成熟的父母，能「反求諸己」，學習認識自己及伴侶，坦誠面對自己、改變自己，而不把責任諉過於人，免於把子女捲進婚姻的三角關係中，成為磨心。

博域醫生認為，子女能夠獨立成長最主要的因素並非在於子女本身，而是在於父母是否敢於讓子女遠離他們的照顧，以及父母（尤其母親）能否擺脫上一代的影響。願意提升自我區分能力的父母，必須培養個人的自省及自覺能力，適當地檢視自己的想法，並在自我的界線上提高開放性（openness）及彈性（flexibility）。親子間的張力有部分是來自投射過程，若能學習依循客觀的事實來認識子女，對其個別性（individuality）予以尊重，持續審視自己的情緒狀態及定下適當的原則和界線，這將有助紓緩彼此的情緒及張力，增進親密感。此外，父母亦可洞察親子間的三角關係。博域醫生認為家庭關係中的三角（triangles）對情緒過程和自我區分有着非常重要的角色，父母與子女這個三角關係對我們每個人的一生都十分重要。當父母各自能在三角關係中轉移其情緒功能（emotional functioning）同時又能保持較中立的位置，即使起初會因改變慣常的姿態而令其他成員有所不安，但長遠則可以令彼此的情緒及張力慢慢舒減，並能漸漸各安其位。

要提升自我區分能力，另一重要渠道就是處理好個人未處理的情緒依附。個人的自我區分程度愈低，跟父母未解決的情

緒依附程度便相對愈高，令個人需要用更強烈的機制以處理彼此未分化（undifferentiation）的問題，例如着意與父母「保持距離」，甚至「情緒切割」（emotional cutoff）等。要處理好個人的情緒依附，可嘗試跟家人建立單對單的關係（person-to-person relationships），並進行單對單的開放溝通（one-to-one communication），透過跟家族中的親人個別聯繫和溝通，尤其那些久未聯絡者。博域醫生認為對兩個分化程度相若的核心家庭而言，一個擁有相對開放系統（open system）[34] 的家庭，會比另一個相對封閉系統（closed system）的家庭有較低程度的焦慮以及較具轉變的彈性 [35]。博域醫生認為，當父母嘗試增加與其他家族成員聯絡，維繫彼此感情，可改善核心家庭成員的適應能力，以及減少家庭成員出現症狀的機會 [36]。雖然透過單對單而開放的聯繫，並不一定能直接提升一個人的自我區分能力，卻有助紓緩家庭中的焦慮及張力。當家庭系統的焦慮減低，大家便更容易持平相待。透過更多接觸，父母可以進一步了解家庭中各人的故事，尤其更容易接納自己的父母。當彼此可以更客觀地認識對方生命上的際遇，不再互相埋怨及指責，便能寬容地接納、尊重對方，父母也更能理解上一代的經歷，接納上一代的限制和不足，自身的人生視野也能得以擴闊，並懂得尊重及欣賞下一代的生命，子女亦有更多空間審視自己，為自己的生命負責，從而懂得分寸及自處。

## 六、輸在起跑線上的勝利

當大家談到「輸在起跑線」的焦慮時，你是如何為這條「起

---

[34] 「開放系統」指所有家庭成員彼此間都有合理程度的情感接觸及可作單對單的溝通。
[35] Titelman, 1998, p. 12.
[36] Bowen, 1978, pp. 537-538.

跑線」下定義呢？是學術成績、個人興趣、快樂感、健康、親子關係，還是「自我區分」的程度？人生要學習的課題並非只是學業成績或體藝成就，過分專注某一方面發展，都必然會顧此失彼。因此，即使子女輸在某一條起跑線上，只要在落後時能堅持不懈，不妄自菲薄，不自慚形穢；父母面對子女的短處時能不呵責、不縱容，必可令子女更有自信地面對人生長跑，並持以盼望地走下去，這其實也是一種勝利。萬物有時，種子有不同的花期，「自我區分」良好的父母會提供子女合適的土壤及所需養分，父母更應明白孩子的成長之路各有不同，並非每個小朋友都是絢麗的小花，有些可能是參天大樹，甚至是疾風中的勁草。

　　如果博域醫生還在世，你認為他對現今世代的親職現象會有何評價？在博域理論八個主要的概念中，「社會情緒歷程」描述社會亦有其情緒系統，就像家庭在不同的成長周期有着不同的挑戰，社會亦會受不同因素而在不同時期中呈現進步或倒退的現象。博域醫生留意到，家庭和社會中出現的倒退現象，兩者之間都有共通之處，就是當壓力及焦慮增加，家庭和社會中的標準就會變得鬆散，以及傾向採取簡單的方法應付複雜的問題及重要的決定，即希望尋求「捷徑」，紓緩當下的張力。而家庭與社會本來就有密不可分的關係，自我區分程度較低的家長會容易受社會的主流思想影響，或會因為羣眾的言論壓力而妥協或跟從；其他社會團體如學校，也容易放寬準則，令制度及標準變得鬆散，導致學生的質素每況愈下；另一個社會倒退現象的特徵，就是加強對孩子的聚焦（child-focused），因為上一代的影響而對下一代有更多的焦慮，從而驅使家長為子女費盡苦心，卻反而形成「怪獸家長」、「直升機家長」及「鏟雪車家長」的現象。這些父母心甘情願投放大量的金錢和時間培育下一代，弄得心力交瘁，卻未見得子女享受其中，或因而變得獨立積極，有些更因為密密麻麻的時間表，而變得憔悴萬分。當大家覺得「一代不如一代」時，

有沒有想過自己也可能是推動這股退化潮的其中一員？如果每個人都只着眼於外在及他人的問題，而忽視自身的責任，又或是只強調個人的權利而無視相對的義務，那麼社會的根基便會變得散亂，社會亦會變得不穩，整體發展也隨之倒退。同樣地，父母若利用孩子的問題合理化自己的行為，而非審視個人責任、為下一代樹立榜樣及堅守合理的界限，也必然會為子女的發展帶來不良影響。

　　一個美滿的家庭不等於沒有爭吵、沒有意見不合；一個快樂的童年不等於沒有挫敗、傷心、難過與失望。父母對孩子的愛何謂多，何謂少？又如何收放自如？這是一門生命的藝術，沒有算式可以準確衡量。因此，不管父母是期望子女跟着自己的藍圖走，又或是刻意讓他們走跟自己迥異的路，兩者均呈現出父母似乎不能與子女區分的狀態，也並非對子女最好的做法。博域醫生在他的理論中，細緻地道出一種與中國文化思想「不求諸人，反求諸己」[37]相呼應的智慧——「自我區分」，父母透過「修身」，才能「齊家」。當父母能從自己身上反省個人的問題及責任、控制個人的情緒及依循仔細思量的原則行事，便更能對子女收放自如，讓下一代有更高的「自我區分」能力，以創建自己的生活，將來亦有更大的胸懷欣賞自己及別人的生命，善盡本分，真正活出自己的人生。

---

[37] 典故可見於《禮記‧射義》、《孟子‧離婁上》及《孟子‧公孫丑上》。

第二部分

# 服務發展和政策

# 及早預防和介入

## ——預防青少年和兒童精神病的服務評介

第七章

楊劍雲

# 一、香港兒童及青少年精神病患病情況

本港一項大型調查發現，香港青少年的精神病患病率為
16.4%（Leung et al., 2018），與世界其他地方大致相若（Hong
Kong Government, 2017）。根據本港 2016 年中期人口普查
的資料統計，年齡介乎 12 至 18 歲的青少年人數為 606,400
人，佔本港總人口的 8.8%（Hong Kong Census and Statistics
Department, n.d.）。以此推算，患精神病的青少年人數約為
100,000 人。

表一　青少年精神病患病率

| 精神病種類 | 本港青少年的患病率（%） |
|---|---|
| 焦慮症（Anxiety） | 6.9 |
| 抑鬱症（Depression） | 1.3 |
| 專注力不足 / 過度活躍症（ADHD） | 3.9 |
| 對立違抗性障礙症（Oppositional Defiant Disorder） | 6.8 |
| 行為障礙（Conduct Disorder） | 1.7 |
| 物質使用成癮（Substance Use Disorder） | 1.1 |

一般而言，出現在兒童期的精神病主要包括：專注力不足
和過度活躍症、自閉症、讀寫障礙 / 特殊學習障礙、行為障礙、
焦慮症和抑鬱症等。有關 12 歲以下兒童的精神病患病率，現時
本港仍缺乏大型而可信度高的研究。而綜合幾項本港研究指出，
12 歲以下兒童的自閉症患病率是 0.16%（Chan et al., 2012），
專注力不足 / 過度活躍症患病率是 8.9%（Leung et al., 1996），
而讀寫障礙 / 特殊學習障礙的患病率是 9.7%（Wong & Hui,
2008）；根據本港 2016 年中期人口統計人口普查的資料，年齡

為 6 至 11 歲的兒童人數為 418,000 人，佔本港總人口的 6.1%
（Hong Kong Census and Statistics Department, n.d.）。綜合
兩項資料可推算出，本港患有精神病的兒童人數約為 67,000 人。

表二　兒童精神病患病率

| 精神病種類 | 本港兒童的患病率 % |
|---|---|
| 自閉症（Autism） | 0.16 |
| 專注力不足 / 過度活躍症（ADHD） | 8.9 |
| 讀寫障礙 / 特殊學習障礙<br>（Dyslexia/Special Learning Disorder） | 9.7 |

- **政府資料所顯示的個案數目**

另一方面，據教育局的資料顯示，2017-2018 年度，就讀
於公營主流學校的學生當中，患有專注力不足 / 過度活躍症的學
生共有 10,780 人，包括 4,960 名小學生和 5,820 名中學生；患
有自閉症的學生共有 8,880 人，包括 5,520 小學生和 3,360 中學
生（Legislative Council. n.d.）。

此外，根據醫管局的資料，須接受醫管局兒童和青少年精
神科服務的個案數目有明顯上升趨勢，由 2014-2015 年度的
26,500 宗個案增至 2018-2019 年度的 36,500 宗個案，增幅率
約為 37%。當中，專注力不足 / 過度活躍症個案數目比例最高，
達 1.5 萬宗個案；其次為自閉症個案，個案數目達 1.2 萬宗。

## 二、預防精神病 / 促進精神健康的策略

在不同的人生階段，每人都必須面對生活上的轉變和挑
戰。若能成功克服生活上的轉變和挑戰，順利完成發展任務，

便能促進良好精神健康；相反，若未能克服生活上的轉變和挑戰，便會承受巨大的生活壓力，對精神健康亦構成負面影響（Commonwealth Department of Health and Aged Care, 2000）。因此，預防精神病 / 促進精神健康對任何年齡、性別、種族、健康狀況、家庭經濟以至社會地位的人士，都是息息相關的。

- **大多精神病患者都在 24 歲或以前病發**

有研究顯示，在精神病患的成年人當中，50% 患者在 14 歲或以前病發，75% 患者在 24 歲或以前病發（Kessler et al., 2005）。因此，預防精神病的服務和計劃，大多是向兒童及青少年的羣體提供。

下文將集中介紹本港為兒童和青少年所提供的服務和計劃，藉此了解並預防精神病。

- **預防精神病的策略**

根據世界衛生組織的定義，預防精神病（prevention of mental illness）定義為：「降低精神病的發病率、患病率、復發率，和減少精神病症狀的出現時間；或降低精神病的風險條件，防止或延緩復發，和減少精神病患對患者、患者家庭和社會的影響」（WHO, 2004: 17）。[11]

- **初級、二級及三級預防精神病的策略**

根據學者 Mrazek& Haggerty（1994）的研究，預防精神病的方法，大致可分為下列三種介入對象和策略（參考圖一）：

（一）初級預防（primary prevention）目的在減少精神病患率，避免市民患上精神病。介入策略可包括：提高市民預防精神病患（如抑鬱症）的意識、減少壓力、增強抗逆力，強化社交支持網絡等。初級預防策略會因應不同羣體的需要而

訂定不同介入活動，包括：

1. 廣泛預防（universal prevention）的對象是那些沒有存在精神病患危機的廣大市民，目的是提升整體市民的正向精神健康。例如提升家長的管教和溝通技巧等。

2. 選擇性預防（selective prevention）的對象是那些存在一定程度精神病患危機的個人和羣體。例如患上精神病患者的子女，為他們提供支持小組和輔導，有助減低他們患上精神病患的機會。

3. 針對性預防（indicated prevention）的對象是那些存在高度精神病患危機的個人和羣體，他們雖有明顯精神病患的傾向，卻未達到醫學上定義為精神病患診斷的程度。例如首次濫藥的學生，為他們提供輔導和介入計劃，避免他們再次濫藥以至發展成濫藥成癮。

（二）二級預防（secondary prevention）目的在於透過早期介入（early intervention）協助精神病患者康復（cure）和完全康復（fully recover），以減少現存精神病的個案數目。例如盡早為中度程度抑鬱症患者提供適當的藥物治療與輔導，協助患者情緒回復平穩，保持持久的精神健康，讓患者在之後一段長時間內不需再度接受治療。

（三）三級預防（tertiary prevention）目的在於預防精神病再復發（relapse）或透過復康過程（rehabilitation），從而減少患者因精神病引起的能力缺失（disability）和殘障（handicap）。例如針對慢性精神分裂症患者，設計一套合適的精神復康計劃，以提升其工作和社交能力，藉此增加其工作機會，加強社交圈子，促進其社會功能和角色。

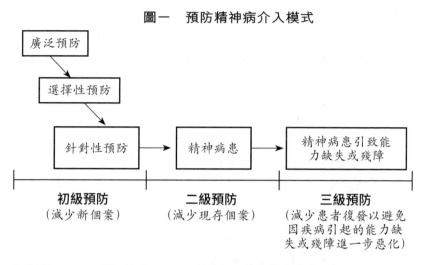

### 圖一　預防精神病介入模式

廣泛預防 → 選擇性預防 → 針對性預防 → 精神病患 → 精神病患引致能力缺失或殘障

**初級預防**
（減少新個案）

**二級預防**
（減少現存個案）

**三級預防**
（減少患者復發以避免因疾病引起的能力缺失或殘障進一步惡化）

參考自 Department of Health Government of Western Australia（2002），p.13.

### ● 精神病的危機和保護因素

另一方面，根據「致病─壓力模式」理論（Ingram & Price, 2001），當病患者的生理及心理致病性、社會及環境壓力，超過病患者的應付和承受能力，便會導致精神病發生，和引發精神病症狀。這些生理及心理致病性加上社會及環境壓力，對受助者的影響程度因人而異，要視乎受助者本身有沒有合適的保護因素。可見，生理、心理致病性和社會環境壓力等危機因素，與保護因素之間互動和相互抵消，對精神病病情的康復進度有很大影響。現代很多學者將生理、心理致病性及社會環境壓力，稱為「生理、心理和社會危機因素」，而抵消以上危機因素的則稱為「生理、心理和社會保護因素」。

根據「致病─壓力模式」理論，預防精神病的主要介入目標，便是減少危機因素和增加保護因素。在個人和家庭層面，危機與保護因素可包括生理、情感、認知、行為、人際關係和家庭關係等不同方面。這些因素是人生不同階段中不可或缺的部分，也會對精神健康造成極大的影響，甚至可能波及下一代。例如，在家

庭暴力環境成長的兒童，會較容易患上情緒病和行為障礙；相反，在良好家庭管教和關懷成長的兒童，患上情緒病和行為障礙的風險則較低。因此，從嬰兒到青少年，都需要合適的介入計劃，促進他們所需要的保護因素，從而預防精神病。

以下將從幼兒，兒童和青少年這三個人生階段，分述本港為預防精神病，對兒童和青少年所提供的支援服務和計劃。

## 三、嬰兒及幼兒期（0-5歲）的支援服務

研究顯示，為嬰兒及幼兒提供良好的培育和照顧，對他們成長後的精神健康有深遠影響（Keating & Hertzman, 1999），故嬰兒至幼兒期的精神健康支援服務不容忽視。構成這時期的危機因素包括：

（一）嬰兒出生體重偏低；

（二）出生時有併發症；

（三）嬰兒健康欠佳；

（四）不安全的父母與嬰兒的連繫；

（五）認知能力培育不足；

（六）遭虐待和忽視；

（七）母親患精神或身體疾病；

（八）父母濫用藥物；

（九）精神錯亂；

（十）犯罪；

（十一）貧窮。

此外，由遺傳引致的弱智、語言障礙、發展障礙等，亦可能會令嬰兒成長後精神健康受損，甚或引致情緒及行為障礙。

因此，須為嬰兒及幼兒提供充足營養、維持父母與嬰兒的安

全連繫（attachment）和提供良好的照顧，以確保他們成長後保持良好的精神健康，預防精神病。綜言之，有助促進精神健康的保護元素包括（Shea & Shern, 2011）：

（一）懷孕期母與嬰兒保持良好健康；

（二）提供足夠的營養；

（三）父母與嬰兒有安全的連繫；

（四）家長及照顧者有足夠的知識、技巧、能力；

（五）提供適當的支援服務；

（六）為產後抑鬱症及早提供治療。

　　幼兒期內，除以上保護因素，還包括（Shea & Shern, 2011）：

（一）培養照顧者和兒童良好的情感互動；

（二）發展幼兒認知和社交能力。

　　此外，精神病的早期徵兆和一些發展障礙也會在幼兒期內浮現，因此在此時期及早辨別及進行治療十分重要。

　　多項研究亦顯示，透過改善嬰兒和幼兒期兒童家長照顧技巧的訓練計劃（parental skills training），能有效促進父母和幼兒的精神健康，更可促進幼兒多方面成長，包括社交和情緒能力、認知能力、正向行為等，藉此減少患上行為障礙（Conduct Disorder）的機會。而且，這些計劃的正面成果往往能持續多年。

**例子：產前和嬰兒期的家訪支援計劃（選擇性預防計劃）**

在美國向第一次懷孕的貧困青少年，提供為期兩年的護士家訪支援服務，目標是改善家長育嬰技巧、促進父母親子關係、增強支援網和減少懷孕期吸煙情況等。研究結果顯示這計劃有以下成效：降低新生兒出生體重過低的個案數目、減少早產率和虐兒個案。而且，支援計劃能達到長期的成果。在往後的 4 年間，母親減少體罰兒童、母親就業率顯著增加、孩子取得更高的智商。往後的 15 年間，虐兒次數大大減少、過半數孩子沒有濫用酒精或藥物，也幾乎沒有犯罪和性濫交等問題（Olds, 1997; Olds, 2002; Old et al. 1997; Old et al., 1998）。

**例子：3P 親子正面管教課程（針對性預防介入計劃）**

3P 親子正面管教課程(Triple P Positive Parenting program)由澳大利亞昆士蘭大學(The University of Queensland) 研發，目標是透過改變家庭環境和父母的管教方式，改善專注力不足 / 過度活躍症（ADHD）的幼兒及兒童的問題行為。課程主要有以下內容：（一）增強父母管教兒女的知識、技能和信心；（二）促進安全（safe）、利於養育（nurture）、易於聯繫（engaging）和非暴力（non-violent）的成長環境；（三）提升兒童的社交、情感、語言、智力和適應行為。研究結果顯示，3P 親子正面管教課程能有效減少孩子的過度活躍症狀、挑釁和攻擊性行為，而且有效改善父母的管教技巧和減輕他們的壓力（Danforth et al., 2006; Khademi et al., 2019）。

> **例子：應用行為分析（三級預防計劃）**
>
> 　　應用行為分析（Applied Behavioural Analysis）在 1970 年代於美國研發，它建基於行為修正（Behavioral Modification）理論，通過一對一的治療課程，教導自閉症兒童，並改善這些兒童溝通和日常生活技能（Makrygianni et al., 2018）。研究結果顯示，應用行為分析能有效幫助患上自閉症的六歲以下幼兒，可增強他們的適應行為、溝通、日常生活技能和社交行為等。

表三　本港為嬰幼兒所提供預防精神病／促進精神健康的服務

| 嬰兒及幼兒期（0-5 歲） | | | |
|---|---|---|---|
| 所需的保護因素 | 懷孕期母親與嬰兒保持良好健康；<br>提供足夠的營養；<br>父母與嬰兒有安全的連繫；<br>家長及照顧者有足夠的知識、技巧、能力；<br>提供適當的支援服務；<br>及早發現產後抑鬱症並提供治療；<br>培養照顧者和兒童良好的情感互動；<br>發展幼兒認知和社交能力。 | | |
| 主要推行機構 | 對象 | 服務單位 | 服務計劃 |
| 衛生署 | 有特別需要的孕婦和家庭，包括：高危孕婦、產後抑鬱母親等 | 母嬰健康院 | 兒童身心全面發展服務 |
| | 所有 0 至 5 歲兒童 | | 兒童發展監察計劃 |
| | 行為問題兒童的家長 | | 親職教育計劃——3P 親子正面管教課程 |

（續）

| 嬰兒及幼兒期（0-5歲） | | | |
|---|---|---|---|
| 社會福利署 | 初生至兩歲，患輕度至中度智障／弱能兒童 | 早期教育及訓練中心 | 學前兒童康復服務 |
| | | 特殊幼兒中心 | |
| | | 幼稚園暨幼兒中心兼收弱能兒童計劃（兼收計劃） | |
| | | 到校學前康復服務 | |
| 社會服務機構 | 有需要的兒童和家庭 | 綜合家庭服務中心和綜合服務中心 | 輔導和支援服務 |
| 學前機構 | | 幼稚園／幼兒中心 | 及早識別和轉介 |

- **兒童身心全面發展服務**

衛生署轄下兒童身心全面發展服務對象為有特別需要的孕婦和家庭，包括：高危孕婦、產後抑鬱母親、有心理社會需要的家庭，以及有健康、發展和行為問題的學前兒童等，透過跨界別協作，為他們提供盡早識別和介入工作。這服務透過母嬰健康院、醫管局的醫院、綜合家庭服務中心／綜合服務中心和學前機構等平台，識別有特別需要的孕婦、家庭和兒童，並作出適切的轉介和跟進。

在此服務下，母嬰健康院提供產後護理服務和兒童健康服務時，會為母親進行檢查，識別高危孕婦，包括有濫用藥物習慣、未成年和有精神健康問題等孕婦，轉介她們往醫管局的精神科服務及綜合家庭服務中心接受進一步的評估、治療和支援服務。

在 2016-2017 年度，由母嬰健康院識別可能患產前／產後抑鬱的母親人數高達 8,090 人，由母嬰健康院轉介往合適的健康及社會服務單位跟進管理的個案達 5,000 人（Hong Kong Government, 2017）。

## 圖二　兒童身心全面發展服務流程圖

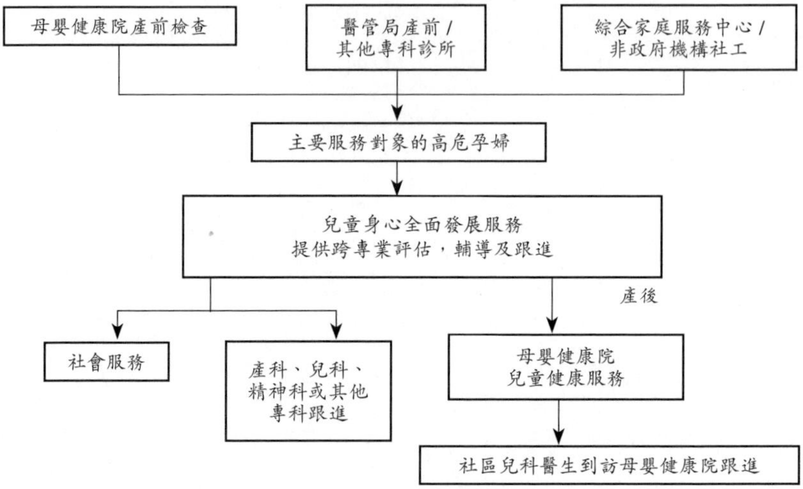

```
┌──────────────────┐  ┌──────────────────┐  ┌──────────────────┐
│  母嬰健康院產前檢查  │  │   醫管局產前／     │  │  綜合家庭服務中心／ │
│                  │  │   其他專科診所     │  │   非政府機構社工   │
└──────────────────┘  └──────────────────┘  └──────────────────┘
         │                     │                     │
         └─────────────────────┼─────────────────────┘
                               │
                  ┌────────────────────────┐
                  │   主要服務對象的高危孕婦   │
                  └────────────────────────┘
                               │
         ┌──────────────────────────────────────┐
         │        兒童身心全面發展服務            │
         │    提供跨專業評估，輔導及跟進          │
         └──────────────────────────────────────┘
                                               產後
         ┌───────────┬──────────────────┬──────────────────┐
    ┌─────────┐  ┌──────────┐      ┌──────────────┐
    │ 社會服務 │  │ 產科、兒科、│      │  母嬰健康院   │
    │         │  │ 精神科或其他│      │  兒童健康服務  │
    │         │  │ 專科跟進   │      └──────────────┘
    └─────────┘  └──────────┘             │
                                  ┌──────────────────────────┐
                                  │ 社區兒科醫生到訪母嬰健康院跟進 │
                                  └──────────────────────────┘
```

修改自：立法會 CB(2)1619/06-07(01) 號文件（立法會，n.d.）。

- **兒童發展監察計劃**

母嬰健康院由 2007 年起推出兒童發展監察計劃，為 0 至 5 歲兒童識別發展問題，促進兒童健康成長。母嬰健康院於兒童 6 個月、12 個月和 18 個月接種疫苗時，以發展監察問卷方式監察他們的發展。對於需要密切監察的兒童，會安排他們在合適的年齡（即 2 個月、4 個月、9 個月、24 個月、36 個月、48 個月和 60 個月）再接受檢查。母嬰健康院的護士會向照顧者解釋發展監察問卷的結果，需要時會安排醫生進行發展評估，並按需要作適切的轉介和跟進。由母嬰健康院轉介至兒童體能智力測驗中心的個案數目達 7,000 名兒童（Hong Kong Government, 2017）。

- **親職教育計劃**

母嬰健康院的親職教育計劃，目的是讓 0 至 5 歲兒童的家長對子女成長發展有更多認識，並學懂處理技巧，從而扶育幼兒

健康成長和培養他們的應變能力。計劃會在產前開始至兒童的學前時期,讓家長預早獲得有關兒童發展、育兒和親職的指導。若兒童有早期行為問題,或有家長在教育子女方面遇到困難,母嬰健康院會特別安排他們參加加強親職訓練課程(如 3P 親子正面管教課程)。

- **學前兒童康復服務**

對於經衞生署兒童體能智力測驗中心評定為有需要接受早期專業介入服務的兒童,社會福利署會透過早期教育及訓練中心、特殊幼兒中心、幼稚園暨幼兒中心兼收弱能兒童計劃(兼收計劃)及到校學前康復服務等,為有需要兒童提供學前康復服務及支援。

- **早期教育及訓練中心**

早期教育及訓練中心主要為初生至兩歲的輕度至中度弱能兒童提供早期介入服務,並特別着重幼兒的家庭成員在照顧和訓練方面所擔當的角色。在 2016-2017 年度,早期教育及訓練中心服務個案達 3,100 名(Social Service Department, 2017)。

- **特殊幼兒中心**

特殊幼兒中心為中度至嚴重弱能學前兒童提供特殊訓練和照顧,幫助他們成長和發展,為接受小學教育作準備。在 2016-2017 年度,特殊幼兒中心服務個案達 1,800 名(Social Service Department, 2017)。

- **普通幼稚園暨幼兒中心:兼收計劃**

普通幼稚園暨幼兒中心參與的兼收計劃,為輕度弱能兒童提供學前訓練和照顧,協助他們日後融入主流學校和社會。在 2016-2017 年度,兼收計劃服務個案達 2,000 名(Social Service Department, 2017)。

為減少有需要兒童輪候上述學前康復服務時間，政府在2015 年提供「到校學前康復服務」試驗計劃，讓正在輪候資助學前康復服務的兒童可及早獲得服務。試驗計劃有顯著成效，自2018-2019 年起，政府將「到校學前康復服務」常規化，服務名額亦會於 2019 年 10 月增加至 7,000 個（立法會福利事務委員會，2019）。

- 綜合家庭服務中心和綜合服務中心

綜合家庭服務中心和綜合服務中心提供一系列預防、支援和補救性質的服務，以回應有需要家庭多方面的需要。當中服務包括為有需要的個別人士及家庭提供諮詢服務、資源角、家庭生活教育、親子活動、小組工作服務、活動計劃、義工培訓及服務、外展服務、輔導服務和轉介服務等。綜合家庭服務中心和綜合服務中心又與衛生署轄下的母嬰健康院、醫管局及其他學前教育機構緊密合作，識別高危孕婦、患產後抑鬱的母親以及有需要的家庭和兒童，當中有需要的兒童和家庭會獲轉介給相關的服務單位跟進。在 2016-2017 年度，本港有 65 間綜合家庭服務中心和綜合服務中心，服務個案共達 16,200 名（Social Service Department, 2017）。

## 四、兒童期（6-11 歲）的支援服務

根據本港近年的研究顯示，逾 25% 受訪小學生出現中等或以上程度的焦慮，另有 10% 小學生出現中等或以上程度的抑鬱。

童年的成長經驗，為成長後的精神健康奠定了重要的基礎。研究顯示，兒童期、青少年期和成人期之間的精神病，有高度連貫性（Commonwealth Department of Health and Aged Care, 2000）。例如，兒童所出現情緒及行為問題，在沒有適當

幫助下，會持續和惡化，並可能會在兒童期內發展為行為障礙（Conduct Disorder），及於青少年和成人期進一步發展為精神性格障礙（Personality Disorder）和情緒病（Mood Disorder），更可能出現自我傷害、濫藥等問題。

　　一般來說，兒童期出現的精神病早期徵兆與兒童期常見精神病，大多包括：專注力不足和過度活躍症、行為障礙、焦慮症和抑鬱症等相關病患。因此，若能在兒童期及早辨別高危兒童，並透過合適的介入計劃，減少精神病患的危機因素以及增加其保護因素，便能破除精神疾病的發展軌跡，因而大大減少成長後患上精神病的機會。

　　這時期，有助促進精神健康的保護因素包括（Shea & Shern, 2011）：

（一）促進兒童的認知能力、自我意識、社會意識、自我管理、
　　　 人際關係技巧和負責任的決策能力；
（二）提高自尊感和能力感；
（三）促進家長管教技巧；
（四）與父母或照顧者的良好連繫；
（五）提升教師評估和介入技巧，以便及早發現高危兒童和盡早
　　　 尋求恰當的幫助和治療。

　　研究亦顯示，多項心理社交介入計劃，能有效減低兒童的精神病病發率。

### 例子：家庭溝通介入（選擇性預防介入計劃）

美國和芬蘭政府曾為患上抑鬱症患者和他們的兒女選擇性預防計劃，即向這些家庭，包括患者和他們的兒女提供「家庭溝通介入」計劃（Family Talk Intervention），目標是增強家庭成員對抑鬱症的溝通和理解，促進家庭成員之間的關係，並支持兒女在家庭之外的社交生活。研究顯示，這介入計劃能增強家庭功能和減少兒童抑鬱症狀（Solantaus et al., 2019）。

### 例子：生命中的朋友（針對性預防介入計劃）

在荷蘭，「生命中的朋友」（FRIENDS for Life）是為受焦慮和抑鬱情緒困擾（但未需要接受醫生診斷和藥物治療）的高小學生制訂的介入計劃。此計劃以認知行為治療法為基礎，在學校課堂內提供為期 10 節的訓練，每節 90 分鐘，增強學生應付焦慮和抑鬱情緒的能力和促進解難能力等。研究結果顯示，參與計劃學生比沒有參與計劃的學生，顯著減少焦慮和抑鬱症狀。而且，在介入計劃完結後 12 個月，介入計劃的治療效果仍能維持，參與計劃學生的焦慮和抑鬱症狀一直持續減少（Kösters et al., 2015）。

**表四　本港為兒童所提供有關預防精神病／促進精神健康的服務**

| 兒童期（6-11 歲） | | | |
|---|---|---|---|
| 所需的保護因素 | 促進兒童的認知能力、自我意識、社會意識、自我管理、人際關係技巧和負責任的決策能力；<br>提高自尊感和能力感；<br>促進家長管教技巧；<br>與父母或照顧者的良好連繫；<br>提升教師評估和介入技巧，以便及早發現高危兒童和儘早尋求恰當的幫助和治療。 | | |
| 主要推行機構 | 對象 | 服務單位 | 服務計劃 |
| 教育局 | 學習困難的學生 | 小學 | 三層支援模式 |
| | 有精神健康問題的學生 | | |
| 衛生署 | 所有 6 至 11 歲兒童 | 衛生署 | 學生健康服務 |
| 醫院管理局 | 受焦慮及抑鬱情緒問題困擾的 6 至 11 歲兒童 | 醫院管理局轄下分區的服務中心 | 「兒情」計劃 |
| 社會福利署 | 有需要的兒童和家庭 | 社會服務機構 | 學校社會工作 |
| | | 綜合家庭服務中心和綜合服務中心 | 輔導和支援服務 |

- **學校三層支援模式**

　　為支援學習困難的學生，學校可根據學生的個別需要，採用三層支援模式，識別並支援有精神健康問題的學生，並提供額外學習支援。不同學生接受的支援層級，會因應他們的進度和需要而調節。第一層支援是及主要針對有輕微或短暫學習或適應困難的學生，進行及早識別，並透過優化課堂教學、輔導和活動安排，照顧所有學生的不同學習及適應需要，如推行生命教育、朋輩支援、家校合作等。第二層支援的對象是部分有持續學習或適應困難而被轉介給學校輔導老師的學生，這一類學生會由輔導老

師作出危機評估並安排額外支援及提供「增補」輔導予學生，例如小組學習、課後輔導和抽離式輔導。另外，亦會提供個案輔導、個人健康成長活動，以及為加強家庭、學校和社區之間的聯繫，為學童提供生活適應支援活動。第三層支援是針對有持續及嚴重學習或適應困難的學生，由專責的專業支援人員（包括精神科醫生、臨床心理學家、社工等）提供專業評估和個別支援，包括訂定個別學習計劃。為確保有足夠資源推動以上特殊教育需要的支援工作，由 2019 至 2020 學年起，教育局會根據每所學校特殊教育需要學生的實際人數，向學校發放「學習支援津貼」。

- **學生健康服務**

衛生署的學生健康服務主要是為小一至中六學生提供健康評估服務，如發現或懷疑兒童或青少年有心理社會健康問題，會讓他們接受輔導，有需要時更可能把個案轉介給臨床心理學家或醫管局的精神專科醫生、學校、社會福利署或非政府機構作進一步評估和跟進。學生健康服務也會舉辦各項與學生濫藥和酗酒有關的預防疾病和促進健康活動。在 2015-2016 年度，學生健康服務中心發現懷疑有行為問題的學生達 6,000 人（Hong Kong Government, 2017），並針對這些個案作後續跟進及治療工作。

- **「兒情」計劃**

「兒情」計劃是醫管局在 2005 年起推出的兒童和青少年精神健康社區支援服務，目的是為受焦慮及抑鬱情緒問題困擾的 6 至 18 歲兒童和青少年，提供及早識別與適切的轉介和跟進服務。服務範圍包括為社區伙伴舉辦公眾教育活動推廣精神健康的資訊、向青少年工作者及家長提供諮詢服務，儘早為有焦慮和抑鬱情緒問題的兒童和青少年進行評估和提供介入及輔導服務。在 2016-2017 年度，共有 431 間學校，超過 26,000 名學生、家長和教育界同工參與計劃（立法會，2017 年 12 月 20 日）。

● 「小學全方位學生輔導服務」

「小學全方位學生輔導服務」內容包括預防、發展及補救三個功能。學校透過所屬輔導員／社會服務機構所提供全職駐校社工服務，將輔導服務與學校其他系統結合，為學校建立一個全方位的學生輔導體系。此計劃會與學校教職員、家長及社會人士，為學生提供全面而廣泛的輔導服務，協助學生全人發展和終身學習，裝備他們擁有自學、思考、探索、創新和應變的能力，以面對成長路上的各項挑戰。

# 五、青少年期（12-17歲）的支援服務

根據香港近年的研究顯示，約 50% 及約 25% 的中學生分別出現抑鬱症症狀及焦慮症狀（浸信會愛羣社會服務，2018；香港遊樂場協會，2019；香港青年協會，2019）。另有 6.8% 青少年患對立違抗障礙（Oppositional Defiant Disorder）和 1.7% 青少年患行為障礙（Conduct Disorder）（Leung et al., 2008）。其他青少年常見的問題又包括：濫用藥物、自殺和自殘行為、賭博及上網成癮、思覺失調等。從以上資料顯示，精神病患在青少年十分普遍，情況令人憂慮。

在青少年期，有助促進精神健康的保護因素包括（Shea & Shern, 2011）：

（一）預防欺凌事件；

（二）發展多元化技能；

（三）提高自尊感、歸屬感、抗逆力、解難能力和能力感

（四）參與有意義活動；

（五）建立朋輩支援；

（六）促進父母親與青少年開放式溝通，減少家庭衝突。

研究顯示，多項心理社交介入計劃，能有效減低青少年的精神病病發率。

---

### 例子：心理治療 / 輔導（針對性預防介入計劃）

學者曾檢視 2015 年之前所進行的 83 項有關認知行為治療和人際關係治療的隨機對照研究（Hetrick et al, 2016）。研究結果顯示，為呈現抑鬱情緒和困擾的青少年提供認知行為治療和人際關係治療，均能有效防止青少年患上抑鬱症。

---

### 例子：思覺失調服務（二級預防計劃）

本港近年為精神裂症年青患者提供思覺失調服務(E.A.S.Y.)，為這些年青人提供比一般精神科診所服務更全面的治療，包括：較緊密的覆診期，以便有效控制病情、安排護士進行家訪提供心理和藥物教育，改善患者服藥習慣和管理情緒、由治療師提供自理和工作能力訓練，促進患者能力和復康進展等等。通過為期三年的追蹤研究顯示，早期介入計劃能有效幫助患者，如使他們有較長的全職工作或學習時間、減少住院日數、減少精神裂症的症狀和減少自殺行為等（Chen et al., 2011）。

## 例子：網絡提供輔導（針對性預防介入計劃）

據估計，在香港有超過三分之二的精神病患者未接受任何專業人員包括醫生、心理治療師及社工的評估或治療，這顯然對他們的精神健康百有害而無一利（Lam et al., 2015）。其原因可能是因為難以克服傳統面對面治療時的障礙，包括恥辱感（shame）、社會污名化（social stigma）、等候服務時間長、欠缺足夠專科醫生和治療師等。為解決以上問題，近年便推出了網絡輔導（internet-delivered intervention）服務。由於現時大多青少年普遍使用手機及電腦上網，有機構研發透過網絡提供輔導，協助青少年處理抑鬱和焦慮情緒，克服過去接受傳統面對面心理治療的種種障礙，並且更具優勢，如不受時間、地域所限，隨時隨地均可使用服務，更重要的是，可確保服務使用者的隱私。學者曾檢視了近年有關透過網絡提供輔導的隨機對照研究（Christ et al., 2020; Välimäki et al., 2017），顯示網絡輔導服務能有效協助出現情緒困擾的青少年，減少抑鬱和焦慮情緒（Christ et al., 2020; Välimäki et al., 2017）。

表五　本港為青少年所提供有關預防精神病 /
促進精神健康的服務

| 青少年期（12-17 歲） | | | |
|---|---|---|---|
| 所需的保護因素 | 預防欺凌；<br>發展多元化技能；<br>提高自尊感、歸屬感、抗逆力、解難能力和能力感<br>參與有意義活動；<br>建立朋輩支援；<br>促進父母親與青少年開放式溝通，減少家庭衝突。 | | |
| 主要推行機構 | 對象 | 服務單位 | 服務計劃 |
| 教育局 | 學習困難的學生 | 中學 | 三層支援模式 |
| | 有精神健康問題的學生 | | |
| 教育局和衛生署 | 所有 12 至 18 歲青少年和家長 | | 「好心情 @ 學校」 |
| 衛生署 | 所有 12 至 18 歲青少年 | 衛生署轄下青少年健康服務計劃室 | 青少年健康服務計劃 |
| 醫院管理局 | 受思覺失調困擾的青少年 | 醫院管理局轄下思覺失調服務中心 | 思覺失調服務 |
| | 受焦慮及抑鬱情緒問題困擾的 12 至 18 歲青少年 | 醫院管理局轄下分區服務中心 | 「兒情」計劃 |
| 香港賽馬會慈善信託基金 | 受情緒問題困擾的青少年 | 香港明愛、香港青年協會及香港小童羣益會 | 「Open 噏」24 小時網上輔導服務 |

(續)

| | 受情緒問題困擾的青少年和家庭 | 社會服務機構 | 綜合家庭服務中心 |
|---|---|---|---|
| | 受情緒問題困擾的青少年 | | 學校社會工作 |
| 社會福利署 | 受精神問題困擾的 12 至 18 歲青少年 | | 精神健康綜合社區中心 |
| | 所有 12 至 18 歲青少年和家長 | | 精神健康綜合社區中心轄下「真人圖書館」 |
| | 為高、中自殺危機青少年 | 撒瑪利亞防止自殺會 | 自殺危機處理中心 |
| | 濫藥青少年 | | 濫用精神藥物者輔導中心 |
| | | | 住院戒毒治療及康復服務 |
| 民政事務局管轄之「平和基金」 | 受賭博問題困擾 / 賭博失調的青少年 | 社會服務機構 | 戒賭服務，如東華三院的「平和坊」和香港明愛的「展晴中心」等。 |
| 香港公益金資助 / 其他贊助來源 | 上網成癮青少年 | | 戒除上網成癮輔導服務，如東華三院的「不再迷『網』」、香港基督教服務處「網開新一面」和香港青年協會的「全健思維中心」等。 |

- **青少年健康服務計劃**

　　衛生署的青少年健康服務計劃，對象為中學生、家長和教師。這項外展計劃透過在學校舉辦互動活動和健康講座，促進青少年的心理健康，提高他們的抗逆能力。課題會講及有關拒絕吸煙、酒精和濫藥的技巧，以及體重管理等。在 2019 至 2020 學年，約有 250 多間中學參加了本計劃（衛生署，n.d.），足見計劃已具一定規模。

- 「好心情@學校」

為推廣和提高社區人士對精神健康的認識和關注，衞生署於2016年推行為期三年的「好心情@學校」全港公眾教育及宣傳計劃。該計劃旨在向社區人士推廣精神健康以及推動相關教育工作，並訂立三大主題，包括「與人分享」、「正面思維」及「享受生活」。計劃從改變大眾的日常生活入手，提升社區人士的心理健康，並使他們有需要時懂得和願意向專業人士或團體求助，以便及早介入。

- 「真人圖書館」/「精健圖書館」

真人圖書館（Human Library）在2000年1月發源於丹麥哥本哈根，現已成為一項國際性運動。在香港，有關精神健康和復元的真人圖書館服務，被倡議為「精健圖書館」（Mental Health Human Library）。「精健圖書館」是指透過團體或學校預約方式，由香港精神復康機構安排朋輩支援工作員（即曾經患上精神病的復元人士）到團體或學校所屬地點進行面對面的對談或分享會，讓朋輩支援工作員親身份享他們精神病的復元過程，並即時與公眾人士或學生作互動交流。「精健圖書館」服務十分受公眾人士歡迎。這種面對面的分享和互動交流，一方面能促進公眾人士對精神病患者的認識和接納，另一方面亦能促進朋輩支援工作員自我接納、自我肯定、減少自我污名化，並增加他們面對公眾人士的信心和勇氣，亦有助朋輩支援工作員與公眾人士建立彼此尊重和關懷的精神。

- 學校社會工作

學校社會工作主要是指社會服務機構為中學提供全職駐校社工服務。學校社會工作服務會與學校老師和家長合作，協助有需要的學生解決個人、家庭、人際及學業等問題，讓學生的潛能得到充分發揮，達致身心健康成長，建立和諧的人際及家庭關

係。在 2018-2019 年度，34 間社會服務機構為全港 463 間中學提供駐校社工服務。此外，由 2019 至 2020 學年起，在全港中學實行「一校兩社工」，期望透過強化學校社會工作服務，及早辨識及支援有需要的中學生，增強中學生精神健康及提升抗壓能力，防止學生自殺（局長網誌，2019 年 3 月 24 日）。

- 「思覺失調服務」計劃

鑒於思覺失調首次發病年齡通常介乎十多至二十多歲之間，有見及此，醫管局在 2001 年起推出「思覺失調服務」計劃（Early Assessment Service for Young People with Psychosis, EASY），為年齡介乎 18 至 24 歲的早期患者提供及早診斷和介入治療的一站式支援服務。該計劃主要在社區層面推動精神健康教育，幫助公眾人士及早預防和識別精神健康問題，又採用一站式綜合服務模式，為有需要的患者提供儘早診斷及治療服務，以防止病情惡化和避免不必要的住院情況。在 2016-2017 年度，醫院管理局每年為約 3,900 名患有思覺失調的病人提供精神科服務（立法會，2017 年 5 月 29 日）。

- 精神健康綜合社區中心

社會福利署於 2009 年推行又一項先導計劃——設立精神健康綜合社區中心，並於天水圍開設首間中心。有見精神健康綜合社區中心試行期間成效顯著，自 2010 年起，社會福利署在全港設立 24 間精神健康綜合服務中心。精神健康綜合社區中心以綜合的服務模式，為 15 歲或以上的精神病康復者和懷疑有精神健康問題的人士、他們的家人 / 照顧者及社區居民，提供社區精神健康教育、康復和支援服務，致力從社區層面提高社區人士對精神健康的及早辨別能力，以及介入、預防和危機管理意識。在 2016-2017 年度，全港綜合社區中心為約 20,000 名精神病康復者、7,500 名懷疑有精神健康問題人士和 4,000 名家屬提供

服務，並在每年提供約 62,000 次外展探訪服務。自 2019-2020
年度起，全港綜合社區中心的服務對象擴展至 12 歲或以上的青
少年。

- 「Open 噏」

「Open 噏」是自 2018 年 10 月起，為 11 至 35 歲的青少年
及成人提供 24 小時網上輔導服務。該計劃得到香港賽馬會慈善
信託基金支持及捐助，並由三間社會服務機構，即香港明愛、
香港青年協會及香港小童羣益會共同營運，透過社交媒體和不
同訊息工具，如微信（WeChat）、WhatsApp、短信（SMS）、
Facebook 和 Instagram 等程式，協助兒童及青少年處理情緒
困擾。

- 自殺危機處理中心

撒瑪利亞防止自殺會轄下的自殺危機處理中心於 2002 年 3
月獲獎券基金撥款下成立，該中心成立目的是為高、中風險程度
的自殺危機人士提供 24 小時危機介入及緊急情緒支援服務，並
透過密集的輔導跟進，致力幫助服務對象重建求生的信念，鞏固
他們應付危機的能力。隨着互聯網使用的普及，不少具自殺危機
人士轉而在網絡上宣泄和傾訴，撒瑪利亞防止自殺會因而發展
了網上防止自殺服務，包括：「網蹤人計劃」及「自殺・自療・
互助舍」等。此外，這機構於 2018 發展了手機應用程式「Chat
窿」，讓青年人以匿名方式使用輔導服務。2018 年，熱線中心
共處理了 19,889 宗個案，同年，自殺危機處理中心共處理個案
1,422 宗（Samaritan Befrienders Hong Kong, 2018）。儘管自
殺危機處理中心已有效處理及跟進大量個案，年輕人的自殺情況
仍有上升趨勢。根據撒瑪利亞防止自殺會資料，在 2017-2018
年度，0 至 19 歲年輕人的自殺死亡個案為 36 人，較 2016-
2017 年度的 24 人上升了 12 人，升幅為 50%。

- 戒除成癮服務

**濫用精神藥物者輔導中心**

　　濫用精神藥物者輔導中心旨在為慣性／偶爾／有可能吸食危害精神毒品者和邊緣青少年提供輔導和協助，讓他們戒除毒癮和建立健康的生活模式。這些輔導中心提供的服務包括為吸食危害精神毒品青少年及其家人提供個案和小組輔導。此外，為了讓需要基本治療的吸毒者儘早獲得醫療服務，輔導中心亦提供醫療支援服務，包括提供精神科註冊護士服務。輔導中心又為在工作上可能接觸到吸食危害精神毒品者的專業人士，提供資訊和資源上的支援。

**住院戒毒治療及康復服務**

　　住院戒毒治療及康復服務是專為尋求自願住院治療和康復服務以重投社會的吸毒人士而設。根據《藥物倚賴者治療康復中心（發牌）條例》（香港法例第 566 章），所有在 2002 年 4 月 1 日或之後成立並打算在該日或以後開始經營的住院戒毒治療及康復服務單位，均會以發牌的方式規管（社會福利署，n.d.）。

**戒賭服務**

　　在民政事務局管轄之「平和基金」及其他機構資助下，東華三院的平和坊和香港明愛的展晴中心等社會服務機構，會為受賭博問題影響之青少年及家庭提供輔導與治療。服務內容包括：個案輔導、小組治療、家庭介入、債務重組、網上輔導、求助熱線和住院戒賭等，並提供青少年預防教育，培育青少年健康的生活模式。根據東華三院平和坊的資料，在 2014 至 2018 年的五年內，個案數目達 2,600 宗（東華三院平和坊，n.d.）。

**戒除上網成癮服務**

　　在香港公益金資助／其他機構贊助下，不少社會服務機構

推出戒除上網成癮的服務，如東華三院的「不再迷『網』」、香港基督教服務處「網開新一面」和香港青年協會的「全健思維中心」等，為受賭博問題影響之青少年及家庭提供輔導與治療。服務內容包括：個案輔導、小組治療、家庭介入、朋輩支援和求助熱線等。

# 六、總結

從以上概覽得知，香港為預防兒童及青少年患上精神及情緒病的服務，可說是十分多元化，並涵蓋不同年齡層的兒童及青少年需要。而且，以上各種不同服務都是由專業團體和機構提供，包括醫院管理局、衞生署、中小學和不同社福機構等，讓服務使用者得到專業的服務和治療。然而，上述服務仍有一些值得關注、有待加強的地方。

首先，香港社會仍對精神病有嚴重的污名化（social stigma）問題，反映社會大眾對精神病普遍持有負面態度和偏見。不少出現精神病或情緒病症狀的兒童及青少年，都不願透露其精神病或情緒病的症狀和病況，原因是因為擔心被其他同學、家長甚或教職員的取笑及歧視，然而，這樣卻會令他們延誤接受診斷和治療的最好時機，令其病情進一步惡化，甚至出現失控情況，才迫於無奈接受治療。雖然，香港政府和有關機構已經常舉辦有關精神病或情緒病的公眾教育活動，但社會對精神病的污名化的情況仍沒有明顯改善。因此，筆者認為香港政府和有關機構所舉辦的公眾教育活動的策略和方法仍有很大改善空間。從筆者的經驗看，「精健圖書館」對減少精神病污名化的成效顯著，值得大大推廣，它既可改善社會對精神病的污名化問題，並有助促進社會對精神及情緒病的兒童及青少年的關懷、接納和幫助。在這關懷和接納的文化下，可能有助出現精神病或情緒病的症狀的兒童及青少年

更主動尋求幫助,接受診斷和治療。

其次,服務提供的機構過於分散,服務使用者需要自行到不同的機構接受不同服務。如果服務使用者的問題較複雜,便會對他們造成極大的阻礙,使他們更不願接受治療,舉例說,有抑鬱情緒、被同學欺凌、家長過分嚴屬管教等問題的青少年,需要多項不同的支援服務,而服務使用者及其家人便需到不同機構尋求協助,包括醫院管理局的兒童精神科、中小學學校社工、社福機構的綜合家庭服務中心及精神健康綜合社區中心等。此外,提供服務的機構與機構之間,大多欠缺協調和合作,使服務使用者只能進行分割式治療,顯得事半功倍。相反,如果提供服務的機構與機構之間能充分協調和合作,便能為服務使用者提供更適切和更佳的綜合治療和服務(integrated treatment and service)。

第三,須更留意資源提供及配合情況。從預防精神病的策略看,「及早識別,及早介入」,的確能有效減少精神病的發生。在香港的情況,「及早識別」的角色,大多依賴中小學老師身上。如上述在小學推行的三層支援模式中,第一層的「及早識別」有精神健康問題學生的主要工作,是依賴小學班主任和老師執行。這策略值得支持和推廣。然而,在實際執行三層支援模式時,學校老師在繁忙的教學工作下,卻未必有足夠的時間、相關的知識和技巧,識別有精神健康問題的學生。因此,香港政府須加強對學校老師有關精神健康評估的培訓和提供適切支援,如減少班主任的授課時間,以增加個別接觸和關懷學生的時間等,才能讓學校老師「及早識別」有精神健康問題的學生。此外,亦需促進中小學校與醫管局、衛生署和具備精神健康輔導經驗的社福機構相互合作和配合,並加派專業人士,如精神科醫生、精神科護士和具備精神健康輔導經驗的社工等,以外展方式,到校為學校老師提供支援服務,協助學校老師「及早識別」有精神健康問題的學生,並為有需要的學生提供「及早介入」服務。

第四，加強網上輔導服務（online counseling）。要為出現精神及情緒困擾的青少年和中學生「及早識別，及早介入」，一直都不是件容易工作。除了如上述加強對中學老師的培訓和支援外，亦須推行創新服務，以加強接觸和支援有需要的青少年。其中一個有效策略，是推廣和發展網上輔導服務。隨着互聯網的盛行，青少年喜歡透過互聯網接觸外間資訊和服務。網上輔導服務正正能迎合趨勢，克服過去接受傳統面對面心理治療的種種障礙，並且不受時間、地域所限，更可匿名使用，減少精神病污名化的影響，外國也早已發展了不同形式的網上輔導服務，可作參考。其中，網上認知行為治療（Onlione Cognitive Behvioural Therapy）在不同國家廣泛推行，包括美國、英國和瑞士等，並有顯著的治療成效。因此，筆者建議香港政府應支援醫管局、大學和社福機構，推廣和發展網上輔導服務予青少年，促進「及早識別，及早介入」的策略成果。

第八章

輔助教育

——為患有精神疾病的青少年提供升學及就業的支援服務

楊劍雲　甘曉琳　梁振康

據估計，在香港青少年（即年齡界乎 15 至 25 歲之間，下同）的精神疾病患病率為 13% 至 17%（包括精神病、抑鬱症、焦慮症、注意缺陷和多動障礙以及品行障礙）(Chang et al., 2015; Lam et al., 2015; Leung et al., 2008)，其他國家及地區的情況相似（香港政府，2017；McManus, Meltzer, Brugha, Bebbington & Jenkins, 2009)。根據《2016 年香港人口普查》，香港有 876,200 名 15 至 25 歲的人士（香港政府統計處，2016 年），因此可估計出香港約有 113,000 至 147,000 名青少年患有精神疾病。

## 一、患有精神疾病的青少年升讀高等教育的挑戰

精神疾病的首發大多界乎 15 至 25 歲之間（Kessler, Berglund, Demler, Jin, Merikangas & Walters, 2005）。青少年在患有精神疾病後，多面臨着教育水平方面的挑戰。尤其是患有精神疾病的青少年，是在殘疾學生中輟學率最高、入學率最低、畢業成績最低、課程失敗率和停學率最高的一羣（Ellison, Roger & Coasta, 2013; Manthey, Goscha & Rapp, 2015; Ringeisen, Ellison, Ryder-Burge, Biebel, Alikhan & Jones, 2017）。如果沒有適當的幫助，許多患有精神疾病的青少年會因為各種社會因素而難以升讀高等教育，包括：社會污名化、歧視、高度競爭的教育系統、功能障礙和精神病症狀等問題，並無法於高中取得優良的校內和校外成績（Ellison et al.,2013, Mowbray, Collins, Bellamy, Megivern, Bybe & Szilvagyi, 2005）。長遠而言，青少年踏入社會後亦會面臨着教育程度低、長期就業表現差、工資低、貧窮、心理健康差和具精神疾病復發風險等困難（Ellison et al., 2013；香港政府，2017；Manthey et al.,2015）。有見及此，近年西方國家研發了一種名為「輔助教育」（supported education）的服務，目的是向患有精神疾病的青少年提供適當的支援，以幫助他們升讀高等教育（Mowbray et al.,2005; Roger, Kash-MacDoanld, Bruker & Maru, 2010）。

## 二、輔助教育的定義、內容和成效

### ● 甚麼是輔助教育

任何青少年都需要成長為「成人」的角色，這個過程代表着能完成學業、找尋工作、建立個人社交網以及確認自己在社會中的公民權利與責任等等。但是患上精神疾病的青少年，卻會被疾病嚴重干擾，讓他們難以完成個人成長的角色。

輔助教育服務的目的，是協助患有精神疾病的青少年完成個人教育任務，並在合適的時間和需要下，給予他們延伸的輔助就業服務（supported employment service），即協助他們就業。計劃一方面會讓參加者思考未來，讓他們一步步運用個人才能達成個人復元目標，包括升學及就業；另一方面，亦會協助他們制訂生涯規劃，增加他們長遠的就業機會。

### ● 輔助教育的元素

根據西方國家的經驗和研究，有效的輔助教育應包含以下四個核心組成部分（Ringeisen et al., 2017; Mowbray et al., 2005）。首先，是制訂輔助教育計劃的目標，當中應包括：促進學術目標制訂、建立學術能力、生活和職業規劃以及提高動力。第二，提供一對一的支持以及關於技能培養以取得學術成功的小組研討會／課程。第三，調動教育環境資源，包括：促進入學、財政援助、圖書館援助、輔導、提供有關權利和資源的校園信息等。最後，為受助者提供精神健康服務，以幫助受助者處理精神健康問題和提高受助者學習動力。

## • 輔助教育成效

現時已有不少研究證據及評論肯定輔助教育的可行性和有效性（Leonard & Bruer, 2007; Manthey et al., 2015; Mowbray & Collins, 2002; Mowbray et al., 2005; Ringeisen et al., 2017; Roger et al., 2010），尤其認同精神疾病患者可以改善教育機構的入學率、完成課程、就業、應付技能、賦權、康復、生活滿意度等，從而在輔助教育計劃中受益，同時減少因疾病惡化而產生的住院人數（Manthey et al., 2015; Mowbray et al., 2005; Ringeisen et al., 2017）。

## • 輔助教育模式須本土化

然而，由於輔助教育服務的內容缺乏標準化，導致各種輔助教育模式的服務內容存在很大差異（Ellison et al., 2013; Manthey et al., 2015; Ringeisenet al., 2017）。其中原因，包括不同國家和社會之間的文化價值差異、社區精神健康政策、資源可用性和社會污名化等，使上述有關輔助教育模式的推行和研究結果難以簡單應用在其他文化和社會中。換言之，一種輔助教育模式在特定文化和社會中的成功個案，並不代表這模式同樣可應用於另一社會和文化中。因此，須把輔助教育模式本土化，使其適合當地的文化和背景，才能確保該模式有效實踐。

以下篇幅主要介紹由香港浸信會愛羣社會服務處所提供的創新輔助教育服務作案例。

## • 香港的輔助教育服務

輔助教育計劃是一個社區協作，需要家長、輔助就業服務提供單位、學校及學院共同投入，為服務對象提供一系列的支援，讓他們能最大化個人的學習及就業機會。現時主要提供的服務範圍包括：

（一）外展式在學個案支援工作；

（二）創新職前教育及訓練內容；

（三）為教育提供者在協助復元青少年學習前，提供精神健康的
知識和指導；

（四）促進教育系統與復康系統間的協作與聯繫；

（五）朋輩支援；

（六）研究及數據收集。

# 三、香港的輔助教育案例：Choose-get-keep 模式

● Choose-get-keep 模式

本計劃運用使用 Choose-get-keep 模式，協助學員選擇
（choose）自己需要的訓練或教育路向，獲取（get）合適的教育
和培訓機會，最後保持（keep）學生身份直至達成個人進修目
標。（Mowbray & Szilvagyt, 2002; Mowbray et al., 2005）。

● 服務對象

計劃主要服務對象為 15 歲以上，且有以下情況的青少年：

* 有特別學習需要；

* 情緒障礙；

* 殘疾；

* 精神病康復或出現早期症狀。

● 計劃目標

計劃目標如下：

* 為參加者提供教育支援及長遠提升其就業能力；

* 讓參加者透過發掘個人興趣潛能，選擇切合個人期望的

就業或培訓出路；

* 提升參加者的能力及自信，讓其成功完成學業或公開
  就業。

# 四、服務理念及服務內容

● 服務理念

## （一）促進正常化（Normalization）及去污名化（De-stigmatization）

所有參加者都會被稱作「學生」、「學員」，而非個案、會員。
部分課堂將安排於社福單位以外的地方上課，例如租借大學的課
堂場地。

## （二）增權（Empowerment）

讓學生參與及增權是重要的環節，學生將獲提供多方面的參
與機會，包括成為朋輩學習指導員、參與學生反映課程質素之會
議，甚或成為教學助理。個人層面方面，學生亦能制訂個人學習
目標以及選讀不同選修課程。

## （三）支援、訓練及關係

學習的支援包括教授其學習技能，例如如何做筆記幫助記
憶，或學習控制個人病徵；物質的支援更包括為跨區上課的學生
給予交通津貼，以及為低收入學生給予膳食津貼等等。

## （四）希望與復元

此服務對所有學生都同樣予以尊重、信任的態度，相信他們
能夠為自己帶來正向的改變，並有能力從病患中復元。而學生亦
能夠透過學業的再參與，從「康復者」轉變為「學生」。而且，每
一個學生都不會因其病患及病史而被排斥。

（五）改變現有系統

　　學生面對的精神健康問題不單是個人問題，而是要考慮如何從一個大環境中營造出接納、平等、正常化的社會氛圍，提倡他們有能力及權力作出改變。

- 服務內容

（一）學業技巧訓練（Academic survival skill）

　　為協助已脫離學校而未有明確去向之學員，同時考慮可能具有之特別學習需要、情緒障礙、殘疾、精神病康復或出現早期症狀等因素下，向他們提供生涯規劃課程，其中以教授「學業技巧訓練」為重點。

（二）生涯規劃及輔導

　　所有個案都由專職社工跟進，並為個案提供升學／就業評估（career assessment）、教育目標計劃、課程選修資訊以及在學輔導。另外，亦會為個別參加者的特別需要，提供相應的轉介服務等。

（三）課程後的支援服務

　　支援服務針對即將離校的年青人，連同家長一同參與其生涯規劃。因見現行的升學及就業支援服務只分在校及已離校的支援，而本服務會由其仍在校開始作出跟進，期間提供多元升學及就業資訊，並在課程完結後接駁有需要者到輔助就業服務。

　　以上輔助教育的內容十分豐富，因篇幅所限未能將內容逐一詳細介紹。以下內容將集中介紹「學業技巧訓練」及「職業輔導」的服務內容。

# 五、學業技巧訓練

「學業技巧訓練」的目的，是透過教育及培訓活動，提供正面的學習經驗，發展學生知識、技能和態度，令他們作出升學就業選擇時有更多資訊及優勢。活動及培訓的內容包括：自我認識、升學資訊、學習技巧、壓力及情緒管理等，並確保參加者在升讀大專及大學課程前有充足的準備。另外，亦會提供生命教育、STEAM（Science, Technology, Engineering, Art and Mathematics）、職業技能訓練及義工服務等課程。

- **課程設計**

* 課程為期兩個月，包括 40 小時必修科及 40 小時選修科。
* 輔助教育（supported education）特色之一是在校園環境內向學生提供教育支援，故是次課程將於香港浸會大學或香港浸會大學持續教育學院之校舍內開辦。
* 報讀本課程之學生，需於課程開辦前接受面試甄選，並藉此了解及澄清學生報讀之期望，以及希望減低課程教學的差異性。
* 修畢本課程，需達到平均 80% 出席率的要求，並完成製作個人學習檔案及匯報，才可獲浸信會愛羣社會服務處頒授證書。
* 本課程的教學設計以互動為主，並採取小組活動教學模式，及運用多媒體的影音材料，期望透過小組討論，角色扮演等，加強學生的學習能力。同時，會運用專題研習及匯報的方式讓學生更易掌握解難能力及壓力管理的知識與技巧。
* 課程完結後，學員需要繼續接受升學及就業之個案跟進服務。

- **課程編排及教學時數**

* 本課程將於 7 月開始開辦，並於星期一至六進行。

* 必修科課程將逢星期一至五進行，每天上課時間 4 小時，共上課 10 天。

* 選修科共有 5 個課程，包括：STEAM 培訓、生命教育、職業英語、職業普通話及義工服務等。每位學生只可報讀 2 項選修科課程。

* 每科每週上課 2 至 3 節，每節 2.5 小時。

* 必修科及選修科課程皆採用小班教學模式，必修科開辦 3 班，而每班以 10 人為上限。選修科為 4 班，每班 7 至 8 人為上限。

* 全期課程授課時數共 80 小時，約需 2 個月完成。

* 課程總收生為 30 人。

- **必修科科目**

表一　必修科課程大綱

| 單元 | 節數 | 教學內容 | 教學模式 |
|------|------|----------|----------|
| 一 | 1 | 自我認識：認識個人特質 | 小組討論<br><br>課堂練習<br><br>角色扮演 |
| | 2 | 自我認識：自信心建立 | |
| 二 | 3 | 病識感：精神疾病之認知 | |
| | 4 | 病識感：認識復元理論 | |
| 三 | 5 | 壓力管理 | |
| | 6 | 情緒管理 | |
| 四 | 7 | 解難技巧：認識解難技巧的概念 | |
| | 8 | 解難技巧：學習解難五步曲 | |
| 五 | 9 | 生涯規劃：升學及事業興趣探索 | |
| | 10 | 生涯規劃：定訂個人目標 | |

**評核方式**

個人學習檔案　　　60%

課堂表現　　　　　20%

出席率　　　　　　20%

- **選修科科目：生命教育及其他**

表二　生命教育課程大綱

| 單元 | 節數 | 教學內容 | 教學模式 |
|------|------|---------|---------|
| 一 | 1, 2, 3 | 培養積極思想及態度 | 小組討論<br>課堂練習<br>角色扮演<br>個人匯報 |
| 二 | 4, 5, 6 | 培養解難能力及堅毅精神 | |
| 三 | 7, 8 | 積極面對疾病、關懷及尊重他人 | |
| 四 | 9, 10, 11 | 積極面對困難、處理面對轉變帶來的情緒反應 | |
| 五 | 12, 13, 14 | 堅毅積極面對學習困難 | |
| 六 | 15, 16 | 以正面的態度思考如何活出一個豐盛的人生 | |

**評核方式**

個人學習檔案　　　40%

個人匯報　　　　　20%

課堂表現　　　　　20%

出席率　　　　　　20%

其他選修科科目還包括有：STEAM 課程、職業英語、職業普通話，篇幅所限，今不一一舉列。

# 六、「職業輔導」及個案分享

## ● 為有情緒障礙的青少年提供職業輔導

人一生大部分的日子都在工作。其中，工作可以分為「有償」工作，即有金錢或物質收入；以及「無償」工作，即有其價值的工作，而這價值並非以金錢和物質回饋工作者。不論是哪一種形態的工作，都能夠在不同層次滿足人的需要，使其在生活、心靈上得到充實。在成長過程中，工作代表着一個人對自己角色和價值的肯定。若然一個人失去或沒有工作，對其一生會造成多方面的影響。因此，職業輔導與大家認知的各種輔導工作，例如家庭輔導、婚姻輔導、戒賭輔導等等，都有相同的功能和重要性。

精神復元的青少年，基於病症和藥物對其生活的影響，往往在早期的工作表現上出現很多障礙。當這些障礙無法解決時，就會阻礙他們執行個人的「人生職務」，影響其由學生身份過渡到成人階段，亦難以由病人的角色過渡成為社區參與的一分子。因此，職業輔導對精神復元的青少年是重要而迫切。但基於本地傳統社會工作的學習課程較少提及職業輔導，而職業輔導加上精神健康更是一門複雜的課題，內容上涉及範疇極廣：包含社會、經濟、心理、病理等知識，因此這個重要的工作較易被社會忽視。

## ● 政府為殘疾人士提供的就業服務及職業輔導

社會福利署參考國外的殘疾人士復康服務模式，自 1995 年起設立了輔助就業服務（supported employment service），由非政府機構營運，自此開展職業復康服務。2003 年後，再陸續加入實習內容的殘疾人士在職培訓計劃及為殘疾青少年而設的陽光路上培訓計劃。

這些就業服務計劃，多着重於為受助人提供具競爭性的就業環境，讓受助人透過工作員以及工作環境同伴的協助（natural

support），更快適應職場與提升學習能力。過程中，當然少不了職業輔導的部分，所以，完整的就業輔導，既包括輔導工作，亦包括在不同的就業服務模式之下，讓受助者在現實環境中學習。

而不同的就業服務模式，隨着不同社會環境和服務想法的不同，亦衍生了各種樣式，有如：個別化選配與支援模式（individual placement and support model）、「飛地」模式（enclave model）、流動工作隊（mobile work crew）、小型企業模式（small business model）、會所模式（club house model）等等。不同的模式所訂立的服務內容和方向都有不同之處，服務營辦者會應因其環境、能力與服務方向等，單一或複合運用以上不同的服務模式。而不論在任何就業服務模式下，就業服務的目標都是一致的，就是要讓受助人能與一般社區人士一樣，能夠在社區中發揮其最大的工作能力，過一個能自己掌控且有尊嚴的人生。

- **何時作出職業輔導**

因應不同的文化和社會環境，對參與就業服務和職業輔導的介入時間都有不同。根據《僱傭條例》，如果年滿 15 歲但未滿 18 歲，便屬「青年」；「兒童」則指年齡未滿 15 歲人士，而在《僱用兒童規例》中，未滿 13 歲的兒童不得受僱在任何行業工作，而 13 歲至 15 歲的兒童則可受僱於非工業機構，惟須受若干限制。所以，以年齡作計算，其實在「青年」、「兒童」合法工作前，便可考慮進行職業輔導，讓他們就未來就業作準備。

傳統的職業輔導理論當中，較為人知的包括 Holland's Theory of Vocational Choice and Adjustment、The Life-Span, Life-Space Theory of Careers、Social Cognitive Career Theory、Career Construction Theory 等等。其中較主流的是

Holland 的理論，它提出工作與性格、興趣、能力的配對是沒有年齡劃分的。而 Super 的 Life-Span, Life-space 理論，則較多談及年齡與生涯職務。這些理論為輔導員面對不同年齡和發展的受助人時，提供一個清晰的藍本，以便為介入方式作參考。

而年輕人在青少年時期，若出現情緒疾病病徵，在適應課堂和考試上會有更多困難和阻力，中途輟學的案例亦是屢見不鮮。他們在人生就業路的起點處已有諸多阻礙，使其往後尋覓工作和向上流動時倍感困難。故此，對他們的就業輔導，實應在其求學時期開始，並須在其因病輟學後的復康階段作出介入，讓他們更快回到人生發展的軌道上。然而，現時為殘疾人士提供的就業服務，仍較少關注青少年在準離校階段的職業復康需要，以致青少年由發病、復康、再思考就業，以至有動力主動尋求工作時，可能已是離校多年後的事情，令整個人生規劃在中學時期出現了多年斷層。

總括來說，為青少年的提供職業輔導應愈早愈好，不應等待到受助人有明顯的就業需要才進行介入。

• **職業輔導的職責及介入內容**

很多時，職業復康服務工作的同工都會被服務對象、家人和轉介者要求協助轉介工作，如沒有成功作出就業轉介，就可能被加上缺乏辦事效率的「罪名」。也有些轉介者可能因為不清楚職業復康服務的內容，更會說：「你不用提供輔導，這不是職業復康服務的職責啊！」於是，提供職業輔導的同工，不免會困惑：我是來提供輔導還是在職業轉介所工作？

誠然，在服務提供與專業輔導當中，基於市場對服務營辦者的期望，往往令職業輔導的工作出現很多灰色地帶，以致輔導提供者的職責未完全清晰。在上文出現的「就業服務」和「職業輔導」兩組詞語，正正就是職業發展的工作包含的兩大要素。尤其

在協助復元青少年「職業復康」的任務當中，這兩大要素是互相緊扣，缺一不可的。兩者必須同時提供，才能完成整個輔導的歷程。簡單來説，就業服務在於直接提供工作，協助受助人完成職業輔導；職業輔導則是提供完整的就業支援，讓受助人在認知和感受層面亦得到足夠的援助。

「職業輔導」的基本內容包括三項：一是協助受助人思考與執行職業相關的決定，例如作出職業選擇（career choice）。二是協助受助人適應工作及管理職涯（career management），例如在工作時如何管理情緒和社交關係、人生哪個階段決定轉行或退休。三是協助受助人進行職涯過渡（career transitions）及達致工作生活平衡（work-life balance），例如讓受助人由學生過渡到成人角色，又或協助他們在工作中有更好的精神健康等等。

以現時香港的情況，「就業服務」包括了校內的職業教育（career education）、工作實習（placement）、工地教練（coaching）、工作配對（job matching）等等。當然，「職業輔導」與「就業服務」彼此是相輔相成的，若為復元青少年而設的「職業輔導」沒有了「就業服務」的配合，很多職業輔導中的內容就無從實踐，只為空談；相反，若「就業服務」並不提供「職業輔導」，就無法對受助人復康生涯提供全面幫助。因此，不論是輔導員或是社會工作者，都必須結合就業服務，提供完整的職業輔導。

● **如何為復元青少年進行職業輔導**

提供職業輔導的時期可以相當長，因此對復元青少年進行職業輔導時，可以將工作分成以下階段：

**（一）評估**

復元青少年在患病期間病情管理狀況不一、不同情緒疾病用藥種類及劑量不同、藥物副作用的不同、復元進度及身體機能也

有分別，因此，進行評估有助輔導員在訪談的過程中與受助者作出更合適的期望管理。

現時有不同的能力評估工具，可以協助輔導員了解受助人的工作能力。不過，在建立關係的階段時提出進行評估，尤其在受助人面前進行評分工作，可能會使對方感到不受尊重。如評分有不合格之處，更有機會讓本來自信心不足的受助人受到二次傷害。因此，使用評估工具為受助人作出評估時，必須要充分思考評分的需要及先了解受助人的接受程度。

事實上，即使不進行評估，亦能在一定程度上了解受助人各方面的情況。首先，我們需要知道哪些資料有助輔導員與受助人之間建立輔導目標，例如工作技能、身體機能、復元進度、認知能力、身邊支援系統、工作經驗等資料，都對確立就業目標有很大作用，輔導員需要在訪談間「傾談」這些資料，以便作出評估。有時候，輔導員更可以利用一些小技巧，從行為上了解受助人的想法和特點。例如筆者在提供輔導時，不會坐在面談室等待受助人，也不會讓受助人先進入面談室，而是會陪同受助人一起進入輔導房間。進入後，以邀請的手勢安排對方坐於兩張椅子的其中一張上。有明顯被害思想徵狀的受助人，通常都會拒絕我的邀請，而選擇坐在另一張椅上。這些既自然又簡單的行動，已經能讓輔導員進行面談前搜集重要的資訊 ——「無聲勝有聲」。

## （二）工作選擇

工作選擇在職業輔導當中十分重要，也是很困難的課題，因為絕大部分的受助人，對各行各業的認識都有限，要是輔導員只是單向地詢問受助人的工作意向，受助人很可能也無法提出具體想法。當然，過去可以利用 Holland 的理論，協助進行工作選擇的參考，不過隨着社會發展，不同形態的經濟系統產生了複合不同技能和內容的工種。要與受助人一起傾談工作選擇，輔導員就

需要對市場上各工種有更深入的認識。

筆者曾經認識一位提供職業輔導的同工，他成長過程中的成績不俗，中學畢業後就順利入讀大學社會科學，大學畢業後就立即入職社會服務的主管職級。他有充足的理論基礎，實習時更取得 A 級表現。不過，由於他的人生職業發展路上過於順利，反而使他對社會變化和行業資訊掌握不足，而在為他提供職業輔導時便出現了問題。在他工作一段日子後，身邊同事發現他的受助個案出奇地一致 —— 不論任何學歷、能力、性格的受助人，大部分都說要進修社會科學，將來成為一名社工。雖然這位同工作為社工的「身教」，成功讓受助者對社工行業提升了興趣，但他對市場單一的見識，亦限制了受助者的選擇資訊，也排除了受助者選擇其他工作的可能性。

工作選擇這課題，除了需要對不同工種有認識，亦要掌握社會環境和政策的轉變。在現今教育政策下，年輕一代的教育程度逐步提升。由過往雙語教學到加入普通話教學；由中五畢業到引進副學士制度；由中七畢業到中六畢業便進入四年大學制等等。教育政策的改革，大大改變了整個就業市場的生態，過去對學歷不大重視的職位，今天對學歷的要求也有所提高。於是，未能完成各個學習階段的人士，他們在就業與向上流動的前景上就變得愈來愈狹窄。兒童及青少年本已對就業市場環境的掌握不足，若然輔導員也一知半解，更容易讓他們在進修與就業之間作出錯誤選擇，從而導致受助人與未來社會接軌時，理想與實際出現巨大的落差。

### （三）職業管理

職業管理（career management）是指協助受助者在工作時面對不同挑戰與壓力。這是現在很多就業服務都忽略的部分，因為很多時就業服務的目標僅止於協助受助人找到工作。然而，對

精神復元人士而言，在獲得工作後要學習如何適應人事和工作事務等，均會對其精神或情緒帶來很大壓力。結果，造成不少服務使用者常常因未能適應工作，而回到待業狀態，不斷循環尋找工作的過程。

由此可見，協助受助人達致長期就業對職業管理層面的輔導工作尤其重要。大多精神復元的青少年因為年輕，加上人們對他們的將來有所期盼，他們相對較容易找到工作。然而，他們入世未深，如本身未有足夠的社交技巧和適應能力，就很容易在工作上出現問題，因此，要協助他們便需要作出相對長期及定時的輔導工作介入，以確保可他們在認知及情緒層面學習到應付工作困難的技巧。

而在廣義的職業管理部分，除了表示受助人如何管理工作（job），更包括了如何管理個人的職業發展。「職業」二字，在職業輔導當中總括了 career、occupation、vocation 所衍生的定義，所包含的範圍包括了行業、生涯、使命等等的訂定、執行與發展。因此，職業管理實質上是對受助人的工作需要作出相當全面的支援。

## （四）病識感及生活管理

對精神復元的年輕人來說，要做好職業管理，必先要做好個人的情緒、精神狀況的管理。其中，最難的部分是身份認同上，應看待自己是長期病患，還是已康復的人。如果是後者，那大可不必對僱主和同事表明自己是復元人士的身份。但很多復元人士仍需要定期覆診及服藥，這又像在告訴自己仍是病人的事實。因此，部分受助人投入職場後可能會選擇拒絕覆診和服藥，作為加強其身份認同的行為。結果，卻往往導致他們在職場病發，對其職業發展造成負面影響。

那所謂的職業復康，是不是指成功找到工作後便算康復呢？

這個問題對輔導員來說也是較具挑戰性的。事實上，精神疾病的界定在不同社會上的文化、習俗和背景下本來就有不同定義。故此，很難告訴受助人，要達到甚麼程度便等如「完全」康復。筆者認為，若要對康復二字下一個定義，首要者便是受助人能對自己的情緒病有足夠的「病識感」，認識及能覺察到自己的病徵並加以管理，使自己能維持一般人應有的生活習慣和功能，如此，已經是名義上「康復」的人。此外，需注意的是，康復或復元的準則，從來都不是以是否需要服藥和覆診作為界定的指標。

## （五）持份者管理

職業輔導中，其中一個最難的部分是對於持份者，包括僱主、受助人同事及受助人家人的管理。由於這些持份者會經常面對受助人，因此如何溝通、接納、協助受助人，往往成為受助人能否成功就業的關鍵。在就業服務中，僱主和同事在工作間對受助人工作的支援及協助（natural support），這種支援關係若能確立，效能更勝於單純在輔導室內進行的輔導工作。因此，持份者在輔導員的介入下，若能學習到如何了解受助人、優化與受助人的相處模式，並接納及支持受助人復元，更能讓受助人的職業生涯變得暢順理想。

記得有一個年輕人的個案，受助人很希望賺錢養家，對母親盡力行孝，卻患有抑鬱症，曾接受治療後不果，於是前來求助。個案中的母親因兒子不能達到自己心中的期望，而時常責罵兒子。兒子找到工作後，以為可以讓母親感到滿意，以平復母親波動的情緒。但是，母親卻似乎無法管理自己的情緒，對兒子百般苛責。終於，兒子受不了，動手打了母親，結果被判入獄。出獄回家後，又因受不了母親的苛責，再次動手打母親。

在此個案中，兒子因為出手打母親而被視為錯誤的一方，更要受到牢獄之災，然而，母親對兒子的百般苛責，以及無法管理

自己的情緒，以說話不斷傷害兒子的行為，其實也是導致整個事件的重要原因。因此，要解決這個個案，就必須要雙方有足夠的溝通及相互諒解。

從上述案例中可見，在復元青少年的就業輔導當中，如果對其身邊的持份者作出介入，只針對受助人進行工作，往往只能事倍功半。其實，患有情緒病的青少年人很多時都是源於一個不健康的家庭，家庭成員或對其過分苛責、或過分體貼、或過分緊張，這些都成為復元青少年難以成長和康復的包袱。

# 七、反思

根據西方的研究顯示，患有精神疾病的青少年在恢復日常學習或工作時會面臨不同層面的阻礙，其中包括：被羞辱（Mowbrayet al., 2005）、缺乏常規的理解能力（Collines, et al, 1999）、因疾病而產生負面症狀、面臨經濟負擔、缺乏朋輩及監護人的照顧（Collins, et al, 2000）、有限的公共服務（Unger & Pardee, 2002）、面對精神藥理學及精神藥物所產生的副作用（Gutmanet al., 2009）、缺乏合理的調息（Bestet al., 2009）、對透露病情的恐懼（Collins & Mowbray, 2005）、缺乏學術支援（Mowbrayet al., 2001）、缺乏自我信任及尊重（Weiner &Weiner, 1996）、認知思維問題（Atkinsonet al., 2009）、過往在學業上的失敗經驗（Jayakodyet al., 1998）以及出席率低（Mueser & Cook, 2012）等等。對於前文中提及在香港實行的輔助教育，一定程度上為精神病患提供了合適和人性化的援助，幫助他們減少遇到上述所提及的阻礙，尤其是在對病理的理解、自我信任、自我尊重、學術支援、朋輩及照顧者的理解等等。但基於一些限制，輔助教育模式的本土運行着實還有進步的空間，筆者會在以下的篇幅中提出四點反思，希望能引發讀者們的思考。

- **個人化服務**

在本土服務的實行中，服務對象種類也是多樣的。隨着服務的深入，因服務使用者的個體差異，單一的課程內容未必適用於所有服務使用者。為了適應不同的需要，多元化的課程必不可少。審視現有的課程，實際上已涵蓋基本語言訓練、STEAM 課程、情緒壓力管理、生涯規劃、學習技巧、自信心建立、解難技巧等等。相對應地，筆者認為還可提供以下類別的課程以應對不同特質的服務使用者：（一）社交技巧培訓。此類課程大多適用於患有「自閉症譜系」、「社交焦慮症」以及其他有社交障礙的人士。合適的社交訓練能有助他們融入集體，更快地投入正常的學習及工作生活；（二）時間管理的技巧培訓。對於患有「注意缺陷和多動障礙」的人士來説，按時完成任務是相當困難的。因此，此類培訓有助他們在日後學習及工作中提高效率；（三）決策能力訓練。意在鼓勵學生們在做任何行動或決定前要有適當的思考，幫助他們作出正確的選擇。當中包括對情緒的察覺能力、對後果利弊的衡量及對自己和他人產生影響的行為的考量。此類課程適合容易產生衝動行為的精神病患；（四）正念訓練。已有相當多的研究顯示靜觀訓練能有效幫助情緒病患者減低壓力及抑鬱情緒（Keng, Smoski, & Robins, 2011; Khoury et al., 2015）。在提升課程多樣性的同時，提供更多的小組化學習，亦可考慮配備個人導師提供一對一輔導。同時，亦需要更多專業人士的加入，如言語治療師、教育心理學家等等。運用 Choose-get-keep 模式協助學員選擇（choose）自己需要的訓練或教育路向時，可根據同學的個人需要訂立個人教育計劃（individualized education plan），以協助學員們制訂更清晰的規劃或導向。

- **全面化服務的持續性**

在服務的實際應用中，通過對個案的分析可以發現如何幫

助服務使用者維持學業或職業生涯，這亦是服務提升的重點。正如前文提到，幫助服務使用者找到合適的升學課程或工作，並不代表服務的結束，而是服務的另一個開始。學業亦然，很多時候精神病患者並不能順利地延續學業，成為他們日後難以找到高技術含量工作的主要原因。西方有調查顯示，大部分精神病患康復者只能找到不需要專業技能或者低專業技能的工作，這也影響着他們的收入（Megivernet al., 2003），甚至未能找到有薪工作（Mechanicet al., 2002）。為了協助服務使用者更好地融入學校生活，在服務使用者重新進入學校的頭半年到一年內，輔助教育的社工可以以協同工作（co-work）的形式與其所讀學校的輔導員或社工合作。因輔助教育的社工較了解服務使用者的情況，協同工作亦有利於學校的輔導員更快熟悉個案，並儘快為患者提供適切的支援。就讀期間，精神病患者或許需要通過減低學習量，以及校內朋輩的情感支援、經濟支援、專門的學術指導、心理輔導、學習技巧工作坊等方面的支援及配合，以實現在學院順利就讀的目標。除此之外，輔助教育亦可以兼職時薪的方式招募各類學科的高年班學生，為服務使用者提供相應課程的學習輔導，幫助他們提高各自修讀課程的成績。如能將社區的輔助教育計劃與當地學院緊密合作，則更有助於精神病康復者回歸正常生活。

- 服務的整合

正如第二點提及，輔助教育服務能在公共健康系統中起到重要作用。而這也對各持份者有重要意義。特別是在香港這樣的華人社會，家庭成員以及教育院校在幫助青年人回歸主流教育中扮演着積極的角色。同時，輔助教育服務的社工可聯合和推動精神健康專業人士、相關教育工作者、朋輩小組、家庭成員等為患有精神病患的青年人提供全方位的支援，這也意味着需要對上述人士進行教育普及，讓他們認識輔助教育服務，以及不同角色的功

能與責任。例如，定期向各持份者宣揚及介紹現有的輔助教育服務、舉辦相關的研討會，加強各方人士的交流，以推廣輔助教育服務、開辦照顧者小組，為照顧者提供關於照顧精神病患的技巧小組及減壓小組等。同時，照顧者還有機會互相交流信息，發揮互助的作用。

- **服務的本土化**

輔助教育已在多個西方國家實行，但鑒於社會文化的差異，不宜將其模式生搬硬套到香港社會中，因此，本地各持份者的意見變得尤為重要。筆者認為，隨着本地服務的開展，對服務使用者、照顧者進行意見調查以及與相關專業人士深入訪問等，將會是提高往後服務、實現服務本土化的重要工作。

# 八、小結

就業是人生階段中重要的一環，對早年出現情緒疾病的年輕人來說，一個成功的就業旅程更是自己開展新生活的象徵。因此，輔導工作員必須要在這個關鍵的時間提供協助：由評估到讓受助人發現自己的職業志向，再而發掘自己的特點，提升個人技巧與能力，進而累積職場各種人事經驗等等，工作員都應盡量陪行。而這種輔導方式，對輔導工作員的職場認識與經驗都有一定的考驗，意味工作員需要時刻留意對就業市場和社會環境的狀況，以取得最新資訊。

談到輔導工作，很多時候都是藉着誘發案主作出改變，讓其更容易適應身邊的環境，展現自己的價值。可惜現時提供予殘疾青少年的就業服務，卻較常將焦點放在「成功就業率」，受助人能否就業成為量度自己成功與否的指標。但這種做法其實是一個陷阱，成功就業與否的主要責任都由案主獨力承擔，他們便會

很容易聯想到：未能就業全是自己無能所致，被辭退也是自己的問題。

本來，一份收入穩定的工作是殘疾人士重回社區的重要一環，成功就業的重要性亦在於此。但香港的社會環境中，超長工時、過分着重工作效率，加上高度競爭的就業環境下，要求輔導個案達成公開就業的目標，對殘疾人士是否公平，又或是否恰當？似乎是一個十分具爭議性的議題。

曾經有一位 21 歲的受助人阿明（化名），他患有抑鬱症，在海外讀程式設計後回流香港，他本身的工作能力不俗，但為人較被動，不善交際。在就業服務的協助下，一位有心僱主提供了一個銷售程式管理的工作崗位，主理零售貨品進出的系統。這工作配對與阿明的學歷背景相近，阿明也十分喜歡，僱主亦對他的工作效率感到很滿意，陸續給予更多的重任。

工作員陪行阿明將近一年，一直認為他的適應情況良好，工作也十分專注。但有一天，僱主突然致電工作員，表示阿明近兩週的情況有點奇怪，對身邊的同事有很高的戒備心，甚至有時說上司是間諜。工作員便與阿明及僱主會面，阿明在僱主面前表現得很合作，完全沒半點異樣，但僱主卻覺得阿明的合作是裝出來，於是提議阿明早點回家休息。

及後，工作員陪伴阿明於城門河畔默默慢步大半個小時，阿明終於開口道：「我覺得近日工作有點壓力。」

「是甚麼樣的壓力？」工作員輕輕一問。

「我正為澳洲政府辦事，在網上收集一些資訊，協助大選之用，但公司太多人在我左右徘徊。」

原來，阿明在極專注的工作環境下，不經意間患上了妄想症，工作員曾多次家訪，與家人會面，發現家中環境似乎都很支持阿明，理應不會催化阿明的病況。但似乎長期獨立、專注的工作，反而成為阿明病況出現反覆的原因。

類似的案例在為殘疾人士提供的職業輔導工作中常常發生。所以，工作員必須由一開始便提示受助人和持份者，公開就業不應該是終極目標。不論獲得工作與否，都只是人生其中一個階段。正如人生有順境逆境，精神復元青少年在就業路上的初期，總會面對起起落落，過程難免帶給輔導者、家人及受助人本身一定壓力。所以，在為精神復元的年輕人提供職業輔導時，除了上述所提供的內容和要點外，輔導工作員還要經常檢示自己的狀態，避免因為受助人頻繁的要求與不安感，影響個人情緒，更要讓自己保持衝勁，有足夠的動力讓受助人回復正面思想，亦有足夠的空間不斷學習最新的環境資訊。

第九章

六歲前黃金介入期所需要的「黃金」

——貧窮如何影響有特殊教育需要的兒童

劉肇薇　馮炬熊

# 一、引言

　　貧窮是一個經常討論的議題，對於兒童這個未成年的羣體，對貧窮更需留意。貧窮會給兒童和家庭帶來長期的壓力，影響兒童適應不同階段的發展目標（developmental tasks），包括學習成績以及學校表現（McLoyd & Wilson, 1990）。在低收入家庭成長的兒童，他們在學業（academic）、社會問題（social problem）、身體健康狀況（poor health）以及個人福祉（well-being）方面，會比普通家庭面臨着更高的風險（Engle & Black，2008）。可見，在兒童早期發育的階段，貧窮會使兒童暴露於不同的風險中，危害其身心發展（O'Connor & Fernandez，2006）。若生於貧窮家庭，而又有特殊教育需要的兒童，無疑更是雪上加霜。因此，本文旨在通過分析香港有關特殊教育需要的服務和政策，以及訪問六歲或以下有特殊教育需要兒童的家長，從而反思貧窮對特殊教育需要兒童以及家庭的影響，並提出建議，如透過法例及社區配套，增加低收入家庭中，特殊教育需要的兒童獲得早期識別及介入的機會。本文主要分為五個部分：第一部分首先介紹早期介入的黃金時期，然後對比不同國家的華人社會，分析它們立法上對有特殊教育需要的兒童是否有足夠保障；第二部分介紹相關香港特殊教育需要兒童的基本狀況，進而分析面臨貧困與特殊教育需要兒童的雙重劣勢。第三部分介紹香港「早期介入」的相關政策，包括「學前支援服務」、「學校支援服務」和「過渡轉介服務」；第四部分則主要分析「特殊教育需要早期介入」的存在問題，包括「輪候評估時間長」、「兒童學前康復服務不足」以及「服務斷層」；第五部分透過一位特殊教育需要兒童的家長的個案，了解她面臨的處境和尋找不同服務的過程，進而反思貧窮與特殊教育需要兒童的關係。最後根據外國的相關經驗，向香港的特殊教育需要服務和政策提出相關建議。

## 二、特殊教育需要的兒童「黃金」介入期

英國在 1996 年的教育法（Education Act 1996）指出，「特殊教育需要」（Special Education Needs，下稱 SEN）旨在向面對學習困難的學生提供特殊的教育。SEN 的定義是，當某位孩子與大多數的同齡兒童比較，該孩子在學習方面具有困難，或者是因殘疾而導致其不能通過普通的教育措施正常地學習，則被視為有特殊教育需要（Rose & Howley, 2007）。有特殊教育需要的兒童又往往與特殊兒童一起討論。特殊兒童是指在以下五方面有特殊需要：（一）智力；（二）感官能力；（三）溝通能力；（四）行為與情緒發展；（五）生理特徵。這些不同的特殊需要讓兒童在學校或者社區學習環境需要特殊的教育服務，即特殊教育需要（Kirk, Gallagher & Anastasiow, 2001）。根據香港教育局（Education Bureau, EDB）的分類，有特殊教育需要的學生或者兒童可以分為九大類：（一）特殊學習困難；（二）智力障礙；（三）自閉症；（四）注意力不足 / 過度活躍症；（五）肢體傷殘；（六）視覺障礙；（七）聽力障礙；（八）言語障礙；（九）精神病（香港特別行政區政府教育局，2019）。因此，特殊教育需要可能既是認知層面的特殊需要，也是肢體方面的特殊需要。

為提升 SEN 兒童的成長，「早期介入」是其中一種較多人認識的方法。「早期介入」（Early Intervention）又稱「早期療育」，旨在為零至六歲的兒童以及其家庭提供一系列連續性的服務以促進嬰幼兒的發展（Cornwell & Korteland, 1997; Allen, 2011）。早期介入被視為有效的預防方法（Takala, Pirttimaa, & Törmänen, 2009），芬蘭的研究指出在早期介入階段提供密集式的支援服務，令接受特殊教育的學童人數近年出現下降趨勢（Statistics Finland, 2013, 2015）。Shore（1997）在其著作《早期腦部發展的新探索》（*Rethinking the brain: New insights into early development*）中提出早期經驗驅動認知神經發展論，指嬰幼兒發育的前三年，經過系統的介入，可令幼兒的認知能力和學習能力得到強化。三歲以前進行早期介入（療育），介入成效會較高，所以愈早發現、愈早介入，對孩子發育與成長的幫助愈大（簡淑芳，2007）。Ramey 和 Raymey（2002）的實證研究指出，早期介入計劃的療效與介入的多寡有關，因此愈早介入，幼兒的認知發展表現就愈好。簡言之，六歲前是嬰幼兒發展的黃金期，在學齡前接受早期介入能有效促進孩子的能力發展，並對於具支持性，有刺激的環境有正向的回饋。早期介入可以幫助發展遲緩的兒童達到更高水平的認知能力以及社交能力，同時也能預防感官缺陷兒童產生次級缺陷，比如耳聾而衍生音啞的二次障礙（Kirk, Gallagher & Anastasiow, 2001；曹純瓊、劉蔚萍，2006）。可見，如何及早透過各項刺激促使幼兒在黃金階段發展，以及通過學習經驗建立發展優勢，是早期介入關注的重點。早期介入一般可包含六個階段：初步篩檢、發現個案、轉介適當評估、服務與教育機構，以及整合家庭資源、並鼓勵家庭參與，提供予家庭支援性和個別化的服務，強化家庭的功能（family empowerment）（Meisels & Shonkoff, 1990；馮桂儀，2016）。

在華人社會中，不同地區對於早期介入的措施和立法都不同。從立法的角度，台灣地區在 1997 年的特殊教育修訂過程中，提出要通過結合教育、社會以及醫療等跨專業團隊對零至三歲有特殊需要的幼兒（身心障礙）進行早期介入（黃世鈺，2015）。《特殊教育法》修訂後，確定「最少限制環境」的融合教育的推動，使 SEN 孩子的受教育權益得到法律保證（陳翠，2016）。這是華人社會從教育以及立法方面在早期介入的重大貢獻。台灣的成功例子，也為中國內地及香港的早期介入樹立榜樣：中國內地的《殘疾人教育法案》（2008）第 21 條規定中有提出「保證殘疾的適齡兒童、少年接受義務教育」，但該法案沒有

包括六歲之前的介入措施；至於香港特區政府，雖沒有透過立法的形式推廣早期介入，但為了回應特殊教育兒童的需要，在 1977 年的《康復政策及服務白皮書》中也有提出為特殊教育需要的兒童提供訓練以及教育，進而為他們進入學校以及社區做準備（黎玉貞，2007）。為此，香港特區政府更在 2007 至 2008 年撥款 5,200 萬港元，增加早期教育及訓練中心的服務名額。並在之後的施政報告中都對早期介入作出不同回應。特首發佈 2019 年施政報告的演辭中，針對早期介入的學前康復服務的不足，提出「將有關服務名額增加至七千個。我們仍計劃於未來三個學年每年再增加一千個服務名額，即合共提供總數一萬個名額，令服務更加到位，令父母更加安心」（施政報告，2019：13）。

## 三、香港有特殊教育需要兒童 / 學生的現狀

### • 香港特殊教育需要的統計

對於香港特殊教育需要兒童的統計，不同部門或機構都進行了估算，可以歸納為三種方法。第一，從評估並被診斷為具有特殊教育需要的新增個案，統計特殊教育兒童的數目。衛生署的估計是根據兒童體能智力測驗服務以及臨床評估的個案轉介，統計每年被新診斷為特殊教育需要兒童的數目。新症經由不同途徑轉介，包括母嬰健康院、醫院管理局、私家醫生及心理學家。在 2014 至 2018 年間，共有 50,458 宗個案被診斷為有特殊教育需要，具體數目分別如下：2014 年的個案總數為 9,494 宗，2015 年的個案總數為 9,872 宗，2016 年個案總數為 10,188 宗，2017 年為 10,438 宗，而 2018 年則為 10,466 宗（立法會，2019）。第二，從學前康復服務使用人數方面預估零至六歲有特殊教育兒童的數目。截至 2016 年尾，學前康復服務的使用人數

為 6,922 人，其中新申請人數為 4,445 人，而輪候人數為 7,799 人，因新申請的平均輪候時間均超過一年，保守估計學前 SEN 兒童超過 19,166 人（香港社區組織協會，2018：3）。第三，從入讀普通學校（公營與私立）學生人數估算六歲以上有特殊教育學生的數目。一方面，根據審計署對於 844 所公營中學的統計，在 2016 至 2017 學年，約有 42,890 名有特殊教育需要的學生就讀於公營普通中學，佔全港公營普通學校學生總人數（551,091 名）的 7.8%（審計署，2018）。另一方面，根據推動特殊教育政策及立法聯盟整理統計，在 2017 至 2018 學年，全港共有 54,244 名有特殊教育學生就讀於中小學（包括公營學校，私立學校以及特殊教育學校），其中就讀於公營普通學校的有 45,360 名，就讀於特殊教育學校的有 6,918 名，就讀於國際學校及私立獨立學校的有 1,966 名，即有特殊教育需要學生人數約佔全香港中小學生 7.74%（推動特殊教育政策及立法聯盟，2019）。綜上，根據學前康復服務人數方面預估零至六歲有特殊教育兒童至少為 19,166 名，加上六歲以上就讀於中小學有特殊教育需要的學生 54,244 名，可推算出全香港至少有 73,410 名學生有特殊教育需要。

- **雙重劣勢**：面對貧困與特殊教育需要的香港兒童

　　早期介入的模式相當多元化，包括中心為本模式（Center-based Model）、學校為本模式（School-based Model）、醫院為本模式（Hospital-based Model）、家庭為本模式（Home-based Model），以及混合模式（劉蔚萍，2006）。其中，家長的參與以及家庭支援對早期介入尤其重要，有研究指出，家長的參與程度與特殊幼兒的發展進步有顯著的正向關係（Ramey & Ramey, 1998）。又由英、美國家的經驗可知，政府的支援對推行早期介入或早期教育十分重要（王天苗，2013）。美國 1986

年通過的《殘障兒童修訂法案》（*Amendments to Education for All Handicapped Children Act*, 99-457）中，改變了早期介入的服務方向，從原來以兒童為本轉為強調以家庭為本的服務取向（許素彬、王文瑛、張耐、張菁芬，2003）。自此之後，早期介入特別重視「家長參與」，並為有需要的兒童提供「家庭支援」（family supports）或「以家庭為本」的服務（Odom & McLean, 1993）。

對於低收入家庭，由政府確立或提供補助的早期介入計劃是不可或缺的。在美國，一些早期介入的計劃已有考慮到貧窮因素。例如早期家訪計劃（Early Home Visitation Programs）是一項針對低收入家庭懷孕婦女的早期介入服務。相關的專業人士會在婦女懷孕的第三期進行家訪，給予她們以及家庭成員一些自我照顧方面的知識培訓以及情緒支援。在兒童兩歲之後，該計劃則注重培養母親的親子教養技巧，以及鼓勵母親發展各項技能（Olds, 1987, 1997；劉蔚萍，2006）。美國的扶貧政策中，有一項針對三歲至學齡前兒童的早期啟蒙教育計劃，旨在為貧困兒童及其家庭提供免費的綜合性服務，包括教育服務、社工服務、衛生營養等支援服務（Blasco, 2001；劉蔚萍，2006）。除了早期介入的計劃以及服務，美國在 2004 年《殘疾兒童教育法案》（*Individuals with Disabilities Education Improvement Act*, IDEA）確立了「為所有特殊兒童提供免費且合適的公營教育」的主旨，通過法律形式，防止貧窮對有特殊需要的兒童帶來消極影響，確保他們得到適切的早期介入支援（李歡、周靜嫻，2017：94）。因此，在早期介入的過程，應該考慮低收入家庭和貧窮帶來的影響，以立法等途徑消除貧窮對相關兒童的「二次障礙」。

2016 年，全港共有 1,014,500 名 18 歲以下的兒童，其中，以住處入息中位數一半為標準線計算，有 229,600 名兒童活在貧窮線以下，即香港兒童貧窮率高達 22.6%（政府統計處，

2017；轉引自香港社區組織協會，2017）。根據《2020年香港貧窮情況報告》，2020年所有選定政策介入後，18歲以下兒童的貧窮人口為85,900，貧窮率為8.4%。18歲以下兒童的貧窮兒童部分來自家庭成員較多的在職住戶（如四人家庭），其住戶大部分有長者成員，只有一名在職人士，且多從事較低技術工作（政府統計處，2021）。相對於2017年，兒童貧窮情況在2018年得到改善的主要因素是由於有關當局推行更優化的在職家庭津貼。鑒於2021至2022年香港社會不穩及新型冠狀病毒疫情持續，預計失業人數增加，亦有機會令兒童貧窮率再次上升。

貧窮對於特殊教育需要的兒童來說，無疑是雙重劣勢（double disadvantage）。香港社區協會組織反映，他們接觸的有特殊學習需要的兒童均來自基層家庭。由於經濟能力較弱，當基層家長發現小孩有特殊教育需要時，只能完全依賴政府所提供的服務，根本沒有能力購買私營的評估以及治療服務（香港社區組織協會，2018）。《兒童權利公約》、《殘疾人權利國際公約》和《殘疾歧視條例》均建議相關成員國從立法和行政角度確保貧窮兒童與殘疾兒童的基本生活照顧，避免社會對有特殊教育需要兒童造成歧視（香港社區組織協會，2018）。雖然聯合國的各公約適用於香港，但香港至今並未訂立特殊教育法保證特殊教育需要兒童的權益。因此，現時仍有很多有特殊教育需要兒童因家境貧乏，在生活和教育中得不到足夠支援，也難以得到妥善的介入因而無法融入到社會。對於基層有特殊教育需求的兒童與家庭，除了依賴政府提供評估服務以及介入服務，社區支援服務也是另外一種選擇，家長們會自行為小孩尋找社區支援服務。但問題是，現時提供特殊教育需要學童或其家長支援的服務也不足夠。因此，在政府提供資源及服務有限、法例對兒童權益保障未完善，以及社區支援服務不足等情況下，對於經濟匱乏的特殊教育需要兒童絕對是雙重打擊，使他們陷入雙重劣勢。

# 四、香港「早期介入」的相關政策

低收入家庭較倚賴政府所提供的服務,可是當局的有關服務卻並不完善。為了應對全港有特殊教育需要兒童的需求,從 2018 至 2019 學年起,政府不同部門推出進一步的協同合作機制,其中零至六歲兒童的學前支援服務由社會福利署(社署)進行統籌,六歲以上的兒童支援服務則由教育局統籌,衛生署及醫管局則對有特殊教育需要的兒童提供評估支援(立法會,2019)。

- **學前支援服務**

此為針對零至六歲有特殊教育需要兒童的學前支援服務,旨在促進兒童身心健康發展以及提高社交能力,支援服務包括「到校學前康復服務」及「為輪候資助學前康復服務的兒童提供學習訓練津貼」。「到校學前康復服務」是透過非政府機構的跨專業團隊(包括教育心理學家、言語治療師、職業治療師、物理治療師、特殊幼兒教師及社工組成的專業團隊),為參與計劃的兒童提供學童訓練、家長支援,或者相關的幼師培訓等支援服務(社會福利署,2020a)。「為輪候資助學前康復服務的兒童提供學習訓練津貼」起初是由關愛基金於 2011 年 12 月推出的援助項目,目的是為正在輪候資助學前康復服務的低收入家庭兒童提供學習訓練津貼,讓他們在輪候資助服務期間,儘早接受由認可服務機構提供的自負盈虧服務,幫助他們的學習及發展。鑒於上述項目的成效良好,社署已於 2014 年 10 月把上述項目納入政府的恆常資助之內,為有特殊需要的兒童繼續提供支援。為進一步加強對正在輪候特殊幼兒中心(包括住宿特殊幼兒中心)服務的兒童的支援,由 2017 年 10 月 1 日起,這些兒童不需經過家庭入息審查便可獲「學習訓練津貼」(社會福利署,2020b)。

- **學校支援服務**

　　針對六歲以上有特殊教育需要的兒童，教育局在學校採用「全校參與」及「三層支援模式」向特殊需要的學生提供教育支援服務。「全校參與」模式旨在聯合學校政策、文化與措施三方面，促進校園共融環境的建立，修正正規課程以適應不同學生需要，建立朋輩支援網絡，及為有特殊需要學生的發展提供一個全方位的支援（教育局，2019）。「三層支援模式」根據不同學生的能力以及學習需要進行服務支援。第一層支援是學校及早識別有特殊教育需要的學生，透過優化課堂教學，及早照顧所有學生的不同學習及適應需要，包括有輕微或短暫學習或適應困難的學生。第二層支援是因應學生在一般課堂學習或日常生活需要發展的學習及／或社交技巧，安排額外支援及提供「增補」輔導予持續學習或適應困難的學生，例如小組學習、課後輔導和抽離式輔導等，而教師須善用機會讓學生在普通課堂（第一層支援）練習及應用在第二層支援習得的知識和技巧，鞏固學習的效能。第三層支援是為有持續及嚴重學習或適應困難的學生提供個別化的加強支援，透過個別學習計劃，盡量規劃出三層環環相扣的支援。學校需因應學生的個人學習目標，提供一對一的加強訓練，並按學生的需要，在小組訓練（第二層支援）反覆練習在第三層支援認識的技巧。同樣地，教師須在普通課堂（第一層支援）上提供機會讓學生練習及應用在第二及／或第三層支援習得的知識和技巧，才能確保整體支援的效能（教育局，2019）。

- **過渡轉介服務**

　　對於正在接受學前康復服務或輪候並即將在下一學年適齡入讀小一的兒童，教育局在徵得家長的意願及同意後，會把有關兒童的資料送交衞生署及醫管局的兒童體能智力測驗中心，在衞生署及醫管局評估完畢後，再把他們的評估資料送交教育局。在

新學年前的六月，教育局會向家長確定其子女入讀的公營小學或直接資助計劃（直資）小學，並在新學年開始前把評估資料送交有關小學，以便學校及早知悉有關學生的情況，從而為他們計劃和提供適切的支援。教育局、衛生署及醫管局會與學校進行協調合作，保證兒童能從學前康復服務無縫連接至小一入讀階段，並在入讀後及早得到相關支援服務（立法會，2019）。

政府在最近三年的施政報告中均對特殊教育需要兒童提出相關支援措施。2019年的《施政報告》提及，繼去年10月把到校學前康復服務恆常化後，政府已將有關服務名額增加，以求達致輪候時間可逐步縮短至「零輪候」的目標。此外，政府於2020年初推行為期20個月的試驗計劃，在幼稚園或幼稚園暨幼兒中心為有特殊需要跡象的兒童提供早期介入服務。同時亦會加強課餘託管服務，新措施包括增加2,500個豁免全費名額、放寬申請資格、提高資助額、為有特殊學習需要學童提供額外資助及簡化經濟審查程序等，預計可惠及超過5,700名學童及其家庭（《施政報告》，2019）。

## 五、「特殊教育需要早期介入」的存在問題

儘管社會福利署、教育局、衛生署及醫管局等政府機構建立了協同機制，對有特殊教育需要的兒童進行跨界別支援，但在實際落實過程，往往出現輪候評估時間長、兒童學前康復服務不足，以及服務斷層等現象。隨着家長對兒童特殊需要警覺意識的提高，近年來被評估確診的特殊兒童數目大增，同時也出現大量兒童處於等候評估狀態。

- **輪候評估時間長**

對於學齡前的兒童，如果被懷疑有特殊學習需要，可向衛生

署兒童評估中心、醫管局專科服務、教育心理學家、視光學或聽力學家進行求助評估。但這些評估服務需等待的時間很長：醫院管理局兒童及青少年精神科需要等待接近 100 週、教育心理學家評估服務約需輪候 9 個月、衛生署兒童體能智力測試服務一般需 6 個月完成新症評估，但由於需評估數目增大，6 個月完成新症評估比例從 2014 年的 83% 下降到 2018 年的 49%，反映出評估資源的嚴重不足。學齡階段的兒童同樣也遭遇評估時間過長的問題。一個被懷疑有特殊學習需要的學生，需先由老師進行初步判斷篩選，然後轉介給教育心理學家等候評估，從懷疑到得到診斷結果，往往需要等待一至兩年時間（《全面支援有特殊教育需要學生政策建議書》，2019）。現階段，一個教育心理學家要服務六到十間小學，而且他們會花大部分時間用於診斷評估。對此，2018 年《施政報告》提出，於 2023 至 2024 學年，目標讓約六成的公營普通中小學教育心理學家的比例由現時的 1：6 至 1：10 提升至 1：4（《施政報告》，2018）。綜上，由於公共評估資源的短缺以及評估人手不足，無論是學齡前還是入讀中小學的學齡兒童，他們一般都花費大量時間在輪候評估，導致他們錯過黃金的介入時期。

- ● 兒童學前康復服務不足

2017-2018 年度，輪候各項學前康復服務的人數達六千人，最長輪候個案已經等待超過 20 個月。以早期教育及訓練中心為例，輪候時間由 2008-2009 年度的平均 8.6 個月，至 2017-2018 年度上升至 16.2 個月（推動特殊教育政策及立法聯盟，2019）。為應對學前康復服務不足，社會福利署透過關愛基金於 2011 年 12 月推出「為輪候資助學前康復服務的兒童提供學習訓練津貼」。給予有特殊學習需要的兒童和家庭津貼補助，讓其自負盈虧，尋找相關的服務進行過渡。另外，2015 年推出「到

校學前康復服務試驗計劃」為在輪候學前康復服務的兒童提供多一種選擇。計劃為期兩年，目的是為特殊學習需要的兒童提供三千個服務名額，彌補學前康復服務不足（香港社區組織協會，2018）。此計劃於 2018-2019 年度恆常化，並提升至約五千個服務名額。在 2019-2020 年度再將服務名額提升至約七千個（羅致光，2019）。

- **服務斷層**

由教育局統籌的未盡完善，有特殊學習需要的兒童從學前康復服務進入小學時，往往會遇到服務斷層，即他們自小一入學後，學前康復服務便會中止，使很多學生未能在踏入小學階段時獲得教育支援服務。對於有特殊學習需要的基層兒童，影響則更大，如果出現服務斷層，他們也沒有多餘經濟能力購買私人服務，導致這些兒童無法得到及時介入及持續的支援。

## 六、香港自備夾萬，外國遍地黃金？

- **個案：六歲前的「黃金」期** [1]

在早期介入階段，有甚麼項目需要花費呢？治療成本又要多少？有特殊教育需要的學生，他們各自有不同程度及不同種類的需要。以下是一個真實個案，陳太（化名）分享她為女兒（化名「小欣」）在精神及金錢上的付出。最後，陳太更以一句說話總結對政府服務的心聲：「服務嚴重不足。心情係……若果有重病，政府醫院排期到死咗都未排到。」

小欣約兩歲時入讀幼兒班（俗稱「N 班」），班主任向陳太反映小欣不太合羣。陳太最初並不以為然，直到興趣班音樂老師亦

---

[1] 此「黃金」指治療所需的款項。

有類似觀察，認為小欣溝通上出現障礙，陳太便開始向專業人士求助。陳太居於新界，但聽說中環有位兒科醫生較為著名，因此，陳太帶着小欣往港島區進行一次約兩小時的評估。此評估花費約 $9,300。醫生指小欣可能屬自閉譜系，建議陳太安排心理學家或專注力訓練等課堂。由於此診所地點遠離陳太住所，而且收費亦難以負擔。陳太開始着手找尋住所區內的機構及服務。陳太對此說道：

> 由於我同老公都要返工，所以都唔敢搵得太遠，但區內支援實在極少，唯有上 Facebook 同 Whatsapp group 搵。我聯絡咗好多間中心，最後搵咗三間幫忙。同一時間又幫小欣報大量興趣班……等佢接觸多啲的外界。

數月後，小欣再到中環醫生覆診及評估。醫生確定小欣患有自閉症譜系障礙，並轉介到尤德夫人兒童體能智力測驗中心（Child Assessment Center，下稱 CAC）。在 CAC，小欣由新症登記到首次見醫生進行正式評估等了約一年。CAC 醫生的評估結果是小欣屬高功能自閉譜系。表現為社交、大小肌弱；思考力、認知力強。小欣完成評估後，CAC 向陳太提供家長講座及其他社區中心的資料。陳太認為，CAC 的服務不但輪候時間長，服務內容亦不能滿足小欣的需要：

> 我知道除咗排政府「E 位」（即「早期教育及訓練中心」的服務）之外，我唔會再得到任何服務，所以喺等緊「E 位」同時，小欣已經上緊好多唔同訓練。

陳太知道六歲前是介入黃金期，所以在輪候政府服務的期間，她也自費安排一連串活動及訓練。小欣曾經參加的興趣班包括：芭蕾舞、畫畫、體操、話劇、游泳、鋼琴、小提琴班等，另外，陳太亦針對小欣的自閉症障礙安排專門的訓練，例如專注社交感統（即「感覺統合」）訓練課堂及言語療師每星期一次上門訓練。陳太為了小欣的情況多盡心力，小欣的情況亦有所改善，但

過程中亦花費大量時間及金錢：

> 其實有數得計：上門言語治療每 50 分鐘收費 $1,150；
> 私人機構綜合課堂每堂 $700 幾、情緒班每堂 $400 幾；
> NGO 社交班每堂 $200 幾，仲未計興趣班——芭蕾舞有助
> 感統，畫畫有助情緒／小手肌，話劇有助社交溝通表達⋯⋯
> 我目標係所有學習都由遊戲開始，令呀女願意主動參與學
> 習⋯⋯盡量減低佢成長時接觸外界既陌生恐懼感同被人欺凌
> 既機會。

小欣五歲時，仍未獲得政府安排服務，直至陳太再次致電社會福利署跟進後，終於獲得「E 位」的一年服務。但陳太並無因此停止自費的訓練：

> 由於呢所中心只可以平日上，唯有靠工人姐姐（接送）。
> 我因為要返工唔能夠貼身跟住進度，所以我繼續報私人機構
> 課堂（因逢星期六上），而且一切私人課堂、訓練、興趣班
> 全部無停，同時進行。喺過去三年嘅努力，呀女進步得非常
> 好，E 位中心近日出咗年度評估報告，除咗社交差啲之外，
> 其餘全部已達標。

小欣是一個幸運的例子，陳太把握時機運用自己的資源協助女兒成長。在小欣密集訓練的高峯期，陳太平均每月開支過萬。陳太反思過去幾年的努力，認為政府需要改革香港特殊教育需要的評估及服務制度：

> CAC 只係評估，根本幫唔到啲乜野。社署除咗申請傷
> 殘津貼同排成年都排唔到嘅服務，又係乜都無。基本上成個
> 機制都有問題。成件事唔係要改變，而係要重新 develop。
> 好似我個 case，若果唔係自己出去搵私人做，淨係喺度呆
> 等到五歲先有個 E 位，我相信我唔會有今日嘅女。

她認為政府可以引入早期識別機制，例如在健康院大約兩歲或兩歲半的體格驗測中加入相關評估項目，令有需要人士可以及

早發現並安排介入服務。她續言：

> 一般媽媽唔會識得睇自己個小朋友係唔係自閉譜系小朋友，同打預防針一樣。若果唔係機緣巧合，音樂班老師話呀女十問九唔應，泳班上左兩期都仲係跟唔到指令。唔係呢啲原因，我都唔會去做評估。

在過去幾年，陳太亦有接觸「同路人」，有其他 SEN 的家長同樣面對時間及金錢不足的限制。對於近年政府推行醫療制度改革，進一步利用市場及保險滿足市民的需要，對此陳太卻表示 SEN 家長未必得到相關保障：

> 若果證實係有自閉譜系問題，好多保險公司都唔肯保。呢個亦係 SEN 家長煩惱既問題。其實我做評估前無諗過會影響保險，都係事後（其他 SEN 媽媽分享）先知。

雖然陳太只是單一個案，未必能反映廣大 SEN 家庭的情況。但透過陳太寶貴的經驗，足以反映現存制度的限制：

（一）家長難以自行識別 SEN，加上 CAC 評估輪候時間長，低收入家庭的 SEN 孩子可能錯過早期介入的最佳時機。

（二）社會福利署屬下的學前服務，包括早期教育及訓練中心（E 位）、幼兒中心兼收弱能兒童（I 位）、特殊幼兒中心（日間／住宿）（S 位），都因為資源有限，家長只能在 NGO 或私營機構尋找服務。即使 NGO 的收費較市場低，低收入家庭同樣難以負擔。

### ● 擴闊對特殊教育政策的想像空間

在政策強調「資源留給最有需要的人」的論述下，小欣可能不是「最有需要的人士」，因為陳太仍有能力負擔市場價格。為特殊教育需要兒童設計的政策，能不能擺脫「鬥窮、鬥慘、鬥嚴重」的迷思呢？香港於 1996 年制訂《殘疾歧視條例》，其後平等機會委員會為向學校及教育工作者提供實務指引而推出《教育實

務守則》。此兩項文件只針對防止及消除殘疾歧視，有特殊教育需要學生並無特定的法例保障（立法會祕書處，2014）。獲得平等教育機會是兒童的權利，孩童不論貧富都應該受到基本的保障。反觀其他國家及地區有不同的法案可供參考，國家有中國（內地）《義務教育法》、日本《學校教育法案》、澳洲《殘疾歧視法》及《殘疾人教育標準》、美國《殘疾兒童教育法案》及英國《教育法》、《特殊教育需要和殘疾法》和《平等法案》；地區則有澳門《特殊教育制度》及台灣《特殊教育法》等（香港教育學院特殊學習需要與融合教育中心，2012）。

美國早在 1975 年通過《所有殘疾兒童教育法》（*Education for All Handicapped Children Act*）。當年由於公眾認為公營教育系統不足以保障殘疾兒童並發起連串法律訴訟，美國政策透過此法案回應公眾對殘疾兒童教育的長遠保障的訴求（Lipkin & Okamoto, 2015）。其後分別於 1986 年、1990 年及 1997 年更名及修訂，又於 2004 年訂立《殘疾兒童教育法案》（*Individuals with Disabilities Education Improvement Act*, IDEA）。雖然 IDEA 則重於三歲或以上的規管，但法案第三部分（Part C）的修定是針對零至三歲的兒童發展。其主要目標是促進身心障礙的嬰幼兒健康成長、減輕對特殊教育的需求及強化個人獨立生活的長遠可能性。在此法案下，身心障礙的嬰幼兒可接受由政府補助的早期療育服務（early intervention services），服務提供者受公營機構監督，且不可以向家長收費。又制訂「個別化家庭服務計劃」（Individualized Family Service Plan, IFSP），此為早期療育服務其中一項必須遵守的規定，而且必須邀請兒童的家庭成員共同設計。由政府撥款補助的早期療育計劃令低收入家庭也可以及早識別自己的兒童有沒有特殊教育需要。另外，法案要求家庭成員加入編制個別化家庭服務計劃，此規定令整套介入計劃更直接回應低收入家庭的需要。低收入家庭的兒童也獲得評估、資源同服務。

由上而下推行的法律制度，固然有助減低兒童因貧窮而錯失的早期介入機會。而香港又能否改進現有的健康檢查制度，保障兒童獲得早期識別的檢查？在香港，「特殊教育需要」或 SEN 並不是一個陌生的詞語，但普羅大眾對 SEN 的認知並不深入。尤其針對六歲或以下的 SEN 兒童，社區人士欠缺相關知識，較容易忽略早期介入的重要。因此，加強社區教育及建立 SEN 友善的社區文化必不可少，也能對兒童長遠發展帶來一定幫助。香港便曾有一些 SEN 家庭曾自發組織戶外活動，例如相約於小學改建而成的戲院欣賞電影，加強 SEN 的學童與社區的接觸。然而，此類自發活動並不普及，低收入家庭也比一般家庭亦更難自發舉辦或參與。

## 七、結論：回到最初，「障礙」是甚麼？

本文簡單介紹早期介入對於特殊教育需要兒童的重要性，並提出低收入家庭的 SEN 兒童比一般家庭面對更大的困難。為 SEN 兒童安排早期介入，家長、政府、學校、NGO 以及私營市場的服務提供者都扮演重要角色。回到最初，支援 SEN 兒童的「障礙」是甚麼？可以說，提供家庭調配的資源就是主要挑戰。資源較多的家庭（例如陳太的個案）可以使用混合模式靈活安排，令小欣的情況有所改善，但資源不足的低收入家庭，在欠缺支援的情況下便很可能令孩子錯過黃金介入時機。對此，香港特區政府曾承諾增加服務名額支援特殊教育需要的兒童，這可視作一個改善的起步。低收入家庭的 SEN 兒童不但要面對學習困難，還有社會上對弱勢人士的歧視和排擠。因此，香港特區政府必須要在政策上增加支援，為低收入家庭安排「早期識別」以及「及早介入」的措施。

# 第十章

# 特殊學習需要的學童及其家長的社區支援

## ——社會政策與服務的啟示

洪雪蓮　馮國堅　賀卓軒　郭凱盈

根據香港平等機會委員會於 2012 年發佈的《融合教育制度下殘疾學生的平等學習機會研究》，特殊學習需要（Special Educational Needs，下稱 SEN）可大致分為九大類，包括（一）專注力不足／過度活躍（Attention Deficit/Hyperactivity Disorder, ADHD）、（二）自閉症（Autism Spectrum Disorder, ASD）、（三）溝通障礙（Communication Difficulties, CD）、（四）情緒行為問題（Emotional and Behavior Disorders, EBD）、（五）聽覺障礙（Hearing Impairments, HI）、（六）智力障礙（Intellectual Disability, ID）、（七）肢體殘疾（Physical Disability, PD）、（八）特殊學習困難（Specific Learning Disabilities, SLD）及（九）視覺障礙（Visual Impairments, VI）。其中特殊學習困難的人數最多，約佔有 SEN 經驗的學生中的八成。

有特殊學習需要的基層學童在身心發展及社會流動方面均處於弱勢，他們的平等發展權利不但未能得到有效保障，長遠更可能加劇「跨代貧窮」問題。現時不論在學校或社區，對 SEN 學童及家長均欠缺足夠及有效的支援服務，尤其 SEN 學童在競爭激烈的教育制度下，學習上出現很大困難，也更感壓力，連帶個人身心成長也受到負面影響；而基層家庭的 SEN 學童，更會因為難以負擔額外的培育開支，面臨更大的困境。

為支援以上家庭，政府在家長層面提供一定的支援。社會福利署為受津貼的家長，殘疾人士、精神康復的家長等提供社區支援。促進家長及親屬／照顧者認識如何照顧有殘疾或成長困難的人士，彼此交流經驗、互相支持，並有助發揮家庭的功能。截至 2020 年 9 月，全港共設有 24 間家長／親屬資源中心，其中 19 間中心得到政府津助，以確保全港 18 區均設有一間中心，並且還有一間專門的精神康復者家屬資源及服務中心服務全港。現時市面上雖然也有私營機構、社福機構及部分社會福利署資助的綜合青少年服務中心，及家庭綜合服務中心提供相關服務，但服

務多屬短期、不固定,又欠缺針對性及持續性,此外長期性質的 SEN 親子服務計劃亦出現服務供不應求的情況,可見,政府雖有一定的資源推動及發展,但在仍存的種種不足下,家長實難以得到穩定的情感和實質支援。

為了解特殊學習需要兒童及家長的社區支援情況,筆者聯同「特殊學習需要(SEN)權益會」(簡稱「SEN 權益聯會」)及「社會發展實踐及研究中心」在 2015 及 2017 年分別進行了「有特殊學習需要兒童社區服務需要調查」及「提供予特殊學習需要學童家長的社區支援服務成效研究」。本文旨在介紹兩項研究的結果,並討論社會服務及社會政策應如何有效回應 SEN 學童及其家長的需要。

## 一、有特殊學習需要兒童社區服務需要調查

此次調查共訪問了 189 位有特殊學習需要子女的家長,其子女介乎 2 至 18 歲,均被正式評估為有殊學習需要或正在排期接受評估,而且屬低收入家庭,其家庭收入為入息中位數一半或以下。調查目的是了解其子女在校內及校外得到支援的情況及他們的不同服務需要。調查採用了「滾雪球抽樣法」,透過「SEN 權益聯會」的成員將問卷分發予合適的家長自行填寫。另外,調查員也以面談或電話形式進行訪問。

在受訪家庭中的 189 名學童當中,男性佔 69.3%,女性則佔 30.7%;25.9% 為 3 歲至 6 歲,61.9% 為 7 至 12 歲,而 13 歲或以上的則佔 12.2%。就讀年級方面,就讀幼稚園的學童佔 17.5%;就讀小學的佔 75.7%;而就讀中學的只有 6.9%。在受訪個案當中,約半數(50.8%)學童於 4 歲或之前被懷疑有特殊學習需要,當中 3 歲佔 16%。由此可見,幼兒階段為察覺子女有特殊學習需要的重要時期。其次為 6 歲及 7 歲時,分別佔

26.8% 及 11.8%，合共 48.6%，主要原因可能與兒童進入小學階段後，經歷學習模式的轉變及通過「及早識別和輔導有學習困難的小一學生計劃」的識別過程有關，使不少懷疑個案得到正式確定。

在受訪家庭中的 189 名學童當中，合共 159 人已接受評估，佔 84.1%；未接受評估，即懷疑個案共 30 人，佔 15.9%，當中有 9 人正在輪候評估服務。已接受評估的學童中，有 41.8% 於「兒童體能智力測驗中心」接受評估服務；其次是學校的教育心理學家服務，佔 23.8%；並有 10.1% 的受訪者使用私營機構的評估服務，其中有部分兒童使用多於一個評估單位。在特殊需要的類別中，注意力不足 / 過度活躍症佔最多，達 48.7%；其次為特殊學習困難（讀寫障礙），佔 36.5%；言語障礙則佔 30.2%，另外有 88 位受訪家庭的學童有多於一種特殊學習需要，佔 46.6%。

- 社區的支援情況

近六成（58.2%）受訪者在過去一學年曾於社區接受特殊學習需要相關之支援服務，沒有接受服務的則佔 41.8%。在尋找服務類別方面，最主要的是功課輔導班，佔 83%；其次為言語治療服務，佔 74%；而職業治療服務則佔 70%。從上可見，各類型社區服務的尋求比率均達 60% 或以上，即大部分家長都曾為其子女尋找多種相關支援。

然而，大部分學童卻都不能獲得相關支援服務。其中評估服務最為嚴重，80% 受訪者在尋求支援後均未能獲得相關服務；其次為未能獲得託管服務，佔逾 79%；未能獲得小組教學班亦佔 70%。社區對家長的情緒支援服務亦是不足，有逾 66% 受訪者未能於社區內獲得家長情緒支援服務。

此外，社區服務收費高昂，為基層家庭帶來沉重經濟壓力。

在特殊學習需要相關服務的開支方面，72.2% 受訪個案每月開支需要 $1,000 以上，更有 33.1% 受訪個案每月需要 $3,000 以上（見表一）。在家庭經濟壓力方面，76.3% 受訪者表示有明顯或嚴重的經濟壓力，其中嚴重及十分嚴重分別佔 25.9% 和 20.9%，共 46.8%（見表二）。

### 表一　相關服務的每月開支

| 每月開支 | 受訪人數 | 百分比 | 累積百分比 |
|---|---|---|---|
| $0-$1000 | 37 | 27.8% | 27.8% |
| $1001-$2000 | 26 | 19.5% | 47.4% |
| $2001-$3000 | 26 | 19.5% | 66.9% |
| $3000 或以上 | 44 | 33.1% | 100% |
| 總數 | 133 | 100% | |

### 表二　相關服務開支帶來的家庭經濟壓力

| 經濟壓力 | 受訪人數 | 百分比 | 累積百分比 |
|---|---|---|---|
| 完全沒有 | 10 | 7.2% | 7.2% |
| 一點點 | 23 | 16.5% | 23.7% |
| 明顯 | 41 | 29.5% | 53.2% |
| 嚴重 | 36 | 25.9% | 79.1% |
| 十分嚴重 | 29 | 20.9% | 100% |
| 總數 | 139 | 100% | |

　　從上表對比家庭經濟狀況與家庭經濟壓力的關係，基層受訪者（即領取全津、半津及綜援家庭）中，有 67 位認為壓力處於明顯或以上水平，佔基層受訪者的 77.9%。非基層受訪者中

也有 39 人認為壓力處於明顯或以上水平，佔非基層受訪者的
71.7%。由此可見，現時收費高昂的特殊學習需要相關支援服
務，對各收入水平的家庭均造成一定經濟壓力，尤其對基層家庭
影響特別嚴重。事實上，家庭經濟因素相當影響子女獲得社區
服務的機會。對比有需要學童的家庭經濟狀況及過去一學年於
社區接受服務的數據，有 62 個基層家庭未能接受相關服務，佔
78.5%；沒有接受服務的非基層家庭只佔 9%。對於有多於一種
特殊學習需要的子女家庭，服務開支帶來的經濟壓力普遍更為沉
重，高達 81.8% 受訪者的壓力水平處於明顯或嚴重以上，更有
51.5% 是嚴重及十分嚴重，原因是有多元需要的子女因要接受
多種不同的針對性服務，自然對服務開支有更大的經濟壓力。

　　在服務持續性方面，有 17.8% 受訪者接受的服務只持續不
足一個月，57.8% 受訪者則持續接受服務不足半年，可見接受
服務的穩定性不足。有特殊學習需要學童需要持續而穩定的服務
以跟進其發展情況，斷續的服務供應將影響有關服務的成效。另
外，在有接受服務的受訪者中，66% 表示支援內容並不包括個
案跟進。未能在社區內得到相關支援服務的原因中，表示因服
務名額不足的佔最多，達 45%；其次為服務費用難以負擔，佔
37.6%；服務輪候時間過長則佔 37%。綜合可見，有需要家庭
未能接受服務主要源於現時社區服務供應不足，並且收費高昂，
令基層家庭不能負擔相關費用（見表三）。

表三　未能在社區內得到相關的支援服務的原因（可選多項）

|  | 人數 | 百分比 |
|---|---|---|
| 服務內容未能切合需要 | 42 | 22.2% |
| 服務名額不足 | 85 | 45% |
| 服務輪候時間過長 | 70 | 37% |
| 未能符合接受服務所需資格 | 52 | 27.5% |
| 服務費用難以負擔 | 71 | 37.6% |
| 不知悉相關服務資訊 | 50 | 26.5% |
| 服務地區不合適 | 40 | 21.2% |
| 其他 | 3 | 1.6% |
| 總數 | 413 | |

　　大部分受訪者認為，現存社區支援服務並不足夠。從表四可見，認為十分不足夠及不足夠的分別為 55% 和 21.7%，共 76.7%。最多受訪者認為最不足的社區服務類別是心理學家輔導及諮詢，佔 48.1%；其次為家長支援服務，佔 45%。言語治療、職業治療及功課輔導班，亦分別有 40.7%、40.2% 以及 40.2% 受訪者認為不足（見表五）。由此可見，社區中涉及專業治療人員（心理學家、職業治療師、言語治療師）的服務是受訪家長認為最短缺之服務類別。家長作為學童最重要照顧者，亦希望尋求家長培訓服務，以加強自身在學校時間以外支援子女的能力。

## 表四　你認為現存的社區支援服務是否足夠？

（設 0-5 分，0：十分不足夠；5：十分足夠）

| 是否足夠 | 人數 | 百分比 | 累積百分比 |
|---|---|---|---|
| 十分不足夠 | 104 | 55.0% | 55.0% |
| 不足夠 | 41 | 21.7% | 76.7% |
| 一般 | 37 | 19.6% | 96.3% |
| 足夠 | 7 | 3.7% | 100% |
| 十分足夠 | 0 | 0% | |
| 總數 | 189 | 100% | |

## 表五　你認為那類型的支援或服務最為不足？（可選多項）

| 服務類別 | 人數 | 百分比 |
|---|---|---|
| 功課輔導班 | 76 | 40.2% |
| 小組教學班 | 61 | 32.3% |
| 心理學家輔導及諮詢 | 91 | 48.1% |
| 職業治療服務 | 76 | 40.2% |
| 言語治療服務 | 77 | 40.7% |
| 特殊幼兒導師服務 | 69 | 36.5% |
| 各項評估服務 | 72 | 38.1% |
| 家長培訓服務 | 85 | 45% |
| 家長情緒支援服務 | 61 | 32.3% |
| 總數 | 668 | 100% |

兒童及青少年精神健康——輔導工作和社區服務

- 學校的支援情況

在 159 名已接受評估的有特殊學習需要學生中，有四成（39.7%）於過去一學年並沒有在學校接受與特殊學習需要相關之支援服務；有接受服務的則佔 52.4%，不清楚的則佔 7.9%。在有獲得學校支援服務的受訪個案中，最主要的支援是功課輔導班及言語治療服務，分別佔 30.7% 及 29.1%；而在融合教育制度中十分重要的「個別學習計劃」（IEP），則只有 13.8% 學生能夠獲得此支援；而獲得職業治療服務的只有 10.1%；亦只有 16.9% 學童獲得較具針對性的小組教學班，情況並不理想。完全沒有獲得學校支援服務的更達 41.3%；認為現存學校支援服務十分不足夠及不足夠的受訪者分別為 29.6% 和 32.3%，共61.9%；而認為服務供應量一般的則佔 16.4%；認為學校支援服務足夠及十分足夠的只有 21.7%。在最為不足的學校服務類別中，最多受訪者表示是心理學家輔導及諮詢服務，佔 57.1%；其次是功課輔導班，佔 44%；而認為職業治療及言語治療服務不足的，分別為 41.3% 及 40.7%。另外，亦有不少受訪者認為小組教學班及個別學習計劃的支援不足，分別為 41.3% 及 40.2%（見表六）。

表六　你認為那類型的學校支援或服務最為不足？（可選多項）

| 服務類別 | 人數 | 百分比 |
| --- | --- | --- |
| 功課輔導班 | 84 | 44% |
| 小組教學班 | 78 | 41.3% |
| 個別學習計劃（IEP） | 76 | 40.2% |
| 心理學家輔導及諮詢 | 108 | 57.1% |
| 職業治療服務 | 78 | 41.3% |
| 言語治療服務 | 77 | 40.7% |
| 特殊幼兒導師服務 | 58 | 30.7% |
| 其他（請註明） | 10 | 5.3% |
| 各項評估服務 | 55 | 29.1% |
| 總數 | 624 | |

　　研究結果顯示，家長均十分重視子女於學校的學習成效，故此對有關學業的功課輔導班及小組教學班十分關注。受訪家長亦十分重視在學業調適中擔當重要角色的「個別學習計劃」（IEP）。另外，根據現時的安排，校本教育心理學家與學校的比例是 1：7.5，即是一個校本心理學家要照顧七間以上學校的有特殊教育需要學生，故此縱然有 21% 學童曾接受學校心理學家支援服務，也未能確保服務的持續性及穩定性。

　　綜合受訪者過去接受社區及學校支援服務的數字，有 23.3% 受訪者（44 人）表示在過去一個學年完全沒有獲得社區和學校的支援（見表七）。

表七　接受社區及學校服務情況對比

|  | 人數 | 百分比 |
|---|---|---|
| 只有社區服務 | 50 | 26.5% |
| 只有學校服務 | 35 | 18.5% |
| 兩者皆有 | 60 | 31.7% |
| 兩者皆無 | 44 | 23.3% |
| 總數 | 189 | 100% |

　　參考受訪家庭對學校支援及社區支援意見的數據，有 102 人受訪者認為社區及學校支援是不足夠及十分不足夠，共佔 53.9%，反映過半數受訪者認為不論學校層面及社區層面，所提供的支援服務均不足以應付現時有特殊學習需要學童的需求，而認為社區及學校支援服務足夠及十分足夠的則只有 4 人（2.1%）（見表八）。

表八　對比受訪家庭認為學校及社區支援是否足夠

| | | | 社區支援服務是否足夠 | | | | | 總數 |
|---|---|---|---|---|---|---|---|---|
| | | | 十分不足夠 | 不足夠 | 一般 | 足夠 | 十分足夠 | |
| 學校所提供的支援服務是否足夠 | 十分不足夠 | 人數 | 37 | 9 | 10 | 0 | 0 | 56 |
| | | 百分比 | 19.6% | 4.8% | 5.3% | 0% | 0% | 29.6% |
| | 不足夠 | 人數 | 36 | 20 | 3 | 2 | 0 | 61 |
| | | 百分比 | 19.0% | 10.6% | 1.6% | 1.1% | 0% | 32.3% |
| | 一般 | 人數 | 13 | 8 | 9 | 1 | 0 | 31 |
| | | 百分比 | 6.9% | 4.2% | 4.8% | 0.5% | 0% | 16.4% |
| | 足夠 | 人數 | 16 | 4 | 8 | 4 | 0 | 32 |
| | | 百分比 | 8.5% | 2.1% | 4.2% | 2.1% | 0% | 16.9% |
| | 十分足夠 | 人數 | 2 | 0 | 7 | 0 | 0 | 9 |
| | | 百分比 | 1.1% | 0% | 3.7% | 0% | 0% | 4.8% |
| 總數 | | 人數 | 104 | 41 | 37 | 7 | 0 | 189 |
| | | 百分比 | 55.0% | 21.7% | 19.6% | 3.7% | 0% | 100% |

## ● 學童接受服務後的改善情況

接受社區及學校服務後，較多受訪者對子女在學習能力上有少許改善（4 分），佔 23%；其次認為有明顯改善（7 分），佔 17.1%；認為完全沒有改善（0 分）的有 13.2%。對於改善情況的意見，受訪者未有較一致的共識。30.9% 認為子女的改善並不明顯（1-3 分），而認為有明顯至良好改善（7-10 分）的則有 23%（見表九）。

### 表九　在接受社區及學校接受相關支援服務後，你認為你的孩子在學習能力上有沒有改變？

（設 1-10 分，1：沒有改善；10：有良好改善）（N=152，有提供答案）

| | 人數 | 百分比 | 累積百分比 |
|---|---|---|---|
| 1（沒有改善） | 20 | 13.2% | 13.2% |
| 2 | 6 | 3.9% | 17.1% |
| 3 | 21 | 13.8% | 30.9% |
| 4（少許改善） | 35 | 23.0% | 53.9% |
| 5 | 18 | 11.8% | 65.8% |
| 6 | 17 | 11.2% | 77.0% |
| 7（明顯改善） | 26 | 17.1% | 94.1% |
| 8 | 9 | 5.9% | 100.0% |
| 9 | 0 | 0% | |
| 10（有良好改善） | 0 | 0% | |
| 總數 | 152 | 100% | |

對於改善情況的類別分為五個範疇。語言能力改善方面，評定為 4 分的佔最多，佔 19.8%；其次為 6 分，佔 16.8%。認為

子女於接受服務後語言能力完全沒有改善（0 分）的有 13%；認
為改善不明顯（1-3 分）的則佔 33.6%（見表十）。

### 表十　語言能力

（設 1-10 分，1：沒有改善；10：有良好改善）（N=131，有提供答案）

|  | 人數 | 百分比 | 累積百分比 |
|---|---|---|---|
| 1（沒有改善） | 17 | 13.0% | 13.0% |
| 2 | 8 | 6.1% | 19.1% |
| 3 | 19 | 14.5% | 33.6% |
| 4（少許改善） | 26 | 19.8% | 53.4% |
| 5 | 17 | 13.0% | 66.4% |
| 6 | 22 | 16.8% | 83.2% |
| 7（明顯改善） | 18 | 13.7% | 96.9% |
| 8 | 4 | 3.1% | 100.0% |
| 9 | 0 | 0% | |
| 10（有良好改善） | 0 | 0% | |
| 總數 | 131 | 100% | |

情緒管理改善方面，4 分佔最多，佔 19.8%；其次為 1 分，
佔 15.9%；認為子女於接受服務後情緒管理能力沒有明顯改善
（1-3 分）的達 38.4%；認為子女改善情況一般（4-6 分）的佔則
49.9%（見表十一）。

## 表十一　情緒管理

（設 1-10 分，1：沒有改善；10：有良好改善）（N=138，有提供答案）

|  | 人數 | 百分比 | 累積百分比 |
|---|---|---|---|
| 1（沒有改善） | 22 | 15.9% | 15.9% |
| 2 | 10 | 7.2% | 23.2% |
| 3 | 21 | 15.2% | 38.4% |
| 4（少許改善） | 31 | 22.5% | 60.9% |
| 5 | 14 | 10.1% | 71.0% |
| 6 | 10 | 7.2% | 78.3% |
| 7（明顯改善） | 20 | 14.5% | 92.8% |
| 8 | 8 | 5.8% | 98.6% |
| 9 | 2 | 1.4% | 100.0% |
| 10（有良好改善） | 0 | 0% | |
| 總數 | 138 | 100% | |

　　社交能力方面，較多受訪者認為有少許改善（4-6 分），佔 44.5%；沒有明顯改善（1-3 分）的佔 34.2%；而認為達明顯改善（7-10 分）的則有 21.1%（見表十二）。

### 表十二　社交能力

（設 1-10 分，1：沒有改善；10：有良好改善）（N=137，有提供答案）

| | 人數 | 百分比 | 累積百分比 |
|---|---|---|---|
| 1(沒有改善) | 15 | 10.9% | 10.9% |
| 2 | 8 | 5.8% | 16.8% |
| 3 | 24 | 17.5% | 34.3% |
| 4(少許改善) | 31 | 22.6% | 56.9% |
| 5 | 14 | 10.2% | 67.2% |
| 6 | 16 | 11.7% | 78.8% |
| 7(明顯改善) | 20 | 14.6% | 93.4% |
| 8 | 5 | 3.6% | 97.1% |
| 9 | 4 | 2.9% | 100.0% |
| 10(有良好改善) | 0 | 0% | |
| 總數 | 137 | 100% | |

　　行為管理方面，較多受訪者認為有少許改善（4-6 分），佔 47.4%；沒有明顯改善（1-3 分）的佔 27%；而認為達明顯改善（7-10 分）的則有 25.7%（見表十三）。

## 表十三　行為管理

(設 1-10 分，1：沒有改善；10：有良好改善) (N=137，有提供答案)

| | 人數 | 百分比 | 累積百分比 |
|---|---|---|---|
| 1(沒有改善) | 15 | 10.9% | 10.9% |
| 2 | 13 | 9.5% | 20.4% |
| 3 | 9 | 6.6% | 27.0% |
| 4(少許改善) | 27 | 19.7% | 46.7% |
| 5 | 25 | 18.2% | 65.0% |
| 6 | 13 | 9.5% | 74.5% |
| 7(明顯改善) | 22 | 16.1% | 90.5% |
| 8 | 9 | 6.6% | 97.1% |
| 9 | 2 | 1.5% | 98.5% |
| 10(有良好改善) | 2 | 1.5% | 100.0% |
| 總數 | 137 | 100% | |

　　綜合以上五個範疇，可見在接受社區及學校服務後，情緒管理的改善情況較不理想，合共有 38.4% 受訪者只給予 1-3 分；在行為管理上的改善情況則較為理想，有 25.5% 受訪者給予 7-10 分。綜合而言，選取「改善情況一般」的比率最高，選取「有明顯改善」的比率最低 (見表十四)。

表十四　綜合上述改善範疇的改善情況

|  | 沒有明顯改善<br>（1-3 分） | 改善情況一般<br>（4-6 分） | 有明顯改善<br>（7-10 分） | 總數 |
|---|---|---|---|---|
| 學習能力 | 30.9% | 36.1% | 23.0% | 100.0% |
| 語言能力 | 33.6% | 49.6% | 16.8% | 100.0% |
| 情緒管理 | 38.4% | 39.9% | 21.7% | 100.0% |
| 社交能力 | 34.4% | 44.5% | 21.1% | 100.0% |
| 行為管理 | 27.0% | 47.5% | 25.5% | 100.0% |

## 二、家長的社區支援服務成效研究

此研究分為三部分：第一部分為統計各機構服務單位於2018 年 4 月至 8 月提供予六歲 SEN 學童家長支援服務的狀況和服務類型；第二部分為各區家長對 SEN 家長社區支援服務的意見，意見分別來自九龍東、九龍西、新界東、新界西、港島五區，與各區家長進行焦點小組訪談。第三部分則是服務單位前線同工對現時 SEN 家長支援服務的意見，包括照顧者支援政策、提供服務的限制。本文集中介紹焦點小組所收集的家長意見及前線社工的訪談資料。

- SEN 家長的困難及對服務的意見

研究員透過有提供特殊學習需要學童家長服務的社工邀請服務使用者（包括現正參加家長小組及在過去三個月內完成家長小組的服務使用者）進行個人或焦點小組訪問，共進行了六個焦點小組及四個個人訪問，共訪問了 38 位家長。以下為焦點小組所收集的意見：

## （一）老師／導師對 SEN 欠缺認識

大部分家長表示學校老師通常不太了解 SEN，更不懂得處理班上的狀況，最後只會懲罰小朋友，更有機會怪責家長管教不好。面對老師的批評，家長感到無助。有些學童在校表現很好，所以當家長向學校要求關注時也不會受理。學童在課餘時間參加興趣班時，導師亦不一定會意識到有學生是 SEN，更會建議學童退學，使家長感到無奈，有口難言。

## （二）家人的不理解

有家長表示有其他家庭成員認為關顧小孩的症狀屬大驚小怪，覺得任何小朋友都會頑皮，不應誇大問題使其他人恐慌；但他們都不是主要照顧者，不能明白家長的苦衷。更甚者是，小朋友在一般情況下表現正常，「好乖、好叻、好孝順」，但情緒不受控時，卻像變了另一個人，家長實在是有苦自己知。

## （三）自己不認識 SEN 的症狀與管教方法

很多家長表示當小孩開始被診斷為 SEN 時便感到彷徨無助，甚至怪責自己和小朋友，慨歎「點解係我？」希望尋求援助卻苦無方法。由於不是每一所學校都會為 SEN 學童提供支援，家長也不清楚社區中有甚麼機構提供相關服務，直至找到合適的講座，了解更多相關資訊後，才較為安心。儘管如此，仍有不少家長對 SEN 學童的管教仍然感到不安和焦慮。有特殊學習困難學童的家長表示：

> （小朋友）一年班嘅時候成日調轉啲英文字，我覺得好忟，成日鬧佢，唔知佢有病。社工幫我排（評估），排到二年級先知係學障，覺得好崩潰，係咁喊，覺得點解自己唔理解佢，仲成日鬧佢。唔知道點解會有病，雖然心理學家話唔係病，我上網揾啲資料，都唔知係乜。直到個社工介紹我去呢到聽講座，我先安心啲。再參加小組，見到大家嘅小朋友

都係咁，終於覺得唔係得我一個係咁。

## (四) 家長 / 照顧者的壓力

所有家長均表示，照顧 SEN 小朋友的壓力非常大，照料 SEN 小孩的起居飲食，比一般小孩需要更多耐性及花費更多時間。而且，有部分家長會每天擔心學校老師如何對待小孩，以及想到照顧孩子時要面對其他家長的目光、陌生人的厭惡和令人難堪的説話時，更會出現焦慮、失眠、抑鬱等症狀，不斷經歷情緒起伏，卻認為身邊無人明白而無處傾訴。有患自閉症學童的家長表示：

> 佢（小朋友）感官好敏感，每朝早都用 10 分鐘先穿到校服，因為佢怕校服啲棉，覺得好唔舒服。冬天先最慘，唉！羊毛底衫、冷衫嗰啲佢根本頂唔順，唔肯穿。襪穿耐啲起毛粒佢又唔肯穿……好啦，穿好衫返學，已經好趕時間，佢又一定要行番平時條路。想走第二條路，佢就同我對抗，拉拉扯扯，又鬧又剩，搞到返學遲到。老師又唔明佢（即自閉症學童），淨係覺得佢有紀律問題，唉！試過有次（自己）情緒失控，喺條街係咁喊，係咁喊，朋友點會明！情緒差到想死咗去算，但擔心佢之後無人照顧……所以都係捱落去……

## (五) 社區資源的可達度及持續度

### 1. 難以尋找社區的支援服務

在參加小組之前，很多家長表示難以找到適合小朋友和自己的服務，因為並非每一間兒童及青少年服務中心或綜合家庭服務中心都有提供適合自己的服務，自己居住的社區內，也不一定有符合自己需要的服務。由此可見，家長礙於資訊不流通，難以掌握社福機構的服務內容及情況，導致求助無門。

### 2. 服務為非針對性

絕大部分的政府資助與非資助的社福機構並沒有提供針對

特殊學習需要學童及家長的服務計劃。現時提供的家長服務，普遍對象都是所有家長，例如季度管教講座、旅行、興趣班等，而專門針對 SEN 家長提供服務的機構少之又少，使有需要的家長只能不斷尋找合適的服務。

3. 服務為非長期性

社會服務機構大多以「散件」形式提供服務，而且甚少會提供多於一年的服務計劃；雖然有家長表示十分幸運輪候到服務，但更多家長抱怨要輪候一整年才可以得到相關服務。家長表示，如果政府能向 SEN 學童及其家長提供常規性服務，使他們不用再四處尋找和不斷排隊，將能夠大大減低家長們的壓力。此外，家長也希望可以繼續參加恆常家長小組，因為小朋友不斷成長，每個成長階段都會出現新的變化，家長也需要持續學習以回應子女的轉變。

4. 鄰舍層面的社區中心服務不足

有家長認為有部分社區服務中心的配套非常切合他們的需要，不但地點近，又能提供多元化的 SEN 訓練班、興趣班，更能照顧到家長所需，他們可以容易找到社工傾訴，釋放情緒。更有家長表示小組時間十分可貴，困在家裏容易焦慮，與組員會面期間可以感到放鬆。另一方面，也有家長表示要跨區尋找相關服務，希望可成立更多社區中心提供服務。

● 前線社工對服務的意見

研究員邀請負責為 SEN 學童提供家長服務的社工進行訪問，共進行了兩個焦點小組及兩個個人訪問，受訪者共八位。訪問內容包括照顧者支援政策、提供服務的限制，從服務提供者的角度探討服務需要。

被訪社工普遍認為，現時服務大多集中於短期課程、小組及單項活動，欠缺持續性。此外，小組和工作坊大多以小朋友為對

象，例如讀寫小組、社交小組，只有少部分服務關顧到家長的需要。根據社工的過往經驗，大多數服務都過分聚焦學童的管教，忽略了處理家長的情緒、壓力和整理人生經歷，但家長其實很需要先處理自己的需要，才有能力處理親子與家庭關係。事實上，SEN 學童的家長們為着小孩的福祉而奔波，難免會積聚壓力，他們卻普遍較少正視自己的需要，甚少主動為自己尋找支援；有家長表示因為中心有學童服務，才會順道參加家長小組或其他家長活動。

# 三、服務及政策建議

參考兩項研究的結果，筆者認為如要更有效支援 SEN 家庭的需要，必須要在學校及社區雙管齊下，並採用跨專業協作方式全方位回應 SEN 家庭各方面的需要。政府一方面需要加強對社區服務的支持，優先提供與特殊學習需要相關的專業服務、培訓及人手，例如職業治療、感觀統合、心理學家評估及個案輔導等，亦應提供家長教育及相關諮詢服務，幫助家長從家庭層面支援孩子。另一方面，也需要加強學校與社區的合作互補，例如透過社福機構支援學校的專業治療服務、家長訓練、支援服務等，並進一步提供相關資訊。以下列舉一些重要措施的建議：

## （一）提供一筆過的評估津貼，資助貧窮並有特殊教育需要學生使用私人市場的評估服務

現時，對於學前兒童（即自初生至六歲的兒童）並未有類似中、小學的及早識別計劃。雖然衛生署的母嬰健康院有提供母嬰健康檢查服務，但當中並未有正式推行及早識別機制，只能應個別個案的情況，經初步評估後轉介至由衛生署或醫管局提供的兒童體能智力測驗服務進行詳細評估。

根據 SEN 需要家長協會於 2013 年發佈的《基層學童特殊學習需要（SEN）研究報告》，訪問了共 143 名家長，當中超過六成受訪者的子女都在學前教育階段，即二至六歲時被發現或懷疑有特殊學習需要，可是因為未有及早識別機制，只能在求助後再作轉介才能正式輪候評估。對此，逾六成受訪者子女均需要等候一至兩年方能接受評估及確診其所屬特殊學習需要類別，更有約 7% 需等待三年或以上。有專家認為三歲前的學前階段是及早識別的關鍵時期，尤其有某些特殊學習需要（例如自閉症），在三歲前是其治療的黃金機會；現時教育局只於小學階段推行及早識別機制，可能使不少有特殊學習需要的兒童錯失了治療的黃金期。

　　事實上，各類特殊需要學生有不同的專項服務需要，例如特殊學習困難學生需要教育心理學家作評估，現時輪候時間約為 9 個月至 15 個月；自閉症和專注力不足／過度活躍兒童則需要醫管局兒童及青少年精神科服務作評估，現時輪候時間約需要 20 至 30 個月（視乎分區情況）；綜合的及早識別評估則由衛生署兒童評估中心負責，現時輪候情況約需 9 個月。評估後，如確定有不同的特殊教育需要，會安排輪候學前康復服務，輪候服務時間約為 15 個月。由此可見，輪候評估加上輪候服務的時間往往以年計算，往往導致孩子錯失了治療黃金期，間接使日後的服務開支更大。當然，有經濟資源的家庭可以使用私營的評估服務，這些私營評估服務價格由 $5,000 至 $8,000 不等，絕非一般基層家庭可以負擔，貧窮家庭的孩子只能耐心等候政府服務。

　　為解決以上問題，筆者建議可推出短期紓困措施，例如透過關愛基金提供一筆過的評估津貼，資助貧窮的 SEN 學生在私人市場尋求評估服務，以解燃眉之急。現時私人市場服務的需求仍未飽和，基本上不需輪候；因此，提供津貼可以在短期內解決問題，此政策亦無需恆常地動用財政資源，故可行性高。另外，為

讓評估津貼的款項能更有效幫助懷疑 SEN 的個案，申請該項津貼前，建議需要先在母嬰健康院或私人門診作初步評估。

## （二）擴大「為輪候資助學前康復服務的兒童提供學習訓練津貼」項目，使基層中、小學生受惠

當 SEN 學童接受評估後，仍需要輪候一段時間才能得到學前康復服務的資助。截至 2020 年 9 月底，社會福利署共提供 16,426 個名額，包括到校學前康復服務（O 位）、早期教育及訓練中心（E 位）、特殊幼兒中心（S 位）、幼稚園暨幼兒中心兼收計劃（I 位），而輪候人數為 8,143 人。2020-2021 年度，到校學前康復服務平均輪候時間為 10 個月，最長可達 1.5 年；早期教育及訓練中心為 8 個月，最長可達 1 年；特殊幼兒中心學位為 1.5 年，最長可達 2.5 年。此外，自 2015 年開始，社會福利署已推行「到校學前康復服務試驗計劃」，至 2018 年第四季社會福利署將服務常規化。截至 2020 年 9 月，社署就上述資助到校學前康復服務提供共 8,074 個名額，平均輪候時間為 5 個月，最長為 11 個月。

為協助家長們從社會服務或私人市場中獲得康復及訓練服務，關愛基金設有「為輪候資助學前康復服務的兒童提供學習訓練津貼」。這項津貼已於 2014 年 10 月納入社署恆常資助項目，其目的是為正在輪候以上服務的低收入家庭兒童提供學習訓練津貼，對每名輪候早期教育及訓練中心、幼稚園暨幼兒中心兼收計劃或到校學前康復服務的受惠兒童提供資助，最高資助額達每月 $3,415，而為每名輪候特殊幼兒中心（包括住宿特殊幼兒中心）的受惠兒童提供的最高資助額為每月 $6,640，讓他們可以到各政府認可的社福機構選擇適合自己需要的學習活動。然而，該援助項目的對象只限零至六歲學童，六歲以上學生未能受惠，但實際情況是不少 SEN 學童因評估期過長，往往於六歲後才能確

診，以致未能符合條件。對踏入學齡的 SEN 學童來説，現時主要的支援來自學校的轉介服務，但基於融合教育制度欠缺監管，學校對他們的支援安排並無保證。不少學校只為 SEN 學生安排額外的功課輔導班以提升他們的學業成績，但 SEN 學童的成長需要並不單是學習方面，社交、情緒管理等也是成長的重要環節；故此，單靠學校提供的支援服務實在難以讓 SEN 學童的身心發展得到全面支援。

為了讓子女得到適切的支援服務，家長會在社區內尋找其他機構協助，但現時由社福機構提供的支援服務也因自負盈虧而需要收取高昂費用；故此，我們建議政府擴大「為輪候資助學前康復服務的兒童提供學習訓練津貼」援助項目的受惠對象，讓有特殊學習需要之全津、半津或申領綜援的中、小學生也能受惠，長遠更要把該項目納入學生資助制度及綜援制度內。

## （三）於中、小學設立特殊學習需要「家校協作平台」

現時教育局對每年撥給學校用作支援 SEN 學習需要的款項，並未有足夠的指引及規管，故建議成立「家校協作平台」，共同商定該款項最有效的使用方式。對符合學齡（六歲以上）的 SEN 學童，現時其支援主要來自教育局的融合教育政策，而當中的「學習支援津貼」則是在校運行融合教育的撥款。教育局在 2016 至 2017 學年起，為每所學校首一至六名需要第三層支援的學生提供 $164,700 基本津貼，而第七名以後需要第三層支援的學生，每位每年會得到 $27,450 津貼，而第二層需要學生則是每位每年 $13,725。而每所學校每年可獲的津貼上限為 $1,583,616。2019 至 2020 學年起更推行優化措施，「學習支援津貼」的第二層個別津貼額增加為 $15,000，而第三層個別津貼額為 $60,000。該筆款項由教育局直接撥予每所學校，然而在現行制度下，教育局對款項的運用只有非約束性的指引，對學校

如何使用款項並沒有明確規管。

現今中、小學融合教育的其中一個最大弊病是學校對撥用教育局的學習訓練津貼時，未能在家校合作層面上將財政運用透明化，例如該款項理應為校內有特殊學習需要學生提供適切支援，但有學校可能會把款項撥作其他用途，例如聘請非專門支援 SEN 學生的教學助理。更甚者，在現時的撥款制度下，如果學校在學年（資助及按位津貼學校）或財政年度（官立學校）完結時，累積津貼餘款超過學習支援津貼 12 個月撥款的 30%，超額的盈餘將被收回。例如在 2012-2013 年度，便有多達 118 間學校把剩餘款項交還予教育局。正如上文提及，一所學校的學習訓練津貼撥款是根據該校的 SEN 學生人數釐定的，如果學校在該學年把超過 30% 的學習訓練津貼交還予教育局，可以想像這些學校能為 SEN 學生安排的支援及服務十分有限。

當 SEN 權益聯會的工作員在與 SEN 學童家長接觸時，發現很多家長都不清楚子女所就讀學校的融合教育制度如何支援他們，反映學校在處理學習訓練津貼的財政及購買服務過程中並沒有為家長提供足夠的參與機會，而學校社工及老師也甚少主動交代學生將會得到甚麼支援。故此，中、小學應就特殊學習需要設立「家校協調平台」，作為 SEN 學童家長與學校之間的溝通及監察機制，這將有效提升家長在融合教育制度中的參與程度及保障學生接受適切支援服務的權利。

由 2015 至 2016 學年開始，關愛基金將為收錄較多有特殊教育需要及經濟需要學生的普通學校提供現金津貼，以安排一名專責教師統籌有關支援服務。此外，由 2017 至 2018 學年起，教育局在三年內分階段於每一所公營普通中、小學增設一個編制內的教席，使學校能安排一名專責教師擔任特殊教育需要統籌主任（SEN coordinator, SENCO），負責策劃、統籌和推動「全校參與」模式融合教育。於 2019 至 2020 學年，教育局已於全港

公營普通中、小學實施此措施，期望透過促進家校合作，可以更有效地發揮改善融合教育政策的功能。故此，我們建議先在已設有特殊教育統籌主任的學校成立「SEN 家校協作平台」，後擴展至所有學校，讓這職位更能發揮支援學童的功能。

### （四）以跨專業方式，於十八區提供針對性的特殊學習需要社區支援服務

因現時融合教育制度下，很多學校並未能為學齡 SEN 學生提供足夠支援。家長主要選擇在社區為子女尋找學習支援服務。然而，現時政府並未有為特殊學習需要的學齡兒童提供任何專項社會服務資助計劃，使社福機構難以推行相關服務，個別社福機構往往也只能依靠申請其他基金或調撥內部資源，以自負盈虧的方式營運，使服務難以持續地推行。

對有特殊學習需要兒童來説，穩定而持續地接受服務十分重要。然而，在欠缺政府資助的情況下，不少相關服務以「項目模式」（project-based）推行，更有不少在兩至三年間便因資金不足而停止服務。另一方面，SEN 兒童相關服務涉及很多跨專業人士，例如職業治療師、物理治療師、言語治療師、心理學家等，人力資源成本很高。若機構以自負盈虧方式營運服務，便需要向服務使用者收取高昂費用，這些費用對基層家庭來説，實在難以負擔。雖然有部分機構會向有經濟需要家庭提供優惠計劃，但在服務名額不足的情況下，基層家庭亦只能寄望能透過抽籤取得服務名額。面對現時服務匱乏、支援不足夠、服務不配合需要等情況，筆者認為政府有責任主動擔當服務規劃及服務資助者的角色。

雖然現時社會福利署在服務標準協議中，有要求兒童及青少年綜合服務中心（Integrated Children and Youth Services Centre, ICYSC）把 10% 的服務產出投放於邊緣兒童及青少年社

羣,但當中包括多個類別的服務對象,例如少數族裔、邊緣青年、SEN 兒童等,「多元」的邊緣社羣定義往往使個別組羣無法得到足夠的支援服務。就 SEN 兒童來説,所需要的服務不單是兒童及青少年綜合服務中心恆常提供的小組或班組服務,更需要具針對性的發展、教育、專業輔助及康復訓練項目等。故此,現時社會福利署所提出的服務標準協議修訂,對改善整體 SEN 兒童的社區支援服務來説,可算是聊勝於無。

現時其實有為數不少為 SEN 兒童提供社區支援服務的機構及組織,它們的服務模式極具參考作用。以「特殊學習需要權益聯會」及「社會發展實踐及研究中心」為例,他們認為特殊學習需要支援服務的模式主要可分為「學童支援」及「家長支援」。前者以個人輔導及小組方式進行,包括專注力、讀寫能力、社交技巧、自理能力等不同方面的訓練,以及由專業團隊統籌的綜合訓練項目。後者則包括為家長提供教育、照顧及支援子女的培訓,提升家庭支援學童的角色和能力。同時,也要為家長提供個人輔導及情緒支援服務、在區內成立家長互助平台、建立區本的家長社區網絡,以加強家長的互助連接、促進資訊交流。

家長方面,不少家長都表示希望增加培訓服務,讓他們學習有關支援子女特殊學習需要方面的知識與技巧。目前只有部分學校會為家長舉辦有關講座,且大多只是一年兩至三次的簡介會,欠缺針對性及持續性,並未能協助家長深入掌握支援子女個別需要的方法和技巧。家長為 SEN 學童的成長奔波勞碌,本身承受很大壓力,他們作為照顧者的情緒支援實在不容忽視。學校在教育的本位功能上,也實在難以兼顧針對家長個人需要的支援,而社區服務則能擔當這方面的角色,除了可以持續為家長提供照顧 SEN 子女的技巧培訓外,也能為家長提供個案輔導、互助小組及組織 SEN 家長網絡,讓他們建立社區互助平台。

為有系統地加強對學童及家長的支援,筆者建議政府應於

十八區設特殊學習需要社區支援服務，以跨專業方式為 SEN 兒童及家長提供具針對性的服務。由政府作出定期及穩定的資助，才能確保可持續性地提供相關服務及維持服務質素。整體而言，要有效支援 SEN 兒童家庭的需要，必須加強社區層面的支援網，並以跨專業協作方式全方位回應他們各方面所需。

# 參考資料

1.  Adamo, N., Di Martino, A., Esu, L., Petkova, E., Johnson, K., Kelly, S., Castellanos, F. X., & Zuddas, A. (2014). Increased response-time variability across different cognitive tasks in children with ADHD. *Journal of Attention Disorders*, *18*(5), 434-446. https://doi.org/10.1177/1087054712439419

2.  Allen, G. (2011). *Early intervention: The next steps, an independent report to Her Majesty's government by Graham Allen MP*. The Stationery Office.

3.  Alsop, B., Furukawa, E., Sowerby, P., Jensen, S., Moffat, C., & Tripp, G. (2016). Behavioral sensitivity to changing reinforcement contingencies in attention-deficit hyperactivity disorder. *Journal of Child Psychology and Psychiatry*, *57*(8), 947-956. https://doi.org/10.1111/jcpp.12561

4.  American Psychiatric Association. (2013). *Diagnostic and statistical manual of mental disorders*. (5th ed.). American Psychiatric Association.

5.  Arfuso, M., Salas, R., Castellanos, F. X., & Krain, R., A. (2019). Evidence of altered Habenular intrinsic functional connectivity in pediatric ADHD. *Journal of Attention Disorders*, *25*(5), 749-757. https://doi.org/10.1177/1087054719843177

6.  Au-Yeung, A. (2016, May 9). *Sleep-deprived and internet-mad, Hongkongers place last in healthy living survey of Asia Researcher sees no significant improvements in city's results since 2013 survey*. https://www.scmp.com/news/hong-kong/economy/article/1942608/sleep-deprived-and-internet-mad-hongkongers-place-last

7.  Badger, K., Anderson, L., & Kagan, R. J. (2008). Attention deficit-hyperactivity disorder in children with burn injuries. *Journal of Burn Care & Research*, *29*(5), 724-729. https://doi.org/10.1097/bcr.0b013e31818480e1

8.  Baker, L. L., & Scarth, K. (2002). *Cognitive Behavourial Approaches to Treating Children & Adolescents with Conduct Disorder*. Children's Mental Health Ontario.

9.  Bandura, A. (1977), Self-efficacy: Toward a unifying theory of behaviour change. *Psychological Review, 84(2), 191–215. https://doi.org/10.1037/0033-295X.84.2.191*

10. Barker, E. D., Ing, A., Biondo, F., Jia, T., Pingault, J.-B., Du Rietz, E., Zhang, Y., Ruggeri, B., Banaschewski, T., Hohmann, S., Bokde, A. L. W., Bromberg, U., Büchel, C., Quinlan, E. B., Sounga-Barke, E., Bowling, A. B., Desrivières, S., Flor, H., Frouin, V., ⋯ Schumann, G. (2019). Do ADHD-impulsivity and BMI have shared polygenic and neural correlates? *Molecular Psychiatry*, *26*(3), 1019-1028. https://doi.org/ 10.1038/s41380-019-0444-y

11. Barkley, R. A. (2002). Psychosocial treatments for attention-deficit/hyperactivity disorder in children. *The Journal of Clinical Psychiatry*, *63* Suppl 12, 36-43.

12. Barkley, R. A. (2012). *Executive functions: What they are, how they work, and why they evolved*. Guilford Press.

13. Barkley, R. A. (2015). *Attention Deficit Hyperactivity Disorder: A handbook for diagnosis and management* (4th ed.). Guilford Press.

14. Barkley, R. A., & Fischer, M. (2011). Predicting impairment in major life activities and occupational functioning in hyperactive children as adults: Self-reported executive function (EF) deficits versus EF tests. *Developmental Neuropsychology*, *36*(2), 137-161. https://doi.org/10.1080/87565641.2010.549877

15. Barkley, R. A., Fischer, M., Edelbrock, C. S., & Smallish, L. (1990). The adolescent outcome of hyperactive children diagnosed by research criteria: I. An 8-year

prospective follow-up study. *Journal of the American Academy of Child and Adolescent Psychiatry, 29*(4), 546-557. https://doi.org/10.1097/00004583-199007000-00007

16. Barkley, R. A., Fischer, M., Smallish, L., & Fletcher, K. (2004). Young adult follow-up of hyperactive children: Antisocial activities and drug use. *Journal of Child Psychology and Psychiatry, 45*(2), 195-211. https://doi.org/10.1111/j.1469-7610.2004.00214.x

17. Barr, C. L., Xu, C., Kroft, J., Feng, Y., Wigg, K., Zai, G., Tannock, R., Schachar, R., Malone, M., Roberts, W., Nöthen, M. M., Grünhage, F., Vandenbergh, D. J., Uhl, G., Sunohara, G., King, N., & Kennedy, J. L. (2001). Haplotype study of three polymorphisms at the dopamine transporter locus confirm linkage to attention-deficit/hyperactivity disorder. *Biological Psychiatry, 49*(4), 333-339. https://doi.org/10.1016/s0006-3223(00)01053-2

18. Barry, L. M., & Gaines, T. (2008). Attention deficit hyperactivity disorder: Intervention as crime prevention. *The Journal of Behavior Analysis of Offender and Victim Treatment and Prevention, 1*(2), 154-170. http://doi.org/10.1037/h0100441

19. Beck, J. S. (1995). *Cognitive Therapy: Basics and Beyond.* Guildford Press.

20. Becker, S. P., Fite, P. J., Garner, A. A., Greening, L., Stoppelbein, L., & Luebbe, A. M. (2013). Reward and punishment sensitivity are differentially associated with ADHD and sluggish cognitive tempo symptoms in children. *Journal of Research in Personality, 47*(6), 719-727. https://doi.org/10.1016/j.jrp.2013.07.001

21. Benard, B. (2009). Turnaround people and places: Moving from risk to resilience. In D. Saleeby (Ed.), *The strength perspective in social work practice* (5th ed.) (pp. 213-227). Allyn & Bacon.

22. Biederman, J., Newcorn, J., & Sprich, S. (1991). Comorbidity of attention deficit hyperactivity disorder with conduct, depressive, anxiety, and other disorders. *American Journal of Psychiatry, 148*(5), 564-577. https://doi.org/10.1176/ajp.148.5.564

23. Bijlenga, D., Vollebregt, M. A., Kooij, J. J. S., & Arns, M. (2019). The role of the circadian system in the etiology and pathophysiology of ADHD: Time to redefine ADHD? *ADHD Attention Deficit and Hyperactivity Disorders, 11*(1), 5-19. https://doi.org/10.1007/ s12402-018-0271-z

24. Blasco, P. M. (2001). An evolutionary perspective on early services. In P. M. Blasco (Ed.), *Early intervention services for infants, toddlers, and their families.* Allyn and Bacon.

25. Blundo, R. (2001). Learning strengths-based practice: Challenging our personal and professional frames. *Family in Society, 82*(3), 96-304. https://doi.org/10.1606/1044-3894.192

26. Boden, J. M., Fergusson, D. M., & Horwood, L. J. (2010). Risk factors for conduct disorder and oppositional/defiant disorder: Evidence from a New Zealand Birth Cohort. *Journal of the American Academy of Child and Adolescent Psychiatry, 49*(11), 1125-1133. https://doi.org/10.1016/j.jaac.2010.08.005

27. Bowen, M. (1978). *Family Therapy in Clinical Practice.* Jason Aronson.

28. Bowen, M., & Kerr, M. E. (1988). *Family Evaluation.* W. W. Norton & Company.

29. Bowlby, J. (1969). *Attachment and loss. 1. Attachment.* Basic Books.

30. Bralten, J., Greven, C. U., Franke, B., Mennes, M., Zwiers, M. P., Rommelse, N. N. J., Hartman, C., Van Der Meer, D., O'Dwyer, L., Oosterlaan, J., Hoekstra, P. J., Heslenfeld, D., Arias-Vasquez, A., & Buitelaar, J. K. (2016). Voxel-based morphometry analysis

reveals frontal brain differences in participants with ADHD and their unaffected siblings. *Journal of Psychiatry & Neuroscience, 41*(4), 272-279. https://doi.org/10.1503/jpn.140377

31. Brohan, E., Elgie, R., Sartorius, N., & Thornicroft, G. (2010). Self-stigma, empowerment and perceived discrimination among people with Schizophrenia in 14 European countries: The GAMIAN Europe study. *Schizophrenia Research, 122,* 232-238.

32. Brown, A. (1987). Metacognition, executive control, self-regulation and other more mysterious mechanisms. In F. E. Weinert & R. H. Kluve (Eds.), *Metacognition, Motivation and Understanding* (pp. 65-116). Erlbaum,

33. Buckley, J. A., Ryser, G., Reid, R., & Epstein, M. H. (2006). Confirmatory factor analysis of the Behavioral and Emotional Rating Scale-2 (BERS-2) Parent and Youth Rating Scales. *Journal of Child and Family Studies, 15*(1), 27-37. https://doi.org/10.1007/s10826-005-9000-2

34. Cantwell, D. P., & Baker, L. (1991). Association between attention deficit-hyperactivity disorder and learning disorders. *Journal of Learning Disabilities, 24*(2), 88-95. https://doi.org/10.1177/002221949102400205

35. Cao, X., Cao, Q., Long, X., Sun, L., Sui, M., Zhu, C., Zuo, X., Zang, Y., & Wang, Y. (2009). Abnormal resting-state functional connectivity patterns of the putamen in medication-naïve children with attention deficit hyperactivity disorder. *Brain Research, 1303,* 195-206. https://doi.org/10.1016/j.brainres.2009.08.029

36. Carlson, C. L., Mann, M., & Alexander, D. K. (2000). Effects of reward and response cost on the performance and motivation of children with ADHD. *Cognitive Therapy and Research, 24*(1), 87-98. https://doi.org/10.1023/a:1005455009154

37. Carlson, S. M., Zelazo, P. D., & Faja, S. (2013). Executive function. In P. D. Zelazo (Ed.), *Oxford Handbook of Developmental Psychology, Vol 1: Body and mind* (pp. 706-724). Oxford University Press.

38. Casper, E. S. (2003). A self-rating scale for supported employment participants and practitioners. *Psychiatric Rehabilitation Journal, 27,* 151-158.

39. Castellanos, F. X. (1996). Quantitative brain magnetic resonance imaging in Attention-Deficit Hyperactivity Disorder. *Archives of General Psychiatry, 53*(7), 607-616. https://doi.org/10.1001/archpsyc.1996.01830070053009

40. Castellanos, F. X., Sonuga-Barke, E. J. S., Milham, M. P., & Tannock, R. (2006). Characterizing cognition in ADHD: Beyond executive dysfunction. *Trends in Cognitive Sciences, 10*(3), 117-123. https://doi.org/10.1016/j.tics.2006.01.011

41. Center, D., & Kemp, D. (2003). Temperament and personality as potential factors in the development and treatment of conduct disorders. *Education and Treatment of Children, 26*(1), 75-88.

42. Centers for Disease Control and Prevention (n.d.). How much sleep do I need? https://www.cdc.gov/sleep/about_sleep/how_much_sleep.html

43. Chaddock-Heyman, L., Erickson, K. I., Holtrop, J. L., Voss, M. W., Pontifex, M. B., Raine, L. B., Hillman, C. H., & Kramer, A. F. (2014). Aerobic fitness is associated with greater white matter integrity in children. *Frontiers in Human Neuroscience, 8.* https://doi.org/10.3389/fnhum.2014.00584

44. Chan, D. W., Ho, C. S. H., Chung, K. H., Tsang, S. M., & Lee, S. K. (2012). Prevalence, gender ratio and gender differences in reading-related cognitive abilities among Chinese children with dyslexia in Hong Kong. *International Journal of Disability, Development and Education, 59*(2), 173-196. https://doi.

org/10.1080/03055690601068535

45. Chan, F. C., G., Lai, K. Y. C., Luk, E. S. L., Leung, P. W. L., & Hung, S. F. (2014). Clinical utility of the Chinese Strengths and Weaknesses of ADHD-Symptoms and Normal-behaviors questionnaire (SWAN) when compared with DISC-IV. *Neuropsychiatric Disease and Treatment, 2014*(10), 1533-1542. https://doi.org/10.2147/ndt.s65879

46. Chang, Y. K., Hung, C. L., Huang, C. J., Hatfield, B. D., & Hung, T. M. (2014). Effects of an aquatic exercise program on inhibitory control in children with ADHD: a preliminary study. *Archives of Clinical Neuropsychology, 29*(3), 217-223. https://doi.org/10.1093/arclin/acu003

47. Chang, Y. K., Liu, S., Yu, H. H., & Lee, Y. H. (2012). Effect of acute exercise on executive function in children with attention deficit hyperactivity disorder. *Archives of Clinical Neuropsychology, 27*(2), 225-237. https://doi.org/10.1093/arclin/acr094

48. Chen, Q., Hartman, C. A., Kuja-Halkola, R., Faraone, S. V., Almqvist, C., & Larsson, H. (2019). Attention-deficit/hyperactivity disorder and clinically diagnosed obesity in adolescence and young adulthood: A register-based study in Sweden. *Psychological Medicine, 49*(11), 1841-1849. https://doi.org/10.1017/s0033291718002532

49. Chen, E. Y., Tang, J. Y., Hui, C. L., Chiu, C. P., Lam, M. M., Law, C. W., Yew, C. W., Wong, G. H., Chung, D. W., Tso, S., Chan, K. P., Yip, K. C., Hung, S. F., & Honer, W. G. (2011). Three-year outcome of phase-specific early intervention for first-episode psychosis: A cohort study in Hong Kong. *Early intervention in psychiatry, 5*(4), 315-323. https://doi.org/10.1111/j.1751-7893.2011.00279.x

50. Chen, W., Zhou, K., Sham, P., Franke, B., Kuntsi, J., Campbell, D., Fleischman, K., Knight, J., Andreou, P., Arnold, R., Altink, M., Boer, F., Boholst, M. J., Buschgens, C., Butler, L., Christiansen, H., Fliers, E., Howe-Forbes, R., Gabriëls, I., ⋯ Asherson, P. (2008). DSM-IV combined type ADHD shows familial association with sibling trait scores: A sampling strategy for QTL linkage. *American Journal of Medical Genetics Part B: Neuropsychiatric Genetics, 147B*(8), 1450-1460. https://doi.org/10.1002/ajmg.b.30672

51. Cheung, K. K., Wong, I. C., Ip, P., Chan, P. K., Lin, C. H., Wong, L. Y., & Chan, E. W.. (2015). Experiences of adolescents and young adults with ADHD in Hong Kong: Treatment services and clinical management. *BMC Psychiatry, 15*(1), 95. https://doi.org/10.1186/s12888-015-0478-x

52. Childress, A., Mehrotra, S., Gobburu, J., Mclean, A., Desousa, N. J., & Incledon, B. (2018). Single-dose pharmacokinetics of HLD200, a delayed-release and extended-release Methylphenidate formulation, in healthy adults and in adolescents and children with attention-deficit/hyperactivity disorder. *Journal of Child and Adolescent Psychopharmacology, 28*(1), 10-18. https://doi.org/10.1089/cap.2017.0044

53. Chinese University of Hong Kong (2014 March 14). Healthy sleep, healthy school life. http://www.cpr.cuhk.edu.hk/en/press_detail.php?id=1771&t=cuhksurvey-reveals-majority-of-school-teens-have-insufficient-sleep-sleepeducation-and-intervention-at-schools-help

54. Chiu, M. Y., Ho, W. W., Lo, W. T., & Yiu, M. G. (2010). Operationalization of the SAMHSA model of recovery: A quality of life perspective. *Quality of Life Research, 19*(1), 1-13. https://doi.org/10.1007/s11136-009-9555-2

55. Choo, C. (2014). Adapting cognitive behavioral therapy for children and adolescents with complex symptoms of neurodevelopmental disorders and conduct disorders. *Journal of Psychological Abnormalities in Children, 3*(3), 1-3. https://doi.

org/10.4172/2329-9525.1000124

56. Coates, J., Taylor, J. A., & Sayal, K. (2015). Parenting interventions for ADHD: A systematic literature review and meta-analysis. *Journal of Attention Disorders*, *19*(10), 831-843. https://doi.org/10.1177/1087054714535952

57. Commonwealth Department of Health and Aged Care. (2000). *Promotion, prevention and early intervention for mental health. A monograph*. Australia: Commonwealth Department of Health and Aged Care.

58. Cornwell, J. R., & Korteland, C. (1997). The family as a system and a context for early intervention. *Contexts of early intervention: Systems and settings*, 93-109. https://doi.org/10.1177/105381510702900301

59. Corkum, P., Moldofsky, H., Hogg-Johnson, S., Humphries, T., & Tannock, R. (1999). Sleep problems in children with attention-deficit/hyperactivity disorder: Impact of subtype, comorbidity, and stimulant medication. *Journal of the American Academy of Child and Adolescent Psychiatry*, *38*(10), 1285-1293. https://doi.org/10.1097/00004583-199910000-00018

60. Corrigan, P. W., Salzer, M., Ralph, R., Sangster, Y., & Keck, L. (2004). Examining the factor structure of the recovery assessment scale. *Schizophrenia bulletin*, *30*(4), 1035-1041. https://doi.org/10.1093/oxfordjournals.schbul.a007118

61. Cortese, S., Angriman, M., Maffeis, C., Isnard, P., Konofal, E., Lecendreux, M., Purper-Ouakil, D., Vincenzi, B., Bernardina, B. D., & Mouren, M. C. (2008). Attention-Deficit/Hyperactivity Disorder (ADHD) and obesity: A systematic review of the literature. *Critical Reviews in Food Science and Nutrition*, *48*(6), 524-537. https://doi.org/10.1080/10408390701540124

62. Cortese, S. (2012). The neurobiology and genetics of attention-deficit/hyperactivity disorder (ADHD): What every clinician should know. *European Journal of Paediatric Neurology*, *16*(5), 422-433. https://doi.org/10.1016/j.ejpn.2012.01.009

63. Cortese, S. (2019). The association between ADHD and obesity: Intriguing, progressively more investigated, but still puzzling. *Brain Sciences*, *9*(10), 256. https://doi.org/10.3390/brainsci9100256

64. Costa Dias, T. G., Iyer, S. P., Carpenter, S. D., Cary, R. P., Wilson, V. B., Mitchell, S. H., Nigg, J. T., & Fair, D. A. (2015). Characterizing heterogeneity in children with and without ADHD based on reward system connectivity. *Developmental Cognitive Neuroscience*, *11*, 155-174. https://doi.org/10.1016/j.dcn.2014.12.005

65. Costa Dias, T. G., Wilson, V. B., Bathula, D. R., Iyer, S. P., Mills, K. L., Thurlow, B. L., Stevens, C. A., Musser, E. D., Carpenter, S. D., Grayson, D. S., Mitchell, S. H., Nigg, J. T., & Fair, D. A. (2012). Reward circuit connectivity relates to delay discounting in children with attention-deficit/hyperactivity disorder. *European Neuropsychopharmacology*, *23*(1), 33-45. https://doi.org/10.1016/j.euroneuro.2012.10.015

66. Crone, E. A., Jennings, R. J., & van der Molen, M. W. (2003). Sensitivity to interference and response contingencies in attention-deficit/hyperactivity disorder. *Journal of Child Psychology and Psychiatry*, *44*(2), 214-226. https://doi.org/10.1111/1469-7610.00115

67. Dalsgaard, S., Mortensen, P. B., Frydenberg, M., & Thomsen, P. H. (2014). ADHD, stimulant treatment in childhood and subsequent substance abuse in adulthood — A naturalistic long-term follow-up study. *Addictive Behaviors*, *39*(1), 325-328. https://doi.org/10.1016/j.addbeh.2013.09.002

68. Dalsgaard, S., Østergaard, S. D., Leckman, J. F., Mortensen, P. B., & Pedersen, M. G.

(2015). Mortality in children, adolescents, and adults with attention deficit hyperactivity disorder: A nationwide cohort study. *The Lancet, 385*(9983), 2190-2196. https://doi.org/10.1016/s0140-6736(14)61684-6

69. Danforth, J. S., Harvey, E., Ulaszek, W. R., McKee, T. R., (2006). The outcome of group parent training for families of children with attention-deficit hyperactivity disorder and defiant/aggressive behavior. *Journal of Behavior Therapy and Experimental Psychiatry, 37*(3), 188-205. https://doi.org/10.1016/j.jbtep.2005.05.009

70. Dawson, P., & Guare R. (2012). *Coaching students with executive skills deficits.* Guilford Press.

71. Demontis, D., Walters, R. K., Martin, J., Mattheisen, M., Als, T. D., Agerbo, E., Baldursson, G., Belliveau, R., Bybjerg-Grauholm, J., Bækvad-Hansen, M., Cerrato, F., Chambert, K., Churchhouse, C., Dumont, A., Eriksson, N., Gandal, M., Goldstein, J. I., Grasby, K. L., Grove, J., ⋯ Neale, B. M. (2019). Discovery of the first genome-wide significant risk loci for attention deficit/hyperactivity disorder. *Nature Genetics, 51*(1), 63-75. https://doi.org/10.1038/s41588-018-0269-7

72. Den Heijer, A. E., Groen, Y., Tucha, L., Fuermaier, A. B. M., Koerts, J., Lange, K. W., Thome, J., & Tucha, O. (2017). Sweat it out? The effects of physical exercise on cognition and behavior in children and adults with ADHD: A systematic literature review. *Journal of Neural Transmission, 124*(S1), 3-26. https://doi.org/10.1007/ s00702-016-1593-7

73. Department of Health Government of Western Australia (2002). *Mental health promotion and illness prevention policy.* Australia: Department of Health, Government of Western Australia.

74. Diamond, A. (2013). Executive functions. *Annual Review of Psychology, 64*(1), 135-168. https://doi.org/10.1146/annurev-psych-113011-143750

75. Diamond, A., & Lee, K. (2011). Interventions shown to aid executive function development in children 4 to 12 years old. *Science, 333*(6045), 959-964. https://doi.org/10.1126/science.1204529

76. Douglas, V. I., & Parry, P. A. (1994). Effects of reward and non-reward on frustration and attention in attention deficit disorder. *Journal of Abnormal Child Psychology, 22*, 281-302. https://doi.org/10.1007/BF02168075

77. Drechsler, R., Rizzo, P., & Steinhausen, H. C. (2008). Decision-making on an explicit risk-taking task in preadolescents with attention-deficit/hyperactivity disorder. *Journal of Neural Transmission, 115*(2), 201-209. https://doi.org/10.1007/s00702-007-0814-5

78. Drechsler, R., Rizzo, P., & Steinhausen, H. C. (2010). Decision making with uncertain reinforcement in children with attention deficit/hyperactivity disorder (ADHD). *Child Neuropsychology, 16*(2), 145-161. https://doi.org/10.1080/09297040903190774

79. Dubois, B., & Miley, K. K. (2005). *Social work: An empowering profession (5th).* Pearson Publisher.

80. Durston, S., Hulshoff Pol, H. E., Schnack, H. G., Buitelaar, J. K., Steenhuis, M. P., Minderaa, R. B., Kahn, R. S., & van Engeland, H. (2004). Magnetic resonance imaging of boys with attention-deficit/hyperactivity disorder and their unaffected siblings. *Journal of the American Academy of Child and Adolescent Psychiatry, 43*(3), 332-340. https://doi.org/10.1097/00004583-200403000-00016

81. Ellison, M. L., Rogers, E. S., & Costa, A. (2013). Supported the education goals of young adults with psychiatric disabilities. In M. Davis (Ed.) *Tools for system transformation for young adults with psychiatric disabilities: State of the science*

*papers*. Worcester, MA: University of Massachusetts Medical School, Department of Psychiatry, Center for Mental Health Services Research, Transitions RTC.

82. Ellison-Wright, I., Ellison-Wright, Z., & Bullmore, E. (2008). Structural brain change in attention deficit hyperactivity disorder identified by meta-analysis. *BMC Psychiatry, 8*(1), 51. https://doi.org/10.1186/1471-244x-8-51

83. Emond, V., Joyal, C., & Poissant, H. (2009). Structural and functional neuroanatomy of attention-deficit hyperactivity disorder. *Encephale, 35*(2), 107-114. https://doi.org/10.1016/j.encep.2008.01.005

84. Emser, T. S., Johnston, B. A., Steele, J. D., Kooij, S., Thorell, L., & Christiansen, H. (2018). Assessing ADHD symptoms in children and adults: evaluating the role of objective measures. *Behavioral and Brain Functions, 14*, 11. https://doi.org/10.1186/s12993-018-0143-x

85. Engle, P. L., & Black, M. M. (2008). The effect of poverty on child development and educational outcomes. *Annals of the New York Academy of Sciences, 1136*, 243-256. https://doi.org/10.1196/annals.1425.023

86. Epley, P. H., Summers, J. A., & Turnbull, A. (2011). Family outcomes of early intervention: Families' perceptions of need, services, and outcomes. *Journal of Early Intervention, 33*(3), 201-219. https://doi.org/0.1177/1053815111425929

87. Erpelding, N., Sava, S., Simons, L. E., Lebel, A., Serrano, P., Becerra, L. & Borsook, P. (2014). Habenula functional resting-state connectivity in pediatric CRPS. https://doi.org/10.1152/jn.00405.2013

88. Evans, S. W., Owens, J. S., & Bunford, N. (2014). Evidence-based psychosocial treatments for children and adolescents with attention-deficit/hyperactivity disorder. *Journal of Clinical Child & Adolescent Psychology, 43*(4), 527-551. https://doi.org/10.1080/15374416.2013.850700

89. Eyberg, S. M., Nelson, M. M., & Boggs, S. R. (2008). Evidence-Based psychosocial treatments for children and adolescents with disruptive behavior. *Journal of Clinical Child and Adolescent Psychology, 37*(1), 215-37. https://doi.org/10.1080/15374410701820117

90. Faraone, S. V., Biederman, J., & Wozniak, J. (2012). Examining the comorbidity between attention deficit hyperactivity disorder and bipolar I disorder: A meta-analysis of family genetic studies. *American Journal of Psychiatry, 169*(12), 1256-1266. https://doi.org/10.1176/appi.ajp.2012.12010087

91. Faraone, S. V., Sergeant, J., Gillberg, C., & Biederman, J. (2003). The worldwide prevalence of ADHD: Is it an American condition? *World Psychiatry, 2*(2), 104-113.

92. Farias, A. C., Cordeiro, M. L., Felden, E. P., Bara, T. S., Benko, C. R., Coutinho, D., Martins, L. F., Chimaleski, R. T., & Mccracken, J. T. (2017). Attention—memory training yields behavioral and academic improvements in children diagnosed with attention-deficit hyperactivity disorder comorbid with a learning disorder. *Neuropsychiatric Disease and Treatment, Volume 13*, 1761-1769. https://doi.org/10.2147/ndt.s136663

93. Fergusson, D. M., & Boden, J. M. (2008). Cannabis use and adult ADHD symptoms. *Drug and Alcohol Dependence, 95*(1-2), 90-96. https://doi.org/10.1016/j.drugalcdep.2007.12.012

94. Fiore, T. A., Becker, E. A., & Nero, R. C. (1993). Educational interventions for students with Attention Deficit Disorder. *Exceptional Children, 60*(2), 163-173. https://doi.org/10.1177/001440299306000210

95. Flory, K., Molina, B. S. G., Pelham, Jr., W. E., Gnagy, E., & Smith, B. (2006).

Childhood ADHD predicts risky sexual behavior in young adulthood. *Journal of Clinical Child & Adolescent Psychology*, *35*(4), 571-577. https://doi.org/10.1207/s15374424jccp3504_8

96. Freeze, M. K. Burke, A. & Vorster, A. C. (2014). The role of parental style in the conduct disorders: A comparison between adolescent boys with and without conduct disorder. *Journal of Child and Adolescent Mental Health*, *26*(10), 63-73. https://doi.org/10.2989/17280583.2013.865627

97. Frith, U. (1999). Paradoxes in the definition of dyslexia. *Dyslexia*, *5*(4), 192-214. https://doi.org/10.1002/(SICI)1099-0909(199912)5:4<192::AID-DYS144>3.0.CO;2-N

98. Frodl, T., & Skokauskas, N. (2012). Meta-analysis of structural MRI studies in children and adults with attention deficit hyperactivity disorder indicates treatment effects. *Acta Psychiatrica Scandinavica*, *125*(2), 114-126. https://doi.org/10.1111/j.1600-0447.2011.01786.x

99. Fukui, S., Goscha, R., Rapp, C. A., Mabry, A., Liddy, P., & Marty, D. (2012). Strength model case management fidelity scores and client outcomes. *Psychiatric Services*, *63*(7), 708-710. https://doi.org/10.1176/appi.ps.201100373

100. Furukawa, E., Alsop, B., Caparelli-Dáquer, E. M., Casella, E. B., Da Costa, R. Q. M., Queiroz, P. D. M., Galvão, P. A., Benevides, L. R. D. S., Jucá-Vasconcelos, H. P., & Tripp, G. (2019). Behavioral adjustment to asymmetric reward availability among children with and without ADHD: Effects of past and current reinforcement contingencies. *ADHD Attention Deficit and Hyperactivity Disorders*, *11*(2), 149-158. https://doi.org/10.1007/s12402-018-0265-x

101. Furukawa, E., Alsop, B., Sowerby, P., Jensen, S., & Tripp, G. (2017). Evidence for increased behavioral control by punishment in children with attention-deficit hyperactivity disorder. *Journal of Child Psychology and Psychiatry*, *58*(3), 248-257. https://doi.org/10.1111/jcpp.12635

102. Furukawa, E., Shimabukuro, S., Alsop, B., & Tripp, G. (2017). Behavioral sensitivity of Japanese children with and without ADHD to changing reinforcer availability: An experimental study using signal detection methodology. *Behavioral and Brain Functions*, *13*, 13. https://doi.org/10.1186/s12993-017-0131-6

103. Garzon, D. L., Huang, H., & Todd, R. D. (2008). Do Attention Deficit/Hyperactivity Disorder and Oppositional Defiant Disorder influence preschool unintentional injury risk? *Archives of Psychiatric Nursing*, *22*(5), 288-296. https://doi.org/10.1016/j.apnu.2007.12.006

104. Gau, S. S. F., & Chiang, H. L. (2009). Sleep problems and disorders among adolescents with persistent and subthreshold attention-deficit/hyperactivity disorders. *Sleep*, *32*(5), 671-679. https://doi.org/10.1093/sleep/32.5.671

105. Gaub, M., & Carlson, C. L. (1997). Gender differences in ADHD: A meta-analysis of analysis and critical review. *Journal of the American Academy of Child and Adolescent Psychiatry*, *36*(8), 1036-1045. https://doi.org/10.1097/00004583-199708000-00011

106. Gerhardt, A., Leisner, S., Hartmann, M., Janke, S., Seidler, G. H., Eich, W., & Tesarz, J. (2016). Eye movement desensitization and reprocessing vs. treatment-as-usual for non-specific chronic back pain patients with psychological trauma: A randomized controlled pilot study. *Frontiers in Psychiatry*, *7*, 201-211. https://doi.org/10.3389/fpsyt.2016.00201

107. Goldfried, M. R., & Davison, G. C. (1976). *Clinical behavior therapy*. John Wiley and Sons.

108. Goode, A. P., Coeytaux, R. R., Maslow, G. R., Davis, N., Hill, S., Namdari, B., Lapointe, N. M. A., Befus, D., Lallinger, K. R., Bowen, S. E., Kosinski, A., Mcbroom, A. J., Sanders, G. D., & Kemper, A. R. (2018). Nonpharmacologic treatments for attention-deficit/hyperactivity disorder: A systematic review. *Pediatrics*, *141*(6), e20180094. https://doi.org/10.1542/peds.2018-0094

109. Graetz, B. W., Sawyer, M. G., & Baghurst, P. (2005). Gender differences among children with DSM-IV ADHD in Australia. *Journal of the American Academy of Child and Adolescent Psychiatry*, *44*(2), 159-168. https://doi.org/10.1097/00004583-200502000-00008

110. Greenhill, L., Puig-Antich, J., Goetz, R., Hanlon, C., & Davies, M. (1983). Sleep architecture and REM sleep measures in prepubertal children with attention deficit disorder with hyperactivity. *Sleep*, *6*(2), 91-101. https://doi.org/10.1093/sleep/6.2.91

111. Gregory, A. M., Agnew-Blais, J. C., Matthews, T., Moffitt, T. E., & Arseneault, L. (2017). ADHD and sleep quality: Longitudinal analyses from childhood to early adulthood in a twin cohort. *Journal of Clinical Child and Adolescent Psychology*, *46*(2), 284-294. https://doi.org/10.1080/15374416.2016.1183499

112. Greven, C. U., Bralten, J., Mennes, M., O'Dwyer, L., Van Hulzen, K. J. E., Rommelse, N., Schweren, L. J. S., Hoekstra, P. J., Hartman, C. A., Heslenfeld, D., Oosterlaan, J., Faraone, S. V., Franke, B., Zwiers, M. P., Arias-Vasquez, A., & Buitelaar, J. K. (2015). Developmentally stable whole-brain volume reductions and developmentally sensitive Caudate and Putamen volume alterations in those with attention-deficit/hyperactivity disorder and their unaffected siblings. *JAMA Psychiatry*, *72*(5), 490. https://doi.org/10.1001/jamapsychiatry.2014.3162

113. Groen, Y., Mulder, L. J. M., Wijers, A. A., Minderaa, R. B., & Althaus, M. (2009). Methylphenidate improves diminished error and feedback sensitivity in ADHD: An evoked heart rate analysis. *Biological Psychology*, *82*(1), 45-53. https://doi.org/10.1016/j.biopsycho.2009.05.004

114. Groen, Y., Tucha, O., Wijers, A. A., & Althaus, M. (2013). Processing of continuously provided punishment and reward in children with ADHD and the modulating effects of stimulant medication: an ERP study. *PLOS ONE*, *8*(3), e59240. https://doi.org/10.1371/journal.pone.0059240

115. Gruber, R., Sadeh, A., & Raviv, A. (2000). Instability of sleep patterns in children with attention-deficit/hyperactivity disorder. *Journal of the American Academy of Child and Adolescent Psychiatry*, *39*(4), 495-501. https://doi.org/10.1097/00004583-200004000-00019

116. Halperin, J. M., Bédard, A. C. V., & Curchack-Lichtin, J. T. (2012). Preventive interventions for ADHD: A neurodevelopmental perspective. *Neurotherapeutics*, *9*(3), 531-541. https://doi.org/10.1007/s13311-012-0123-z

117. Halperin, J. M., & Schulz, K. P. (2006). Revisiting the role of the prefrontal cortex in the pathophysiology of Attention-Deficit/Hyperactivity Disorder. *Psychological Bulletin*, *132*(4), 560-581.

118. Hamer, M., & Batty, G. D. (2019). Association of body mass index and waist-to-hip ratio with brain structure: UK biobank study. *Neurology*, *92*(6), e594-e600. https://doi.org/10.1212/WNL.0000000000006879

119. Harstad, E., & Levy, S. (2014). Attention-deficit/hyperactivity disorder and substance abuse. *Pediatrics*, *134*(1), e293-e301. https://doi.org/10.1542/peds.2014-0992

120. Harty, S. C., Ivanov, I., Newcorn, J. H., & Halperin, J. M. (2011). The impact of conduct

disorder and stimulant medication on later substance use in an ethnically diverse sample of individuals with attention-deficit/ hyperactivity disorder in childhood. *Journal of Child and Adolescent Psychopharmacology*, *21*(4), 331-339. https://doi.org/10.1089/cap.2010.0074

121. Harvard Health Publishing (2011). Options for managing conduct disorder. *Harvard Mental Health Letter*.

122. Hase, M., Schallmayer, S., and Sack, M. (2008). EMDR Reprocessing of the addiction memory: Pretreatment, posttreatment, and 1-month follow-up. *Journal of EMDR Practice Research*, *2*(3), 170-179. https://doi.org/10.1891/1933-3196.2.3.170

123. Haun, F., Eckenrode, T., & Murray, M. (1992). Habenula and thalamus cell transplants restore normal sleep behaviors disrupted by denervation of the interpeduncular nucleus. *The Journal of Neuroscience*, *12*(8), 3282-3290. https://doi.org/10.1523/jneurosci.12-08-03282.1992

124. Hetrick, S. E., Cox, G. R., Witt, K. G., Bir, J. J., & Merry, S. N. (2016). Cognitive behavioural therapy (CBT), third-wave CBT and interpersonal therapy (IPT) based interventions for preventing depression in children and adolescents. *Cochrane Database Systematic Review*, *2016*(8), CD003380. https://doi.org/10.1002/ 14651858. CD003380.pub4

125. Hikosaka, O. (2010). The habenula: From stress evasion to value-based decision-making. *Nature Reviews Neuroscience*, *11*(7), 503-513. https://doi.org/ 10.1038/ nrn2866

126. Ho, C. S. H., Chan, D. W., Lee, S. H., Tsang, S. M., & Luan, V. H. (2004). Cognitive profiling and preliminary subtyping in Chinese development dyslexia. *Cognition*, *91*(1), 43-75. https://doi.org/10.1016/s0010-0277(03)00163-x

127. Hong Kong Census and Statistics Department. 2016 Population By-census. https://www.bycensus2016.gov.hk/en/bc-mt.html

128. Hong Kong Government (2017). Mental health review report. http://www.hpdo.gov.hk/doc/e_mhr_full_report.pdf

129. Hong Kong Legislative Council Secretariat. (2018, January 30). *Overall study hours and student well-being in Hong Kong.* https://www.legco.gov.hk/research-publications/english/1718in05-overall-study-hours-and-student-well-being-in-hong-kong-20180130-e.pdf

130. Hong Kong Legislative Council (n. a.). *Key Statistics - Statistical highlights special educational needs ISSH22/18-19.* https://www.legco.gov.hk/research-publications/chinese/statistical-highlights_1620.htm

131. Hong Kong Social Service Department (2017). Social Welfare Services in Figures. https://www.swd.gov.hk/storage/asset/section/296/en/swdfig2017.pdf

132. Hoogman, M., Bralten, J., Hibar, D. P., Mennes, M., Zwiers, M. P., Schweren, L. S. J., Van Hulzen, K. J. E., Medland, S. E., Shumskaya, E., Jahanshad, N., Zeeuw, P. D., Szekely, E., Sudre, G., Wolfers, T., Onnink, A. M. H., Dammers, J. T., Mostert, J. C., Vives-Gilabert, Y., Kohls, G., ⋯ Franke, B. (2017). Subcortical brain volume differences in participants with attention deficit hyperactivity disorder in children and adults: a cross-sectional mega-analysis. *The Lancet Psychiatry*, *4*(4), 310-319. https://doi.org/10.1016/s2215-0366(17)30049-4

133. Hoogman, M., Muetzel, R., Guimaraes, J. P., Shumskaya, E., Mennes, M., Zwiers, M. P., Jahanshad, N., Sudre, G., Wolfers, T., Earl, E. A., Soliva Vila, J. C., Vives-Gilabert, Y., Khadka, S., Novotny, S. E., Hartman, C. A., Heslenfeld, D. J., Schweren,

L. J. S., Ambrosino, S., Oranje, B., … Franke, B.. (2019). Brain imaging of the cortex in ADHD: A coordinated analysis of large-scale clinical and population-based samples. *American Journal of Psychiatry, 176*(7), 531-542. https://doi.org/ 10.1176/appi.ajp.2019.18091033

134. Horn, W. F., Ialongo, N. S., Pascoe, J. M., Greenberg, G., Packard, T., Lopez, M., Wagner, A., & Puttler, L. (1991). Additive effects of psychostimulants, parent training, and self-control therapy with ADHD children. *Journal of the American Academy of Child and Adolescent Psychiatry, 30*(2), 233-240. https://doi.org/10.1097/00004583-199103000-00011

135. Hui, K. Y. C., Leung C. W. C., Ng, M. C. K., Yu W. C., Lau, E. K. L., & Cheung, S. K. (2015). Effectiveness of strengths-based case management for people with mental health problems in Hong Kong. *Advances in Social Work, 16*(2), 323-337. https://doi.org/10.18060/18428

136. Humphreys, K. L., Tottenham, N., & Lee, S. S. (2018). Risky decision-making in children with and without ADHD: A prospective study. *Child Neuropsychology, 24*(2), 261-276. https://doi.org/10.1080/09297049.2016.1264578

137. Hurks, P. P. M, & Hendriksen, Jos G. M. (2010). Retrospective and prospective time deficits in childhood ADHD: the effects of task modality, duration, and symptom dimensions. *Child Neuropsychology, 17*(1), 34-50. https://doi.org/10.1080/09297049.2010.514403

138. Hvolby, A. (2015). Associations of sleep disturbance with ADHD: Implications for treatment. *ADHD Attention Deficit and Hyperactivity Disorders, 7*(1), 1-18. https://doi.org/10.1007/s12402-014-0151-0

139. Iaboni, F., Douglas, V. I., & Baker, A. G. (1995). Effects of reward and response costs on inhibition in ADHD children. *Journal of Abnormal Psychology, 104*(1), 232-240. https://doi.org/10.1037/0021-843X.104.1.232

140. Ibrahim, N., Michail, M., & Callaghan, P. (2014). The strength based approach as a service delivery model for severe mental illness: A meta-analysis of clinical trials. *BMC Psychiatry, 14*, 243. https://doi.org/10.1186/s12888-014-0243-6Inoue, Y., Howard, A. G., Stickley, A., Yazawa, A., & Gordon-Larsen, P. (2019). Sex and racial/ethnic differences in the association between childhood attention-deficit/hyperactivity disorder symptom subtypes and body mass index in the transition from adolescence to adulthood in the United States. *Pediatric Obesity, 14*(5), e12498. https://doi.org/10.1111/ijpo.12498

141. Ishii, T., Takahashi, O., Kawamura, Y., & Ohta, T. (2003). Comorbidity in attention deficit-hyperactivity disorder. *Psychiatry and Clinical Neurosciences, 57*(5), 457-463. https://doi.org/10.1046/j.1440-1819.2003.01148.x

142. Joseph, H. M., Kennedy, T. M., Gnagy, E. M., Perlman, S. B., Pelham, W. E., & Molina, B. S. G. (2019). Fathers with childhood ADHD, parenting, and their young children's behavior: offspring of the Pittsburgh ADHD longitudinal study (PALS). *Child Psychiatry & Human Development, 50*(1), 35-44. https://doi.org/10.1007/s10578-018-0819-3

143. Kazdin, A. E. (1997). Practitioner review: Psychosocial treatments for conduct disorder in children. *Journal of Child Psychology and Psychiatry, 38*(2), 161-178. https://doi.org/10.1111/j.1469-7610.1997.tb01851.x

144. Keating, D. P., & Hertzman, C. (1999). *Developmental Health and the Wealth of Nations: Social, Biological and Educational Dynamics.* Guilford Press.

145. Kennedy, M., Kreppner, J., Knights, N., Kumsta, R., Maughan, B., Golm, D., Rutter,

M., Schlotz, W., & Sonuga-Barke, E. J. S. (2016). Early severe institutional deprivation is associated with a persistent variant of adult attention-deficit/hyperactivity disorder: clinical presentation, developmental continuities and life circumstances in the English and Romanian Adoptees study. *Journal of Child Psychology and Psychiatry, 57*(10), 1113-1125. https://doi.org/10.1111/jcpp.12576

146. Kessler, R. C., Berglund, P., Demler, O., Jin, R., Merikangas, K. R., & Walters, E. E. (2005). Life-time prevalence and age-of-onset distribution of DSM-IV disorders in the national comorbidity survey replication. *Archives of General Psychiatry, 62*(6), 593-602. https://doi.org/10.1001/archpsyc.62.6.593

147. Khademi, M., Ayatmehr, F., Khosravan Mehr, N., Razjooyan, K., Davari Ashtiani, R., & Arabgol, F. (2019). Evaluation of the effects of positive parenting program on symptoms of preschool children with attention deficit hyperactivity disorder. *Journal of Practice in Clinical Psychology, 7*(1), 11-20.

148. Khan, A. (1982). Sleep REM latency in hyperkinetic boys. *American Journal of Psychiatry, 139*, 1358-1360. https://doi.org/10.1176/ajp.139.10.1358

149. Klein, M., Walters, R. K., Demontis, D., Stein, J. L., Hibar, D. P., Adams, H. H., Bralten, J., Roth Mota, N., Schachar, R., Sonuga-Barke, E., Mattheisen, M., Neale, B. M., Thompson, P. M., Medland, S. E., Børglum, A. D., Faraone, S. V., Arias-Vasquez, A., & Franke, B. (2019). Genetic markers of ADHD-related variations in intracranial volume. *American Journal of Psychiatry, 176*(3), 228-238. https://doi.org/10.1176/appi.ajp.2018.18020149

150. Klingberg, T. (2010). Training and plasticity of working memory. *Trends in Cognitive Sciences, 14*(7), 317-324. https://doi.org/10.1016/j.tics.2010.05.002

151. Koenen, K. C., Caspi, A., Moffitt, T. E., Rijsdijk, F., & Taylor, A. (2006). Genetic influences on the overlap between low IQ and antisocial behavior in young children. *Journal of abnormal psychology, 115*(4), 787-797. https://doi.org/10.1037/0021-843X.115.4.787

152. Kollins, S. H., Mcclernon, F. J., & Fuemmeler, B. F. (2005). Association between smoking and attention-deficit/hyperactivity disorder symptoms in a population-based sample of young adults. *Archives of General Psychiatry, 62*(10), 1142. https://doi.org/10.1001/archpsyc.62.10.1142

153. Kooij, J. J. S., & Bijlenga, D. (2014). High prevalence of self-reported photophobia in adult ADHD. *Frontiers in Neurology, 5*. https://doi.org/10.3389/fneur.2014.00256

154. Kösters, M. P., Chinapaw, M. J., Zwaanswijk, M., van der Wal, M. F., & Koot, H. M. (2015). Indicated prevention of childhood anxiety and depression: Results from a practice-based study up to 12 Months after intervention. *American journal of public health, 105*(10), 2005-2013. https://doi.org/10.2105/AJPH.2015.302742

155. Koziol, L. F., Barker, L. A., & Jansons, L. (2015). Attention and other constructs: evolution or revolution? *Applied Neuropsychology. Child, 4*(2), 123-131. https://doi.org/10.1080/21622965.2015.1005482

156. LaHoste, G. J., Swanson, J. M., Wigal, S. B., Glabe, C., Wigal, T., King, N., & Kennedy, J. L. (1996). Dopamine D4 receptor gene polymorphism is associated with attention deficit hyperactivity disorder. *Molecular Psychiatry, 1*(2), 121-124.

157. Lai, K. Y. C., Ma, J. L. C., & Xia, L. L. L. (2018). Multifamily therapy for children with ADHD in Hong Kong: The different impacts on fathers and mothers. *Journal of Attention Disorders, 25*(1), 115-123. https://doi.org/10.1177/1087054718756195

158. Lam, L. C., Wong, C. S., Wang, M. J., Chan, W. C., Chen, E. Y., Ng, R. M., Hung, S. F.,

Cheung, E. F., Sham, P. C., Chiu, H. F., Lam, M., Chang, W. C., Lee, E. H., Chiang, T. P., Lau, J. T., van Os, J., Lewis, G., & Bebbington, P. (2015). Prevalence, psychosocial correlates and service utilization of depressive and anxiety disorders in Hong Kong: the Hong Kong Mental Morbidity Survey (HKMMS). *Social psychiatry and psychiatric epidemiology, 50*(9), 1379-1388. https://doi.org/10.1007/s00127-015-1014-5

159. Lecourtier, L., & Kelly, P. H. (2005). Bilateral lesions of the habenula induce attentional disturbances in rats. *Neuropsychopharmacology, 30*(3), 484-496. https://doi.org/10.1038/sj.npp.1300595

160. Lee, S. S., Humphreys, K. L., Flory, K., Liu, R., & Glass, K. (2011). Prospective association of childhood attention-deficit/hyperactivity disorder (ADHD) and substance use and abuse/dependence: A meta-analytic review. *Clinical Psychology Review, 31*(3), 328-341. https://doi.org/10.1016/j.cpr.2011.01.006

161. Lee, Y. A, & Goto, Y. (2011). Neurodevelopmental disruption of cortico-striatal function caused by degeneration of habenula neurons. *PloS One, 6*(4), e19450. https://doi.org/10.1371/journal.pone.0019450

162. Lee, Y. A., & Goto, Y. (2013). Habenula and ADHD: Convergence on time. *Neuroscience & Biobehavioral Reviews, 37*(8), 1801-1809. https://doi.org/10.1016/ j.neubiorev.2013.07.006

163. Leitch, S., Sciberras, E., Post, B., Gerner, B., Rinehart, N., Nicholson, J. M., & Evans, S. (2019). Experience of stress in parents of children with ADHD: A qualitative study. *International Journal of Qualitative Studies on Health and Well-being, 14*(1), 1690091. https://doi.org/10.1080/17482631.2019.1690091

164. Leonard, E. J., & Bruer, R. A. (2007). Supported education strategies for people with severe mental illness: A review of evidence based practice. *International Journal of Psychosocial Rehabilitation, 11*, 97-109.

165. Leung, P. W., Hung, S. F., Ho, T. P., Lee, C. C., Liu, W. S., Tang, C. P., & Kwong, S. L. (2008). Prevalence of DSM-IV disorders in Chinese adolescents and the effects of an impairment criterion: A pilot community study in Hong Kong. *European child & adolescent psychiatry, 17*(7), 452-461. https://doi.org/10.1007/s00787-008-0687-7

166. Leung, P. W. L., Luk, S. L., Ho, T. P., Taylor, E., Mak, F. L., & Bacon-Shone, J. (1996). The diagnosis and prevalence of hyperactivity in Chinese schoolboys. *The British Journal of Psychiatry, 168*(4), 486-496. https://doi.org/10.1192/bjp.168.4.486

167. Lipkin, P. H., & Okamoto, J. (2015). The Individuals with Disabilities Education Act (IDEA) for children with special educational needs. *Pediatrics, 136*(6), e1650-e1662.

168. Lo-Castro, Adriana, D'Agati, Elisa, & Curatolo, Paolo. (2010). ADHD and genetic syndromes. *Brain & Development, 33*(6), 456-461. https://doi.org/ 10.1016/ j.braindev.2010.05.011

169. Luan, H. (2005). *The Role of Morphological Awareness among Mandarin-speaking and Cantonese-speaking Children.* University of Hong Kong.

170. Luman, M., Oosterlaan, J., Knol, D. L. & Sergeant, J. A. (2008). Decision-making in ADHD: Sensitive to frequency but blind to the magnitude of penalty? *Journal of Child Psychology and Psychiatry, 49*(7), 712-722.

171. Luman, M., Oosterlaan, J., & Sergeant, J. (2005). The impact of reinforcement contingencies on AD/HD: A review and theoretical appraisal. *Clinical Psychology Review, 25*(2), 183-213. https://doi.org/10.1016/j.cpr.2004.11.001

172. Luman, M., Oosterlaan, J., & Sergeant, J. A. (2008). Modulation of response timing in ADHD, effects of reinforcement valence and magnitude. *Journal of Abnormal Child*

*Psychology, 36*(3), 445-456. https://doi.org/10.1007/s10802-007-9190-8

173. Luman, M., Tripp, G., & Scheres, A. (2010). Identifying the neurobiology of altered reinforcement sensitivity in ADHD: A review and research agenda. *Neuroscience and Biobehavioral Reviews, 34*(5), 744-754. https://doi.org/ 10.1016/ j.neubiorev.2009.11.021

174. Ma, I., van Duijvenvoorde, A., & Scheres, A. (2016). The interaction between reinforcement and inhibitory control in ADHD: A review and research guidelines. *Clinical Psychology Review, 44*, 94-111. https://doi.org/10.1016/j.cpr.2016.01.001

175. Mackes, N. K., Golm, D., Sarkar, S., Kumsta, R., Rutter, M., Fairchild, G., Mehta, M. A., & Sonuga-Barke, E. J. S. (2020). Early childhood deprivation is associated with alterations in adult brain structure despite subsequent environmental enrichment. *Proceedings of the National Academy of Sciences, 117*(1), 641-649. https://doi.org/10.1073/pnas.1911264116

176. Man, K. K. C., Ip, P., Hsia, Y., Chan, E. W., Chui, C. S. L., Lam, M. P. S., Wong, W. H. S., Chow, C. B., Yung, A., & Wong, I. C. K. (2017). ADHD drug prescribing trend is increasing among children and adolescents in Hong Kong. *Journal of Attention Disorders, 21*(14), 1161-1168. https://doi.org/10.1177/1087054714536047

177. Manthey, T. J., Goscha, R., & Rapp, C. (2015). Barriers to supported education implementation: Implications for administrators and policy makers. *Administration and Policy in Mental Health and Mental Health Services, 42*, 245-51. https://doi.org/10.1007/s10488-014-0583-z

178. Martényi, F., Treuer, T., Gau, S. S., Hong, S. D., Palaczky, M., Suba, J., Tiberiu, M., Uhlíková, P., Xu, T., Zoroğlu, S., Gadow, K. D., Walton, R., & Harrison, G. (2009). Attention-deficit/hyperactivity disorder diagnosis, co-morbidities, treatment patterns, and quality of life in a pediatric population in central and eastern Europe and Asia. *Journal of Child and Adolescent Psychopharmacology, 19*(4), 363-376. https://doi.org/10.1089/cap.2008.0148

179. Masunami, T., Okazaki, S., & Maekawa, H. (2009). Decision-making patterns and sensitivity to reward and punishment in children with attention-deficit hyperactivity disorder. *International Journal of Psychophysiology, 72*(3), 283-288. https://doi.org/10.1016/j.ijpsycho.2009.01.007

180. Matsumoto, M., & Hikosaka, O. (2007). Lateral habenula as a source of negative reward signals in dopamine neurons. *Nature, 447*(7148), 1111-1115. https://doi.org/10.1038/nature05860

181. Mayer, J. S., Hees, K., Medda, J., Grimm, O., Asherson, P., Bellina, M., Colla, M., Ibáñez, P., Koch, E., Martinez-Nicolas, A., Muntaner-Mas, A., Rommel, A., Rommelse, N., De Ruiter, S., Ebner-Priemer, U. W., Kieser, M., Ortega, F. B., Thome, J., Buitelaar, J. K., ... Freitag, C. M. (2018). Bright light therapy versus physical exercise to prevent co-morbid depression and obesity in adolescents and young adults with attention-deficit / hyperactivity disorder: Study protocol for a randomized controlled trial. *Trials, 19*(1). https://doi.org/10.1186/s13063-017-2426-1

182. McClernon, F. J., & Kollins, S. H. (2008). ADHD and smoking. *Annals of the New York Academy of Sciences, 1141*(1), 131-147. https://doi.org/10.1196/annals.1441.016

183. McLoyd, V. C., & Wilson, L. (1990). Maternal behavior, social support, and economic conditions as predictors of distress in children. *New Directions for Child and Adolescent Development, 1990*(46), 49-69.

184. McManus, S., Meltzer, H., Brugha, T., Bebbington, P., & Jenkins, R. (2009). *Adult*

*Psychiatric Morbidity in England, 2007: Results of a household survey.* UK NHS Information Centre for Health and Social Care.

185. Meisels, S. J., & Shonkoff, J. P. (Eds.). (1990). *Handbook of early childhood intervention.* Cambridge University Press.

186. Mick, E., Biederman, J., Faraone, S. V., Sayer, J., & Kleinman, S. (2002). Case-control study of attention-deficit hyperactivity disorder and maternal smoking, alcohol use, and drug use during pregnancy. *Journal of the American Academy of Child & Adolescent Psychiatry, 41*(4), 378-385. https://doi.org/10.1097/00004583-200204000-00009

187. Mioni, G., Santon, S., Stablum, F., & Cornoldi, C. (2017). Time-based prospective memory difficulties in children with ADHD and the role of time perception and working memory. *Child Neuropsychology, 23*(5), 588-608. https://doi.org/10.1080/09297049.2016.1172561

188. Mostofsky, S. H., Cooper, K. L., Kates, W. R., Denckla, M. B., & Kaufmann, W. E. (2002). Smaller prefrontal and premotor volumes in boys with attention-deficit/hyperactivity disorder. *Biological Psychiatry, 52*(8), 785-794. https://doi.org/10.1016/s0006-3223(02)01412-9

189. Mowbray, C. T., & Collins, M. E. (2002). The effectivenss of supported education: Current research findings. In C. T. Mowbray et al (Eds.), *Supported education and psychiatric rehabilitation: Models and methods* (pp. 181-194). Linthicum, MD: IAPSRS.

190. Mowbray, C. T., Collins, M. E., Bellamy, C. D., Megivern, D. A., Bybee, D., & Szilvagyi, S. (2005). Supported education for adults with psychiatric disabilities: an innovation for social work and psychosocial rehabilitation practice. *Social Work, 50*(1), 7-20. https://doi.org/10.1093/sw/50.1.7

191. Mrazek, P. J., & Haggerty, R. J. (Eds.) (1994). *Reducing risks for mental disorders: Frontiers for preventive intervention research.* Washington, National Academy Press.

192. Muñoz-Silva, A., Lago-Urbano, R., Sanchez-Garcia, M., & Carmona-Márquez, J. (2017). Child/adolescent's ADHD and parenting stress: The mediating role of family impact and conduct problems. *Frontiers in Psychology, 8.* https://doi.org/10.3389/fpsyg.2017.02252

193. Nakao, T., Radua, J., Rubia, K., & Mataix-Cols, D. (2011). Gray matter volume abnormalities in ADHD: Voxel-based meta-analysis exploring the effects of age and stimulant medication. *American Journal of Psychiatry, 168*(11), 1154-1163. https://doi.org/10.1176/appi.ajp.2011.11020281

194. National Collaborating Centre for Mental Health (NCCMH) (2013). *Antisocial Behaviour and Conduct Disorders in Children and Young People: Recognition, Intervention and Management.* British Psychological Society.

195. National Guideline Centre (UK). (2018). *Attention deficit hyperactivity disorder: diagnosis and management.* National Institute for Health and Care Excellence. https://www.nice.org.uk/guidance/ng87/chapter/recommendations#medication

196. Nezu, A. M., Nezu, C. M., & Lombardo, E. (2004). *Cognitive Behavioral Case Formulation and Treatment Design – A Problem-Solving Approach.* Springer Publishing Company.

197. Ng, P., Tsun, A., Su, S., & Young, D. (2013). Cognitive behavioral intervention in the Chinese cultural context: A case report. *Asia-Pacific Psychiatry, 5*(3), 205-211. https://doi.org/10.1111/appy.12092

198. Noone, R. J., & Papero, D. V. (2015). *The Family Emotional System: An Integrative*

*Concept for Theory, Science, and Practice*. Lexington Books.

199. O'Brien, L. M., Holbrook, C. R., Mervis, C. B., Klaus, C. J., Bruner, J. L., Raffield, T. J., Rutherford, J., Mehl, R. C., Wang, M., Tuell, A., Hume, B. C., & Gozal, D. (2003). Sleep and neurobehavioral characteristics of 5- to 7-year-old children with parentally reported symptoms of attention-deficit/hyperactivity disorder. *Pediatrics*, *111*(3), 554-563. https://doi.org/10.1542/peds.111.3.554

200. O'Connor, C., & Fernandez, S. D. (2006). Race, class, and disproportionality: Reevaluating the relationship between poverty and special education placement. *Educational Researcher*, *35*(6), 6-11. https://doi.org/10.3102/0013189X035006006

201. Odom, S. L., & McLean, M. E. (1993). *Establishing recommended practices for programs for infants and young children with special needs and their families*. https://files.eric.ed.gov/fulltext/ED370254.pdf

202. Olds, D. L. (1997). The prenatal / early infancy project: Fifteen years later. In G. W. Albee, & T. P. Gullotta (Eds.), *Primary prevention works* (Vol. 6, pp. 41-67). SAGE Publications, Inc., https://dx.doi.org/10.4135/9781452243801.n3

203. Olds, D. L. (2002). Prenatal and infancy home visiting by nurses: From randomized trials to community replication. *Prevention Science*, *3*(3), 153-172. https://doi.org/10.1023/a:1019990432161

204. Olds, D. L., Eckenrode, J., Henderson, C. R., Jr, Kitzman, H., Powers, J., Cole, R., Sidora, K., Morris, P., Pettitt, L. M., & Luckey, D. (1997). Long-term effects of home visitation on maternal life course and child abuse and neglect: Fifteen-year follow-up of a randomized trial. *JAMA*, *278*(8), 637-643.

205. Olds, D., Henderson, C. R., Jr, Cole, R., Eckenrode, J., Kitzman, H., Luckey, D., Pettitt, L., Sidora, K., Morris, P., & Powers, J. (1998). Long-term effects of nurse home visitation on children's criminal and antisocial behavior: 15-year follow-up of a randomized controlled trial. *JAMA*, *280*(14), 1238-1244. https://doi.org/10.1001/jama.280.14.1238

206. Oosterlaan, J., Scheres, A., & Sergeant, J. A. (2005). Which executive functioning deficits are associated with AD/HD, ODD/CD and comorbid AD/HD+ODD/CD? *Journal of Abnormal Child Psychology*, *33*(1), 69-85. https://doi.org/10.1007/s10802-005-0935-y

207. Oosterlaan, J., & Sergeant, J. A. (1998). Effects of reward and response cost on response inhibition in AD/HD, disruptive, anxious, and normal children. *Journal of Abnormal Child Psychology*, *26*(3), 161-174. https://doi.org/10.1023/a:1022650216978

208. Parry, P. A., & Douglas, V. I. (1983). Effects of reinforcement on concept identification in hyperactive children. *Journal of Abnormal Child Psychology*, *11*(2), 327-340. https://doi.org/10.1007/BF00912095

209. Pellerone, M. Craparo, G., & Tornabuoni, Y. (2016). Relationship between parenting and cognitive schemas in a group of male adult offenders. *Frontier Psychology*, *7*, 302. https://doi.org/10.3389/fpsyg.2016.00302

210. Perez-Dandieu, B., and Tapia, G. (2014). Treating Trauma in Addiction with EMDR: A Pilot Study. *Journal of Psychoactive Drugs*, *46*(4), 303-309. https://doi.org/10.1080/02791072.2014.921744

211. Perry, G. P., & Orchard, J. (1992). *Assessment and treatment of adolescent sex offenders*. Professional Resource Press.

212. Peters-Scheffer, N., Didden, R., Korzilius, H., & Sturmey, P. (2011). A meta-analytic study on the effectiveness of comprehensive ABA-based early intervention programs

for children with autism spectrum disorders. *Research in Autism Spectrum Disorders*, *5*, 60-69. https://doi.org/10.1016/j.rasd.2010.03.011

213. Pineda-Cirera, L., Shivalikanjli, A., Cabana-Dom í nguez, J., Demontis, D., Rajagopal, V. M., B ø rglum, A. D., Faraone, S. V., Cormand, B., & Fern à ndez-Castillo, N. (2019). Exploring genetic variation that influences brain methylation in attention-deficit/hyperactivity disorder. *Translational Psychiatry*, *9*, 242. https://doi.org/10.1038/s41398-019-0574-7

214. Plichta, M. M., & Scheres, A. (2014). Ventral-striatal responsiveness during reward anticipation in ADHD and its relation to trait impulsivity in the healthy population: A meta-analytic review of the fMRI literature. *Neuroscience and Biobehavioral Reviews*, *38*, 125-134. https://doi.org/10.1016/j.neubiorev.2013.07.012

215. Polanczyk, G., De Lima, M. S., Horta, B. L., Biederman, J., & Rohde, L. A. (2007). The worldwide prevalence of ADHD: A systematic review and meta-regression analysis. *American Journal of Psychiatry*, *164*(6), 942-948. https://doi.org/10.1176/ajp.2007.164.6.942

216. Polanczyk, G. V., Salum, G. A., Sugaya, L. S., Caye, A., & Rohde, L. A. (2015). Annual Research Review: a meta-analysis of the worldwide prevalence of mental disorders in children and adolescents. *Journal of Child Psychology and Psychiatry*, *56*(3), 345-365. https://doi.org/10.1111/jcpp.12381

217. Pollak, Y., Dekkers, T. J., Shoham, R., & Huizenga, H. M. (2019). Risk-taking behavior in attention deficit/hyperactivity disorder: A review of potential underlying mechanisms and of interventions. *Current Psychiatry Reports*, *21*, 33. https://doi.org/10.1007/s11920-019-1019-y

218. Pollak, Y., Poni, B., Gershy, N., & Aran, A. (2020). The role of parental monitoring in mediating the link between adolescent ADHD symptoms and risk-taking behavior. *Journal of Attention Disorders*, *24*(8), 1141-1147. https://doi.org/10.1177/1087054717725875

219. Pollak, Y., & Shoham, R. (2015). Feedback may harm: Role of feedback in probabilistic decision making of adolescents with ADHD. *Journal of Abnormal Child Psychology*, *43*(7), 1233-1242. https://doi.org/10.1007/s10802-015-0016-9

220. Raman, S. R., Man, K. K. C., Bahmanyar, S., Berard, A., Bilder, S., Boukhris, T., Bushnell, G., Crystal, S., Furu, K., Kaoyang, Y. H., Karlstad, Ø., Kieler, H., Kubota, K., Lai, E. C. C., Martikainen, J. E., Maura, G., Moore, N., Montero, D., Nakamura, H., ... Wong, I. C. K. (2018). Trends in attention-deficit hyperactivity disorder medication use: A retrospective observational study using population-based databases. *The Lancet Psychiatry*, *5*(10), 824-835. https://doi.org/10.1016/s2215-0366(18)30293-1

221. Raney, C. T., & Raney, S. L. (2002). *Early childhood education: The journey from efficacy research to effective everyday practice*. Early Childhood Cognitive Development.

222. Rapp, C. A., & Goscha, R. J. (2004). The principle of effective case management of mental health services. *Psychiatric Rehabilitation Journal*, *27*(4), 319-333. https://doi.org/10.2975/27.2004.319.333

223. Rapp, C. A., & Gosche, R. J. (2006). *The strengths model—case management with people suffering from severe and persistent mental illness* (2nd). Oxford University Press.

224. Rapp C. A., & Sullivan, W. P. (2014). The strengths model: Birth to toddlerhood. *Advances in Social Work*, *15*(1), 129-142. https://doi.org/10.18060/16643

225. Rapport, M. D., Murphy, H. A., & Bailey, J. S. (1982). Ritalin vs. response cost in the control of hyperactive children: A within-subject comparison. *Journal of Applied Behavior Analysis, 15*(2), 205-216. https://doi.org/10.1901/jaba.1982.15-205

226. Reavy, R., Stein, L. A., Quina, K., & Paiva, A. L. (2014). Assessing conduct disorder: A new measurement approach. *Journal of correctional health care, 20*(1), 4-17. https://doi.org/10.1177/1078345813505448

227. Richardson, R. W. (2010). *Couples in conflict: A family systems approach to marriage counseling.* Fortress Press.

228. Ringeisen, H., Langer Ellison, M., Ryder-Burge, A., Biebel, K., Alikhan, S., & Jones, E. (2017). Supported education for individuals with psychiatric disabilities: State of the practice and policy implications. *Psychiatric rehabilitation journal, 40*(2), 197-206. https://doi.org/10.1037/prj0000233

229. Ritsher, J. B., Otilingam, P. G., & Grajiales, M. (2003). Internalized stigma of mental illness: Psychometric properties of a new measure. *Psychiatry Research, 121*(1), 31-49. https://doi.org/10.1016/j.psychres.2003.08.008

230. Rogers, E. S., Kash-MacDonald, M., Bruker, D., & Maru, M. (2010). *Systematic Review of Supported Education Literature, 1989 – 2009.* Boston University, Sargent College, Center for Psychiatric Rehabilitation. http://www.bu.edu/drrk/research-syntheses/psychiatric-disabilities/supported-education/

231. Rose, R., & Howley, M. (2006). *The practical guide to special educational needs in inclusive primary classrooms.* Sage.

232. Rosén, L. A., O'Leary, S. G., Joyce, S. A., Conway, G., & Pfiffner, L. (1984). The importance of prudent negative consequences for maintaining the appropriate behavior of hyperactive students. *Journal of Abnormal Child Psychology, 12,* 581-604. https://doi.org/10.1007/BF00916852

233. Rubia, K. (2018). Cognitive neuroscience of attention deficit hyperactivity disorder and its clinical translation. *Frontiers in Human Neuroscience, 12.* https://doi.org/10.3389/fnhum.2018.00100

234. Ruiz-Goikoetxea, M., Cortese, S., Aznarez-Sanado, M., Magallón, S., Alvarez Zallo, N., Luis, E. O., De Castro-Manglano, P., Soutullo, C., & Arrondo, G. (2018). Risk of unintentional injuries in children and adolescents with ADHD and the impact of ADHD medications: A systematic review and meta-analysis. *Neuroscience & Biobehavioral Reviews, 84,* 63-71. https://doi.org/10.1016/j.neubiorev.2017.11.007

235. Rutter, M., Kreppner, J., Croft, C., Murin, M., Colvert, E., Beckett, C., Castle, J., & Sonuga-Barke, E. (2007). Early adolescent outcomes of institutionally deprived and non-deprived adoptees. III. Quasi-autism. *Journal of Child Psychology and Psychiatry, 48*(12), 1200-1207. https://doi.org/10.1111/j.1469-7610.2007.01792.x

236. Salas, R., Baldwin, P., De Biasi, M., & Montague, R. (2010). BOLD responses to negative reward prediction errors in human habenula. *Frontiers in Human Neuroscience, 4.* https://doi.org/10.3389/fnhum.2010.00036

237. Saleeby, D. (2009). The strength approach to practice. In D. Saleeby (Ed.), *The strength perspective in social work practice (5th)* (pp.80-93). Allyn and Bacon.

238. Samaritan Befrienders Hong Kong (2018). *2018 Annual Report.* Samaritan Befrienders Hong Kong. https://www.sbhk.org.hk/images/big/SBHK_Annual%20Report2018_Final_3.pdf

239. Scheres, A. (2004). Executive functioning in boys with ADHD: Primarily an inhibition deficit? *Archives of Clinical Neuropsychology, 19*(4), 569-594. https://doi.org/10.1016/

j.acn.2003.08.005

240. Scheres, A., Milham, M. P., Knutson, B., & Castellanos, F. X. (2007). Ventral striatal hyporesponsiveness during reward anticipation in attention-deficit/ hyperactivity disorder. *Biological Psychiatry*, *61*(5), 720-724. https://doi.org/10.1016/ j.biopsych.2006.04.042

241. Schlarb, A., Starck, M., & Grünwald, J. (2016). Occurrence of ADHD in parents of ADHD children in a clinical sample. *Neuropsychiatric Disease and Treatment*, 581. https://doi.org/10.2147/ndt.s100238

242. Schmeck, K., & Poustka, F. (2001). Temperament and disruptive behavior disorders. *Psychopathology*, *34*(3), 159-163. https://doi.org/10.1159/000049300

243. Schubiner, H. (2005). Substance abuse in patients with attention-deficit hyperactivity disorder: therapeutic implications. *CNS drugs*, *19*(8), 643-655. https://doi.org/ 10.2165/00023210-200519080-00001

244. Sergeant, J. A., & Van Der Meere, J. (1988). What happens after a hyperactive child commits an error? *Psychiatry Research*, *24*(2), 157-164. https://doi.org/10.1016/0165-1781(88)90058-3

245. Shapiro, F. (1989). Eye movement desensitization: A new treatment for posttraumatic stress disorder. *Journal Behavioral Therapy Experimental Psychiatry*, *20*(3), 211-217. https://doi.org/10.1016/0005-7916(89)90025-6

246. Shapiro, F. (2018). *Eye movement desensitization and reprocessing: Basic principles, protocols and procedures* (3rd ed.). Guilford Press.

247. Shapiro, F. (2012). *Getting past your past: Take control of your life with self-help techniques from EMDR therapy*. Rodale Press.

248. Shapiro, F. (2021). *Training manual of the two-part EMDR therapy basic training: Part I*. EMDR Institute Inc.

249. Shaw, P., Eckstrand, K., Sharp, W., Blumenthal, J., Lerch, J. P., Greenstein, D., Clasen, L., Evans, A., Giedd, J., & Rapoport, J. L. (2007). Attention-deficit/hyperactivity disorder is characterized by a delay in cortical maturation. *Proceedings of the National Academy of Sciences*, *104*(49), 19649-19654. https://doi.org/10.1073/ pnas.0707741104

250. Shaw, M., Hodgkins, P., Caci, H., Young, S., Kahle, J., Woods, A. G., & Arnold, L. E. (2012). A systematic review and analysis of long-term outcomes in attention deficit hyperactivity disorder: Effects of treatment and non-treatment. *BMC Medicine*, *10*(1), 99. https://doi.org/10.1186/1741-7015-10-99

251. Shea, P., & Shern, D. (2011). *Primary prevention in behavioral health: Investing in our nation's future*. National Association of State Mental Health Program Directors.

252. Shier, A. C., Reichenbacher, T., Ghuman, H. S., & Ghuman, J. K. (2013). Pharmacological treatment of attention deficit hyperactivity disorder in children and adolescents: Clinical strategies. *Journal of Central Nervous System Disease*, *5*, JCNSD.S6691. https://doi.org/10.4137/jcnsd.s6691

253. Shilon, Y., Pollak, Y., Aran, A., Shaked, S., & Gross-Tsur, V. (2012). Accidental injuries are more common in children with attention deficit hyperactivity disorder compared with their non-affected siblings. *Child: Care, Health and Development*, *38*(3), 366-370. https://doi.org/10.1111/j.1365-2214.2011.01278.x

254. Shoham, R., Sonuga-Barke, E. J. S., Aloni, H., Yaniv, I., & Pollak, Y. (2016). ADHD-associated risk taking is linked to exaggerated views of the benefits of positive outcomes. *Scientific Reports*, *6*(1), 34833. https://doi.org/10.1038/srep34833

255. Shoham, R., Sonuga-Barke, E., Yaniv, I., & Pollak, Y. (2020). What Drives Risky Behavior in ADHD: Insensitivity to its Risk or Fascination with its Potential Benefits? *Journal of Attention Disorders*. https://doi.org/10.1177/1087054720950820

256. Shore, R. (1997). *Rethinking the brain: New insights into early development.* Families and Work Institute.

257. Smith, A., Taylor, E., Warner Rogers, J., Newman, S., & Rubia, K. (2002). Evidence for a pure time perception deficit in children with ADHD. *Journal of Child Psychology and Psychiatry*, *43*(4), 529-542. https://doi.org/10.1111/1469-7610.00043

258. Sobanski, E., Schredl, M., Kettler, N., & Alm, B. (2008). Sleep in adults with attention deficit hyperactivity disorder (ADHD) before and during treatment with Methylphenidate: A controlled polysomnographic study. *Sleep*, *31*(3), 375-381. https://doi.org/10.1093/sleep/31.3.375

259. Solantaus, T., Paavonen, E. J., Toikka, S., & Punamäki, R. L. (2010). Preventive interventions in families with parental depression: Children's psychosocial symptoms and prosocial behaviour. *European child & adolescent psychiatry*, *19*(12), 883-892. https://doi.org/10.1007/s00787-010-0135-3

260. Solanto, M. V. (2002). Dopamine dysfunction in AD/HD: Integrating clinical and basic neuroscience research. *Behavioural Brain Research*, *130*(1-2), 65-71. https://doi.org/10.1016/s0166-4328(01)00431-4

261. Song, L. Y., & Shih, C. Y. (2014). Implementing a strength-based model in facilitating the recovery of people with psychiatric disability. *Asia Pacific Journal of Social Work and Development*, *24*, 29-44. https://doi.org/10.1080/02185385.2014.885207

262. Song, L. Y., & Shih, C. Y. (2010). Recovery from partner abuse: The application of the strengths perspective. *International Journal of Social Welfare*, *19*(1), 23-32. https://doi.org/10.1111/j.1468-2397.2008.00632.x

263. Sonuga-Barke, E. J. S. (2002). Psychological heterogeneity in AD/HD - A dual pathway model of behaviour and cognition. *Behavioural Brain Research*, *130*(1-2), 29-36. https://doi.org/10.1016/s0166-4328(01)00432-6

264. Sonuga-Barke, E. J. S. (2005). Causal Models of attention-deficit/hyperactivity disorder: from common simple deficits to multiple developmental pathways. *Biological Psychiatry*, *57*(11), 1231-1238. https://doi.org/10.1016/j.biopsych.2004.09.008

265. Sonuga-Barke, E. J. S., Daley, D., & Thompson, M. (2002). Does maternal ADHD reduce the effectiveness of parent training for preschool children's ADHD? *Journal of the American Academy of Child and Adolescent Psychiatry*, *41*(6), 696-702. https://doi.org/10.1097/00004583-200206000-00009

266. Sonuga-Barke, E. J., Sergeant, J. A., Nigg, J., & Willcutt, E. (2008). Executive dysfunction and delay aversion in attention deficit hyperactivity disorder: Nosologic and diagnostic implications. *Child and Adolescent Psychiatric Clinics of North America*, *17*(2), 367-ix. https://doi.org/10.1016/j.chc.2007.11.008

267. Spiegel, T., & Pollak, Y. (2019). Attention deficit/hyperactivity disorder and increased engagement in sexual risk-taking behavior: The role of benefit perception. *Frontiers in Psychology*, *10*. https://doi.org/10.3389/fpsyg.2019.01043

268. Staller, J. A., & Faraone, S. V. (2007). Targeting the dopamine system in the treatment of attention-deficit/hyperactivity disorder. *Expert Review of Neurotherapeutics*, *7*(4), 351-362. https://doi.org/10.1586/14737175.7.4.351

269. Staring, A. B., van den Berg, D.P.G., Cath, D.C., Schoorl, M., Engelhard,I.M., and Korrelboom, W. (2016). Self-esteem treatment in anxiety: A randomized controlled

crossover trial of eye movement desensitization and reprocessing (EMDR) versus competitive memory training (COMET) in patients with anxiety disorder. *Behavior Research and Therapy*, *82*, 11-20. https://doi.org/10.1016/j.brat.2016.04.002

270. Statistics Finland. (2013). *The statistics of special education 2013 in Finland*. http://www.stat.fi/til/erop/2013/index_en.html

271. Statistics Finland. (2015). *The statistics of special education 2015 in Finland*. http://www.stat.fi/til/erop/2015/index_en.html

272. Suarez-Manzano, S., Ruiz-Ariza, A., De La Torre-Cruz, M., & Martínez-López, E. J. (2018). Acute and chronic effect of physical activity on cognition and behaviour in young people with ADHD: A systematic review of intervention studies. *Research in Developmental Disabilities*, *77*, 12-23. https://doi.org/10.1016/j.ridd.2018.03.015

273. Sung, V., Hiscock, H., Sciberras, E., & Efron, D. (2008). Sleep problems in children with attention-deficit/hyperactivity disorder. *Archives of Pediatrics & Adolescent Medicine*, *162*(4), 336. https://doi.org/10.1001/archpedi.162.4.336

274. Szatmari, P., Offord, D. R., & Boyle, M. H. (1989). Ontario Child Health Study: Prevalence of attention deficit disorder with hyperactivity. *Journal of Child Psychology and Psychiatry, and Allied Disciplines*, *30*(2), 219-230. https://doi.org/10.1111/j.1469-7610.1989.tb00236.x

275. Takala, M., Pirttimaa, R., & Tormanen, M. (2009). Inclusive special education: The role of special education teachers in Finland. *British Journal of Special Education*, *36*(3), 162-173. https://doi.org/10.1111/j.1467-8578.2009.00432.x

276. Takeda, T., Stotesbery, K., Power, T., Ambrosini, P. J., Berrettini, W., Hakonarson, H., & Elia, J. (2010). Parental ADHD status and its association with proband ADHD subtype and severity. *The Journal of Pediatrics*, *157*(6), 995-1000.e1. https://doi.org/10.1016/j.jpeds.2010.05.053

277. Telzer, E. H. (2016). Dopaminergic reward sensitivity can promote adolescent health: a new perspective on the mechanism of ventral striatum activation. *Developmental Cognitive Neuroscience*, *17*, 57-67. https://doi.org/10.1016/j.dcn.2015.10.010

278. Tesfaye, R., & Gruber, R. (2017). The association between sleep and theory of mind in school aged children with ADHD. *Medical Sciences*, *5*(3), 18. https://doi.org/10.3390/medsci5030018

279. Titelman, P. (1998). *Clinical applications of Bowen family systems theory*. Routledge.

280. Titelman, P. (2003). *Emotional cutoff: Bowen family systems theory perspectives*. Psychology Press.

281. The Academy of Child and Adolescent Psychiatry. (2009). *Oppositional defiant disorder: A guide for families*. AACAP.

282. Thompson, A. L., Molina, B. S., Pelham, W., Jr., & Gnagy, E. M. (2007). Risky driving in adolescents and young adults with childhood ADHD. *Journal of Pediatric Psychology*, *32*(7), 745-759. https://doi.org/10.1093/jpepsy/jsm002

283. Tse, S., Tsoi, E. W., Hamilton, B., O'Hagan, M., Shepherd, G., Slade, M., ...Petrakis, M (2016). Uses of strength-based interventions for people with serious mental illness: A critical review. *International Journal of Social Psychiatry*, *62*, 281-91. https://doi.org/10.1177/0020764015623970

284. Tsoi, E. W. S., Tse, S., Yu, C. H., Chan, S. K., Wan, E., Wong, S., & Liu, L. (2019). A nonrandomized controlled trial of strengths model case management in Hong Kong. *Research on Social Work Practice*, *29*(5), 540-554. https://doi.org/10.1177/1049731518772142

285. Tripp, G., & Wickens, J. R. (2008). Research review--Dopamine transfer deficit: A neurobiological theory of altered reinforcement mechanisms in ADHD. *Journal of Child Psychology and Psychiatry*, *49*(7), 691-704. https://doi.org/10.1111/j.1469-7610.2007.01851.x

286. Ullsperger, M., & Von Cramon, D. Y. (2003). Error monitoring using external feedback: specific roles of the Habenular complex, the reward system, and the cingulate motor area revealed by functional magnetic resonance imaging. *The Journal of Neuroscience*, *23*(10), 4308-4314. https://doi.org/10.1523/jneurosci.23-10-04308.2003

287. University of Kansas (2017). Strengths-based case management fidelity scale. University of Kansas. https://dhs.iowa.gov/sites/default/files/Strengths-Model-Case-Management-Fidelity-Scale-Draft_1.pdf

288. Valera, E. M., Faraone, S. V., Murray, K. E., & Seidman, L. J. (2007). Meta-analysis of structural imaging findings in attention-deficit/hyperactivity disorder. *Biological Psychiatry*, *61*(12), 1361-1369. https://doi.org/10.1016/j.biopsych.2006.06.011

289. Valiente-Gómez, A., Moreno-Alcázar, A., Treen, D., Cedrón, C., Colom, F., Pérez, V., and Amann, B.L. (2017). EMDR beyond PTSD: A systematic literature review. *Frontiers in Psychology*, *8*, 1668. https://doi.org/10.3389/fpsyg.2017.01668

290. Välimäki, M., Anttila, K., Anttila, M., & Lahti, M. (2017). Web-based interventions supporting adolescents and young people with depressive symptoms: Systematic review and meta-analysis. *JMIR mHealth and uHealth*, *5*(12), e180. https://doi.org/10.2196/mhealth.8624

291. Van Der Oord, S., & Tripp, G. (2020). How to improve behavioral parent and teacher training for children with ADHD: Integrating empirical research on learning and motivation into treatment. *Clinical Child and Family Psychology Review*, *23*(4), 577-604. https://doi.org/10.1007/s10567-020-00327-z

292. Van Meel, C. S., Oosterlaan, J., Heslenfeld, D. J. & Sergeant, J. A. (2005a). Motivational effects on motor timing in attention-deficit/hyperactivity disorder. *Journal of the American Academy of Child & Adolescent Psychiatry*, *44*, 451-460. https://doi.org/10.1097/01.chi.0000155326.22394.e6

293. Van Meel, C. S., Oosterlaan, J., Heslenfeld, D. J., & Sergeant, J. A. (2005b). Telling good from bad news: ADHD differentially affects processing of positive and negative feedback during guessing. *Neuropsychologia*, *43*(13), 1946-1954. https://doi.org/10.1016/j.neuropsychologia.2005.03.018

294. Van Minnen, A., Van der Vleugel, B. M., Van der Berg, D. P. G., de Bont, P., de Roos, C., and van der Gaag, M., et al. (2016). Effectiveness of trauma focused treatment for patients with psychosis with and without the dissociative subtype of post-traumatic stress disorder. *British Journal of Psychiatry*, *209*, 347-348. https://doi.org/10.1192/bjp.bp.116.185579

295. Volkow, N. D., Wang, G. J., Newcorn, J. H., Kollins, S. H., Wigal, T. L., Telang, F., Fowler, J. S., Goldstein, R. Z., Klein, N., Logan, J., Wong, C., & Swanson, J. M. (2011). Motivation deficit in ADHD is associated with dysfunction of the dopamine reward pathway. *Molecular Psychiatry*, *16*(11), 1147-1154. https://doi.org/10.1038/mp.2010.97

296. Waddell, C., Wong, W., Hua, J. & Godderis, R. (2004). *Preventing and Treating Conduct Disorder in Children and Youth – A Research Report Prepared for British Columbia Ministry of Children and Family Development*. Children Mental Health Policy Research Program of University of British Columbia. https://childhealthpolicy.ca/wp-

content/uploads/2012/12/RR-4-04-full-report.pdf

297. Wajszilber, D., Santisteban, J. A., & Gruber, R. (2018). Sleep disorders in patients with ADHD: Impact and management challenges. *Nature and Science of Sleep*, *10*, 453—480. https://doi.org/10.2147/nss.s163074

298. Wang, T., Liu, K., Li, Z., Xu, Y., Liu, Y., Shi, W., & Chen, L. (2017). Prevalence of attention deficit/hyperactivity disorder among children and adolescents in China: A systematic review and meta-analysis. *BMC Psychiatry*, *17*(1). https://doi.org/10.1186/s12888-016-1187-9

299. Weiss, G., & Hechtman, L. T. (1993). *Hyperactive children grown up: ADHD in children, adolescents, and adults* (2nd ed.). Guilford Press.

300. Weiss, M. D., Wasdell, M. B., Bomben, M. M., Rea, K. J., & Freeman, R. D. (2006). Sleep hygiene and melatonin treatment for children and adolescents with ADHD and initial insomnia. *Journal of the American Academy of Child and Adolescent Psychiatry*, *45*(5), 512-519.

301. Wilens, T. E., Biederman, J., & Spencer, T. J. (2002). Attention deficit/hyperactivity disorder across the lifespan. *Annual Review of Medicine*, *53*(1), 113-131. https://doi.org/10.1146/annurev.med.53.082901.103945

302. Willcutt, E. G. (2012). The Prevalence of DSM-IV attention-deficit/hyperactivity disorder: a meta-analytic review. *Neurotherapeutics*, *9*(3), 490-499. https://doi.org/10.1007/s13311-012-0135-8

303. Willcutt, E. G., Doyle, A. E., Nigg, J. T., Faraone, S. V., & Pennington, B. F. (2005). Validity of the executive function theory of attention-deficit/hyperactivity disorder: A meta-analytic review. *Biological Psychiatry*, *57*(11), 1336-1346. https://doi.org/10.1016/j.biopsych.2005.02.006

304. Wolraich, M. L. (2005). Attention-deficit/hyperactivity disorder among adolescents: A review of the diagnosis, treatment, and clinical implications. *Pediatrics*, *115*(6), 1734-1746. https://doi.org/10.1542/peds.2004-1959

305. Wong, V., & Hui. S. (2008). Epidemiological study of autism spectrum disorder in China. *Journal of Child Neurology*, *23*(1), 67-72. *https://doi.org/10.1177/0883073807308702*

306. Worland, J. (1976). Effects of positive and negative feedback on behavior control in hyperactive and normal boys. *Journal of Abnormal Child Psychology*, *4*(4), 315-326. https://doi.org/10.1007/BF00922530

307. World Health Organization (WHO) (2004). *Prevention of mental disorders effective interventions and policy options--Summary report.* World Health Organization.

308. World Health Organization (WHO) (2013). *WHO releases guidance on mental health care after trauma.* https://www.who.int/mediacentre/news/releases/2013/trauma_mental_health_20130806/en/

309. Yip, K. S. (2003). A strengths perspective in working with an adolescent with dual diagnosis. *Clinical Social Work Journal*, *31*, 189—203. https://doi.org/10.1023/A:1022966411982

310. Yip, K. S. (2008). Strength perspective with person with mental illness: challenges and opportunities. In K. S. Yip (Ed.), *Strength based perspectives in working with clients with mental illness: A Chinese cultural articulation* (pp. 37-70). Nova Science Publisher.

311. Yoshimasu, K., Barbaresi, W., Colligan, R., Killian, J., Voigt, R., Weaver, A., & Katusic, S. (2014). EPA-0332-Association between adolescent substance-related disorders

and AHDH with and without comorbid depression, anxiety, and conduct problems: A population-based birth cohort. *European Psychiatry*, *29*, 1. https://doi.org/ 10.1016/ s0924-9338(14)77767-3

312. Young, K. W., & Ng, P. (2015). The prevalence and predictors of self-stigma of persons with mental illness in two Chinese cities. *International Journal of Social Psychiatry*, *62*(2), 176-185. https://doi.org/10.1177/0020764015614596

313. Young, K. W., Ng, P., Pan, J., Fung, T., & Cheng, D. (2017). Validity and reliability of Recovery Assessment Scale for Cantonese speaking Chinese consumers with mental illness. *Internal Journal of Mental Health and Addictions*, *15*, 198-208. https://doi. org/10.1007/s11469-016-9657-3

314. Young, K. W., Ng, P., Pan J. Y., & Cheng, D. (2017). Validity and reliability of Internalized Stigma of Mental Illness (Cantonese). *Research on Social Work Practice*, *27*(1), 103-110. https://doi.org/10.1177/1049731515576209

315. Kendall, P.C. 著，李清課編，唐子俊等譯（2004）。《兒童與青少年治療》。台北：五南圖書，頁 35-178，437-470。

316. Kirk, S., Gallagher, J. J., & Anastasiow, N. J.（2001）。黃裕惠、佘曉珍譯。《特殊教育概論（第八版）》。台北：雙葉書廊。

317. 浸信會愛羣社會服務（2018）。中學生抑鬱焦慮狀況調查 2018。香港：浸信會愛羣社會服務。https://www.bokss.org.hk/research-report

318. 陳翠（2016）。有起步才會有進步 —— 台灣學前融合教育經驗給大陸的啟示。《中華少年科學家》，《6》，225-226。

319. 陳德茂、林嘉欣（2015）。《不一樣的讀寫障礙小組：敘事治療於多家庭小組的應用》。香港：紅出版。

320. 推動特殊教育政策及立法聯盟（2019）。〈全面支援有特殊教育需要學生政策建議書〉。推動特殊教育政策及立法聯盟。立法會 CB(4)810/18-19(04) 號文件。https://www.legco. gov.hk/yr18-19/chinese/panels/ed/papers/ed20190503cb4-810-4-c.pdf

321. 曹純瓊、劉蔚萍（編）（2006）。《早期療育》。台北：華騰文化。

322. 朱志強等（2014）。〈尋解「虐方」〉。香港：鄰舍輔導會、明愛及嗇色園。

323. 教育局（2019）。〈全校參與模式融合教育運作指南〉。香港：香港特別行政區政府教育局。

324. 馮桂儀（2016）。〈早期介入在強化家庭功能的效用〉。香港：香港教育大學特殊學習需要與融合教育中心。

325. 何會成、曾玉田譯（1997）。《香港家庭為本服務 —— 尋解導向模式》。香港：香港理工大學應用社會科學系。

326. 香港教育學院特殊學習需要與融合教育中心（2012）〈融合教育制度下殘疾學生的平等學習機會研究〉。香港：香港理工大學應用社會科學系。

327. 香港社區組織協會（2017）。〈貧窮兒童調查系列二十四 —— 低收入在職家庭津貼對兒童的脫貧成效問卷調查報告〉。香港社區組織協會兒童權利關注會（2017 年 11 月 19 日）。立法會 CB(2)853/17-18(01) 號文件（修訂本）。香港：立法會。https://www.legco. gov.hk/yr17-18/chinese/panels/ws/papers/ws20180209cb2-853-1-c.pdf

328. 香港社區組織協會（2018）。〈學前有特殊教育需要兒童過渡至學齡階段的服務需要質性研究調查報告〉。立法會 CB(4)679/17-18(01) 號文件。香港：立法會。https://www. legco.gov.hk/yr17-18/chinese/panels/ed/papers/ed20180302cb4-679-1-c.pdf

329. 香港特殊學習困難研究小組（n.d.）。識別讀寫障礙。https://www.psychology.hku.hk/ hksld/index.html

330. 香港特別行政區政府（2018）。〈立法會十五題：支援患有專注力不足 / 過度活躍症的兒

童。香港特別行政區政府新聞通告〉。https://www.info.gov.hk/gia/general/201806/27/P2018062700560p.htm

331. 香港審計署（2018）。〈審計署署長第七十號報告書〉。香港：香港特別行政區政府審計署。https://www.aud.gov.hk/pdf_ca/c70ch03.pdf

332. 香港遊樂場協會（2019）。〈香港青少年生活狀況調查 2018〉。香港：香港遊樂場協會。https://hq.hkpa.hk/newscontent2.php?news_id=25

333. 香港青年協會（2019）。〈「中學生情緒壓力狀況」調查結果〉。香港：香港青年協會。https://hkfyg.org.hk/zh/2019/11/07

334. 政府統計處（2017）。〈綜合住戶統計調查按季統計報告〉。香港特別行政區政府統計處。https://www.statistics.gov.hk/pub/B10500012017QQ02B0100.pdf

335. 政府統計處（2018）。〈2018 年香港貧窮情況報告〉。香港：香港特別行政區政府統計 處。https://www.povertyrelief.gov.hk/chi/pdf/ Hong_Kong_Poverty_Situation_Report_2018(2019.12.13) .pdf

336. 施政報告（2018）。〈行政長官 2018 年施政報告〉。香港：香港特別行政區行政長官 2018 年施政報告。https://www.policyaddress.gov.hk/2018/chi/ policy.html

337. 施政報告（2019）。〈行政長官 2019 年施政報告〉。香港：香港特別行政區行政長官 2019 年施政報告。https://www.policyaddress.gov.hk/2019/chi/ policy.html

338. 許素彬、王文瑛、張耐、張菁芬（2003）。《特殊需求嬰幼兒之家庭需求分析與研究》。靜宜大學人文學報，18，127-157。

339. 姜元御、林洪煌、劉志知、何縕琪、許木柱，佘泓智編（2011）。《青少年心理學》。台北：三民書局。

340. 賀卓軒、洪雪蓮、馮國堅（2017）。〈有特殊學習需要兒童社區服務需要調查報告〉。香港：特殊學習需要權益聯會及社會發展實踐及研究中心。

341. 簡淑芳（2007）。〈嘉義市學前教師對實施融合教育態度之研究〉。國立嘉義大學幼兒教育學系研究所碩士論文，未出版，嘉義。

342. 郭凱盈、洪雪蓮、賀卓軒（2018）。〈提供予特殊學習需要學童家長的社區支援及家長小組服務成效研究報告書〉。香港：特殊學習需要權益聯會及社會發展實踐及研究中心。

343. 立法會（2014）。〈立法會祕書處資料研究組就中國台灣、英國及美國的全納教育法例擬備的文件（資料摘要）〉。香港：香港特別行政區政府立法會祕書處。https://www.legco.gov.hk/research-publications/chinese/1314in15-legislation-on-inclusive-education-in-taiwan-the-united-kingdom-and-the-united-states-20140417-c.pdf

344. 立法會（2017 年 5 月 29 日）。〈精神病患者及康復者的社區支援服務〉。立法會福利事務委員會及衛生事務委員會長期護理政策聯合小組委員會，立法會 CB(2)1482/16-17 (01) 號文件。香港：立法會。https://www.legco.gov.hk/yr16-17/chinese/panels/ltcp/papers/ltcp20170529cb2-1482-1-c.pdf

345. 立法會（2017 年 12 月 20 日）。〈青少年的精神健康〉。立法會衛生事務委員會、教育事務委員會及福利事務委員會（聯席會議），立法會 CB(2)512/17-18(01) 號文件。香港：立法會。https://www.legco.gov.hk/yr17-18/chinese/panels/hs/papers/edhsws20171220cb2-512-1-c.pdf

346. 立法會（2019）。〈立法會十八題：為有特殊教育需要兒童提供支援〉。香港：立法會。https://www.info.gov.hk/gia/general/201901/30/P2019013000605.htm

347. 立法會福利事務委員會（2019 年 1 月 14 日）。〈到校學前康復服務試驗計劃〉。立法會立法會 CB(2)550/18-19(05) 號文件。香港：立法會。https://www.legco.gov.hk/yr18-19/chinese/panels/ws/papers/ws20190114cb2-550-4-c.pdf

348. 立法會（n.d.）。〈兒童身心全面發展服務（0-5 歲）〉。立法會 CB(2)1619/06-07(01) 號文件。香港：立法會。https://www.legco.gov.hk/yr06-07/chinese/panels/ws/papers/

ws0412cb2-1619-1-c.pdf

349. 黎玉貞（2007）。〈淺談香港的「早期介入」服務〉。《香港幼兒學報》，《6》（1），37-43。

350. 劉蔚萍（2006）。〈早期療育的實施模式〉。載於曹純瓊，劉蔚萍（編）《早期療育》。台北：華騰文化。

351. 黎程正家（2011）。《讀寫何來障礙》。香港：新雅文化有限公司。

352. 劉玉玲（2016）。《青少年發展與輔導 —— 認知、情意與關懷》。台北：高等教育。

353. 羅健文（2014）。《兒童及青少年心理個案 —— 專家會診及治療》。香港突破出版社，頁10-33，109-121。

354. 羅致光（2019）：〈將爭取更多資源 冀到校學前康復服務達至零輪候〉。香港：政府新聞網。[ 新聞稿 ]。

355. 局長網誌 （2019 年 3 月 24 日）。〈一校兩社工香港政府〉。香港：勞工及福利局。[ 新聞稿 ]。https://www.lwb.gov.hk/tc/blog/post_24032019.html

356. 李歡、周靜嫻（2017）。〈中美特殊教育政策內容比較研究 —— 以美國身心障礙者教育法（IDEA2004）〉為參照。《教師教育學報》，2017(1)，94-103。

357. 明報（2018 年 7 月 28 日）。〈19 歲以下自殺亡人數大增五成 轉介個案最小僅 7 歲〉。香港：明報。[ 新聞稿 ]。

358. 明報(2019 年 04 月 01 日)。〈未成年抑鬱者 5 年增倍〉。香港：《星島日報》。[ 新聞稿 ]。

359. 吳家玲、何會成等（2003）。《尋解導向治療 —— 初探篇》。香港：香港明愛家庭服務。

360. 成報 （2018 年 9 月 3 日）。〈半數受訪中學生有抑鬱徵狀 調查機構提醒家長培育子女意志力〉。[ 新聞稿 ]。

361. 社會福利署（2020a）。〈到校學前康復服務簡介〉。香港：香港社會福利署。https://www.swd.gov.hk/oprs/index_tc.htm#s2

362. 社會福利署（2020b）：〈為輪候資助學前康復服務的兒童提供學習訓練津貼項目簡介〉。香港：香港社會福利署。https://www.swd.gov.hk/tc/index/site_pubsvc/page_rehab/sub_listofserv/id_tsp/

363. 社會福利署（n.d.）。〈住院戒毒治療及康復服務〉。香港：香港勞工及福利局。https://www.swd.gov.hk/tc/index/site_pubsvc/page_young/sub_serdrugabuser/id_voluntaryr/

364. 鄧滸明（2006）。《讀寫無障礙》。香港：世界出版社。

365. 徐澄清、廖士程、彭兆禎、丁淑敏編（2012）。《兒童行為治療》。台北：台灣精神醫學會。

366. 東方日報(2018 年 6 月 5 日)。〈近 4 成受訪青年精神健康差 上網愈耐焦慮指數愈高〉。香港：東方日報。[ 新聞稿 ]。

367. 東方日報 （2019 年 11 月 2 日）。〈逾 25% 受訪小學生感焦慮，10% 出現抑鬱〉。香港：東方日報。[ 新聞稿 ]。

368. 東華三院平和坊 （n.d.）。統計數字。香港：東華三院。https://evencentre.tungwahcsd.org/service-statistics

369. 王天苗 （2013）。〈家長支援療育方案對零至三歲幼兒與家庭之成效研究〉。《特殊教育研究學刊》，《38》（2），1-28。

370. 楊劍雲著（2013）。《精神復康輔導工作 —— 理論與個案》。香港：商務印書館。